FACULTE DE DROIT DE CAEN.

DE

L'AUTORITÉ DE LA CHOSE JUGÉE

EN MATIÈRE CIVILE.

THÈSE POUR LE DOCTORAT

SOUTENUE PUBLIQUEMENT

Le Samedi 10 *Avril* 1875, *à trois heures du soir,*

PAR

Christophe ALLARD,

AVOCAT

« C'est absolument la même chose, dans
« la pratique, de n'être pas sujet à l'er-
« reur ou de ne pouvoir en être accusé. »
(Joseph DE MAISTRE, *Du Pape.*)

ROUEN

IMPRIMERIE DE E. CAGNIARD,

Rues Jeanne-d'Arc, 88, et des Basnage, 5.

1875.

DE

L'AUTORITÉ DE LA CHOSE JUGÉE

EN MATIÈRE CIVILE.

THÈSE POUR LE DOCTORAT

SOUTENUE PUBLIQUEMENT

Le *Samedi* 10 *Avril* 1875, *à trois heures du soir*,

PAR

Christophe ALLARD,

AVOCAT.

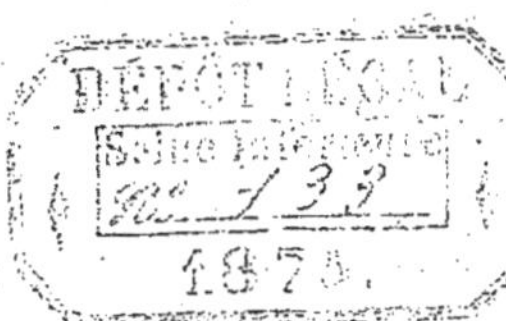

> « C'est absolument la même chose, dans
> « la pratique, de n'être pas sujet à l'er-
> « reur ou de ne pouvoir en être accusé. »
> (Joseph DE MAISTRE, *Du Pape.*)

ROUEN

IMPRIMERIE DE E. CAGNIARD,

Rues Jeanne-d'Arc, 88, et des Basnage, 5.

1875.

A MON PÈRE, A MA MÈRE.

SUFFRAGANTS.

—

MM. BAYEUX, *Professeur*, *Président*.
CAREL, *Id*.
TOUTAIN, *Id*.
LAISNÉ-DESHAYES, *Agrégé*.
GUILLOUARD, *Id*.

DE L'AUTORITÉ

DE

LA CHOSE JUGÉE

EN MATIÈRE CIVILE.

INTRODUCTION

I.

Qu'est-ce que l'autorité de la chose jugée ? C'est le plus important des effets dérivant de la nature des jugements ; mais pour répondre complétement à cette question, nous devons examiner en premier lieu quel est le sens qui s'attache aux mots « chose jugée. »

Prise dans une signification large et étendue, cette expression comprendrait toutes les décisions émanant des tribunaux, tout ce qui aurait été prononcé par ces institutions spéciales auxquelles chez tous les peuples civilisés a été attribué le droit de juger les différends qui peuvent se produire soit entre les particuliers, soit entre la société et l'un d'eux. Il appartient à ces décisions, il est de leur essence d'être accomplies même contre le gré de la partie condamnée; et la prospérité de la société, aussi bien que sa force et sa conservation, exigent que, dès qu'il y a *chose jugée,* le prononcé du jugement emporte exécution, même forcée. *Status reipublicæ maximè judicatis rebus continetur,* disait Cicéron [1].

Mais telle n'est pas, dans le langage ordinaire du droit, l'acception que l'on attribue aux mots « chose jugée. » Il ne suffisait pas, en effet, pour sauvegarder les intérêts des parties, de conférer aux jugements une autorité aussi grande : il fallait aller plus loin encore, et empêcher qu'une nouvelle décision, intervenant sur le même objet, entre les mêmes personnes, ne vint détruire l'effet de la première, et remettre en question la difficulté déjà tranchée. C'est cette influence du premier jugement sur le second qui constitue, dans la stricte acception du terme, l'autorité de la chose jugée.

« Dans l'ordre judiciaire, qui n'est qu'une pièce du gouvernement, dit Joseph de Maistre, ne voit-on pas qu'il faut absolument en venir à une puissance qui juge et n'est pas jugée, précisément parce qu'elle prononce au nom de la puissance suprême, dont elle est censée n'être que l'organe et la voix ? Qu'on s'y prenne comme on

---

[1] *Oratio pro Sylla,* 22.

voudra, qu'on donne à ce haut pouvoir judiciaire le nom qu'on voudra, toujours il faudra qu'il y en ait un auquel on ne puisse dire : « Vous avez erré. » Bien entendu que celui qui est condamné est toujours mécontent de l'arrêt, et ne doute jamais de l'iniquité du tribunal ; mais le politique désintéressé, qui voit les choses d'en haut, se rit de ces vaines plaintes. Il sait qu'il est un point où il faut s'arrêter ; il sait que les longueurs interminables, les appels sans fin, et l'incertitude des propriétés sont, s'il est permis de s'exprimer ainsi, plus injustes que l'injustice [1]. »

Ce principe, cette vérité légale, repose sur une présomption, à savoir que la décision intervenue sur le litige est l'exacte expression de la vérité : *Res judicata pro veritate accipitur*, dit un passage d'Ulpien, deux fois reproduit dans le Digeste [2]. Comme toutes les présomptions, celle-ci est souvent dangereuse : elle attribue en effet à la justice humaine une infaillibilité qui ne devra jamais se démentir, elle suppose les magistrats constamment instruits, attentifs, intègres, elle admet qu'ils ne tombent jamais, ni dans des erreurs de droit, ni dans des erreurs de fait. Il y a là évidemment un danger, il y a un inconvénient fâcheux, mais cet inconvénient et ce danger sont moins à redouter encore que ceux qui auraient résulté de l'instabilité des décisions

---

1 *Du Pape*, colonne 247, édition Migne.
2 *De reg. juris*, l. 207. — *De statu hom.*, l. 25.

judiciaires, source certaine, dit le jurisconsulte Paul, de difficultés aussi graves qu'inextricables, surtout si l'on se fût trouvé en présence de décisions opposées : *Ne aliter modus litium multiplicatus summam atque inextricabilem faciat difficultatem, maximè si diversa pronuntiarentur* [1]. Le côté périlleux de cette présomption est donc tout exceptionnel : si parfois l'autorité de la chose jugée couvre une erreur judiciaire, c'est là un mal nécessaire, amplement compensé par l'utilité de la fiction de vérité attribuée aux jugements.

Ajoutons que non-seulement ces procédures consécutives ruineraient les plaideurs, mais encore que l'incertitude sans fin dans laquelle la faculté de révision d'un jugement par un autre entraînerait les parties n'aurait aucune utilité pratique, car il n'y aurait aucune raison pour s'arrêter dans cette voie : la seconde sentence n'ayant pas plus d'autorité que la première et étant exposée à son tour à être révisée par une décision nouvelle, ne terminerait rien ; et, au grand préjudice de la paix et de la tranquillité de la société, sans que du reste les intérêts des parties y gagnassent, on pourrait voir trois décisions intervenant sur le même litige prononcer dans trois sens différents.

Un tel état de chose n'aurait pas seulement

---

[1] D. *De exceptione rei judicatæ*, 1. 6

pour effet de jeter l'obscurité dans les questions les plus simples, il serait encore contraire à la saine administration de la justice en
empêchant l'expédition rapide des affaires : les
preuves pourraient se perdre, les souvenirs des
témoins s'affaiblir, et l'objet litigieux lui-même,
mis pour ainsi dire hors du commerce pendant
cette suite de procès, dépérirait sous ce sequestre
indéfini. Il y a souvent des rapports de droit qui
sont très-délicats à établir, et qui n'ont pu être
équitablement fixés par les premiers juges que
parce que ceux-ci avaient entre les mains ou sous
les yeux d'irrécusables témoignages de la vérité
de l'une des deux allégations contraires.

Il faut donc reconnaître que l'autorité attribuée
aux jugements est indispensable pour la conservation des intérêts des particuliers et la sauve-
garde de ceux de la société. En d'autres termes,
nous admettons que l'irrévocabilité est l'un des
caractères *essentiels* des jugements [1]. Ce principe
est l'un des plus solides parmi ceux sur lesquels

[1] Ce principe n'a pourtant pas été universellement admis, et
M. de Savigny lui-même a soutenu que l'autorité de la chose jugée
n'était pas une conséquence nécessaire de l'exercice des fonctions
judiciaires (System., VI, p. 264). Mais quelle serait l'utilité de la
décision du juge si cette décision n'était pas irrévocable ? Trancher
un différend, c'est le trancher pour toujours, et sans qu'il puisse
subsister aucune incertitude pour l'avenir. Nous aurons du reste à
examiner plus tard si cette présomption de vérité s'attache au
jugement entier ou seulement à l'une quelconque de ses parties
(V. 2e partie, chap. II), et si cette présomption comporte plusieurs
degrés contraires (V. 2e partie, chap. III).

repose la société civile. Il est nécessaire de protéger l'état, la fortune, l'honneur des citoyens contre des prétentions qui viendraient sans fin les remettre en question. « La cité, dit Platon [1], ne pourrait subsister si les jugements n'y avaient aucune autorité, et si chaque particulier, de sa propre volonté, pouvait les réduire à néant, et se soustraire à leur exécution. »

Enfin, et c'est une idée sur laquelle il n'est pas nécessaire d'insister, le nombre des juges qui composent chaque tribunal, les divers degrés de juridiction qu'a établis le législateur, et les garanties de toute sorte dont sont environnées les décisions judiciaires doivent rassurer les parties, et écarter toute idée de collusion ou de prévarication [2].

Mais si par sa décision le juge consacre ainsi le droit d'une manière définitive, *jus dicit*, ce n'est qu'au point de vue des parties en cause. Il ne peut créer de droit ni d'obligation pour ou contre les tiers. Nous analyserons donc, en résumé, par deux mots les principaux caractères de

[1] *Crito.*

[2] Il a été fait un calcul assez curieux sur les chances d'erreur des juges. En cas d'unanimité dans un tribunal de première instance, composé de trois juges, il y a neuf chances de vérité du jugement contre une pour l'erreur; et en cas de dissentiment, le même rapport est exprimé par les chiffres 57 et 28. Il y a 19 à parier contre 1 pour la bonté d'un arrêt confirmatif.

(M. Poisson, *Recherches sur la probabilité des jugements en matière civile et criminelle*, n°s 148 et 151).

l'autorité attribuée aux jugements : irrévocabilité, relativité.

II.

Nous ne nous occuperons dans cette étude que
des effets civils de l'autorité de la chose jugée,
prise dans le sens le plus restreint, c'est-à-dire
de l'influence d'une décision judiciaire sur les
rapports de droit mis en cause, influence qui
apparaît dans le cas d'une nouvelle instance.
Nous laisserons de côté les autres effets des jugements, soit dans le droit civil, comme l'hypothèque judiciaire, la novation, soit au point de vue
du droit de la procédure, comme l'exécution
forcée, soit qu'ils tiennent au droit criminel, ou
qu'ils s'exercent en matière disciplinaire. Nous
examinerons enfin, dans la dernière partie de ce
travail, en traitant des effets de la chose jugée
en droit français, l'influence que peut avoir sur
la chose jugée au civil la chose jugée au criminel, la décision intervenant sur l'instance publique sur celle rendue sur l'action privée.

Nous aurons, dans le cours de ce travail, à
comparer et à rapprocher le droit Romain et notre
législation. Nous ne parlerons que brièvement
de la législation coutumière, qui avait adopté
dans son intégrité la doctrine du dernier état du
droit à Rome. Remarquons dès à présent que
l'admirable concision de nos codes est à regret-
ter, par rapport au sujet qui nous occupe. Un titre

entier du Digeste, le titre II du livre XLIV, *de exceptione rei judicatœ*, n'avait pas suffi à Tribonien et à ses collaborateurs pour renfermer toutes les règles se rapportant à l'autorité de la chose jugée; d'autres textes sur le même sujet se rencontrent encore épars dans les Pandectes et le code Justinien. Notre code civil a renfermé cette matière immense dans les étroites limites d'un article unique, l'article 1351, reproduction à peu près textuelle d'une phrase de Pothier, qui était elle-même la traduction presque littérale de deux textes de Paul et d'un texte d'Ulpien (ll. 12, 13, 14 *hoc tit.*). Quant aux autres lois Romaines, étudiant à fond et avec une profondeur de doctrine et une sagacité vraiment remarquables les moindres caractères de l'institution de la chose jugée, nos codes ont cru n'en devoir rien reproduire. De vives critiques ont été adressées à ce sujet au législateur moderne. On l'a accusé de n'avoir point apporté au développement de cette matière une attention suffisante; on a regretté qu'il l'eût traitée incidemment et sous la place accessoire qu'elle occupe au milieu des présomptions établies par la loi, au lieu de lui avoir consacré un chapitre spécial. Sans nier que ces observations ne présentent un certain caractère de justesse, nous ferons remarquer que le Code, en ne reproduisant, pour ainsi dire, qu'à l'état sommaire la théorie Romaine, paraît, pour cette matière comme pour beaucoup d'autres en droit civil, en avoir implicitement accepté les détails, tels qu'ils sont contenus au Digeste. Et ceci doit d'autant moins nous étonner que la législation coutumière, ainsi que nous le disions plus haut, avait également adopté dans son entier la théorie Romaine. « Le droit civil, dit M. de Savigny, est le seul dont on ait à marquer historiquement le passage dans les états modernes ; car nous avons beaucoup emprunté au droit civil des Romains, peu à leur droit criminel, rien à leur constitution politique[1]. »

En droit Romain comme en droit Français, nous nous appliquerons à comparer les textes, mais c'est surtout pour la première partie de ce travail que cette étude des textes nous sera indispensable. Et ainsi, associant dans un même examen les commentateurs du droit romain à Rome, et ceux plus récents mais non moins remarquables qui de nos jours ont pris le droit romain pour objet spécial de leurs savantes recherches ; y joignant ensuite l'étude des principaux jurisconsultes français qui se sont occupés de cette matière, soit incidemment et dans un cours de droit civil, soit à titre d'ouvrage spécial et sous la forme d'une monographie, nous nous efforcerons de traiter notre sujet d'une façon suffisamment claire et précise, et avec les développements qu'il demande. C'est cette étude cor-

---

[1] *Histoire du Droit Romain au moyen-âge*, préface, p. v.

rélative du droit nouveau et de la législation ancienne, se complétant et s'expliquant l'un par l'autre, que M. de Savigny recommande spécialement, parce qu'elle peut seule nous faire apercevoir « ce qui n'aurait pu se révéler aux Romains eux-mêmes, à l'époque où leur littérature avait atteint toute sa maturité [1]. »

De nombreux arrêts, dont plusieurs rendus récemment par la cour de cassation et les cours d'appel, nous seront d'une grande utilité pour résoudre certains points sur lesquels la doctrine paraît hésiter encore ; et dans ces conflits entre la jurisprudence et les auteurs, la discussion des motifs de ces arrêts et le rapprochement de ces motifs et des raisons apposées par la doctrine, seront de nature à faciliter la solution de ces questions.

La partie historique ne tiendra forcément dans ce travail qu'une place secondaire ; les premiers chapitres du droit romain, et, en droit français, le § 1er du premier chapitre, lui seront cependant consacrés.

Il y a, dans une étude de ce genre, plusieurs écueils à éviter. Ou bien, en effet, effrayé des digressions qu'une question spéciale oblige à faire dans un ordre d'idées différent, on reste forcément incomplet, de peur d'excéder les bornes d'une monographie, et de se jeter dans des dis-

---

[1] *Histoire du Droit Romain au moyen-âge;* préface, p. vi.

cussions qui n'ont avec le sujet traité qu'un rapport lointain et à peine visible ; ou bien, entraîné par l'intérêt d'une discussion, on croit nécessaire de faire, sur un terrain voisin de celui où l'on se trouve, des excursions qui font souvent oublier le but, quelquefois même l'endroit d'où l'on est parti. — Un autre péril, plus dangereux encore que les précédents, est de prendre pour un « arrêt-principe » une décision d'espèce, dans laquelle le point de droit n'a souvent été appliqué que pour une raison de fait, et par suite de circonstances toutes spéciales. Le *quasi-contrat judiciaire*, puisque tel est le nom par lequel on désigne le plus ordinairement la convention fictive résultant uniquement de la comparution des parties devant le tribunal, ne peut produire dans ce cas d'effet que vis-à-vis des personnes qui sont intervenues à ce quasi-contrat. Il ne faut pas, sous prétexte d'assurer aux décisions judiciaires un respect qui leur est dû, revenir aux arrêts de règlement ou compromettre le droit des absents par une analogie peut-être inexacte. — Et cependant, il faut avoir grand soin de ne pas laisser de côté la jurisprudence, lumière indispensable pour un examen juridique sérieux.

Pour éviter l'un de ces dangers, il ne fallait pas tomber dans l'autre : nous avons mis tout notre soin à nous en préserver.

DROIT ROMAIN

CHAPITRE Ier.

Il n'est pas à Rome d'institution juridique dont l'étude soit plus intéressante et plus instructive que celle qui nous occupe. Il n'en est pas, en effet, qui présente un plus curieux exemple de ce développement lent et continu, de cette marche insensible, mais jamais interrompue, vers le progrès et un état voisin de la perfection, qui forment le caractère général et distinctif de l'histoire du droit romain. Sans changements brusques, mais par un épanouissement graduel qui va de pair avec celui de la civilisation romaine, nous voyons cette matière se dégager peu à peu du principe obscur et périlleux qui la réglemente à son origine, pour le remplacer par une règle plus équitable et infiniment moins absolue, qui, après seize siècles, a encore pu être textuellement reproduite par nos Codes.

Il en est de ces origines de la chose jugée comme de tout ce qui a trait à la procédure des actions de la loi, et, en général, au droit primitif de Rome. Avant la découverte du Gaius de Vérone, on ne les connaissait que d'une façon fort obscure. Le Digeste, en effet, œuvre pratique par excellence, n'avait pour but qu'un exposé général et complet du dernier état de la législation : la partie historique y faisait nécessairement défaut, et les quelques textes épars [1] qui se rapportaient à un état du droit moins avancé (et dont certains paraissent incomplets ou interpolés) étaient loin de pouvoir combler cette lacune.

Il est nécessaire, pour préparer à l'étude du principe de la fiction de vérité, qui assure la véritable autorité de la chose jugée, de parcourir très-brièvement les deux systèmes de procédure qui ont précédé la procédure extraordinaire, et qui se fondent l'un et l'autre, au point de vue qui nous occupe, sur cet autre principe que nous avons déjà indiqué, celui de la consommation de l'action.

§ Ier. — *Des actions de la loi.*

Dans les premiers siècles de Rome, la procédure se compose de formes symboliques spéciales, dans lesquelles les citoyens romains seuls ont le droit de figurer, les *actions de la loi.* Ces

---

[1] Voici le plus explicite : Inst. 1. IV, 13, §. 10 : *Neque post tempus olim agere poterant quum temere rem in judicium deducebant et consumebant ; quâ ratione rem amittebant.* Ainsi, le plaideur qui avait anticipé le terme convenu, perdait, par suite de la consommation de l'action, tout droit à la chose qu'il réclamait. Dans le mot *res*, il faut comprendre aussi la somme déposée comme enjeu entre les mains du pontife, lorsque le demandeur agissait par l'action du *sacramentum* (Festus, v° *sacramentum*. V. encore Dig. *de reg. jur.* 123. Varro, *De linguâ latinâ*, IV, 36).

simulacres, ces drames judiciaires sont déjà un premier progrès; ils ont remplacés les violences réelles qui ont fondé la propriété quiritaire, « *festuca hastæ loco* » dit Gaius (IV, § 16).

Telle est du moins l'explication ordinaire de la création des actions de la loi. Une autre origine leur a été donnée; elle est fort ingénieuse et présente ceci de particulier, qu'elle justifie historiquement le principe dont nous allons parler, *bis de eâdem re ne sit actio*. Sous le régime théocratique qui a probablement été le gouvernement originaire du petit État romain, c'était aux dieux mêmes, aux oracles, aux auspices, aux aruspices, qu'était confiée la décision des procès; l'*actio legis* ne serait qu'un débris de cet acte religieux, dont la signification aurait plus tard été perdue, ainsi que l'avoue Cicéron (*Pro Murenâ*, c. 12); il avait paru impossible, dans ce premier état du droit, de demander une deuxième fois aux dieux la réponse qu'on en avait déjà reçue, ou qu'une négligence dans les rites avait seule empêché de recevoir. Telle serait l'origine du principe de la consommation de l'action. Cette opinion paraît corroborée par un texte de Pomponius (D. *De origine jur.* 1. 2; § 6) : *Et itâ eodem pœnè tempore tria hœc jura nata sunt : leges XII tabularum : ex his fluere cœpit jus civile ; ex iisdem legis actiones compositæ sunt. Omnium tamen harum et interpretandi scientia, et actiones apud collegium ponti-*

*ficum erant.... et ferè populus annis propè
centum hâc consuetudine usus est.* »

Quelle que fût l'origine des actions de la loi,
leur caractère principal était d'être peu nombreuses, absolument inconnues des plebeiens, et
de former entre les mains des *patres* un puissant
moyen d'influence sur la plèbe. Ce système s'est
perpétué pendant cinq siècles et demi, jusqu'à la
loi *Æbutia*, en 577 ou 583 de Rome.

Sous les actions de la loi, comme sous la procédure formulaire qui les remplaça, tout droit
déduit dans une instance est par cela même consommé. Ce n'est donc pas, comme le fait remarquer Gaius, le principe de l'autorité de la chose
jugée qui a mission de prévenir le retour des
procès, c'est un autre principe, un principe parallèle plus énergique mais périlleux pour les
parties, et dont la formule nous a été conservée
dans sa concision par Cicéron et par Quintilien :
« *bis de eadem re ne sit actio ;* » c'est le principe de la consommation de l'action. *Alia
causa fuit olim legis actionum, nam, quâ de re
semel actum erat, de eâ postea ipso jure agi non
poterat* (Gaius, *comm.* IV, §. 109). Ce principe
inflexible, qui avertit les citoyens de n'avoir recours à la loi qu'une fois par question litigieuse,
est bien en harmonie avec cette procédure rigoureuse où les paroles, qui variaient suivant la nature de la contestation, devaient, sous peine de
déchéance du droit réclamé, se rapporter scru-

puleusement aux termes de la loi des XII tables (*Verbis legum accomodata*. G. IV, § §. 11 et 30) et être prononcées par le réclamant en personne et pour son propre compte : *nemo alieno nomine lege agere potest* (D. *de reg. jur.* 1. 123).

Le premier acte de cette procédure, l'ajournement, n'exigeait le ministère d'aucun officier de police judiciaire. L'adversaire qui n'obéissait pas à la sommation du demandeur pouvait être entraîné de force devant le magistrat (*in jus rapere .... etiàm obtorto collo*) à moins qu'il ne fournît un *vindex* qui prît fait et cause pour lui. En présence du magistrat avait lieu le drame symbolique, qu'il faisait cesser par son intervention : « *mittite ambo hominem.* » Alors, excepté dans les cas particuliers où l'affaire pouvait être décidée par le pouvoir même du magistrat, avait lieu le débat oral, dans lequel le demandeur exposait ses prétentions, et le défendeur ses moyens de défense, et c'est sur ce débat que le magistrat indiquait les principes qui devaient gouverner l'instance devant le juge choisi par les parties, ou tiré au sort, en cas de désaccord, 30 jours après la comparution devant le magistrat[1].

Aussi ce moment, la *litis contestatio* où, par

---

[1] Cicéron, *pro Cluentio*, c. 43, — *In Verrem*, III, 13 et 14, — Pline, *Hist. nat.*, *præf.* — Nous prenons le cas le plus ordinaire, négligeant volontairement, dans ce rapide exposé, les hypothèses où les parties étaient renvoyées, soit devant l'une des quatre sections du collège des centumvirs, soit devant les arbitres, soit en présence des récupérateurs.

une novation importante, s'éteignait le droit primitif et naissait pour celui qui serait condamné
l'obligation de subir le jugement, était solennellement constaté ; en l'absence d'écrit dressé par le
magistrat, les parties prenaient à témoin les
personnes présentes, pour en fournir au besoin
la preuve orale. *Contestari est cùm uterque
dicit : testes estote. Contestari litem dicuntur
duo aut plures adversarii, quòd ordinato judicio utraque pars dicere solet : testes estote* (Festus *V° contestari*).

Ainsi, par suite de l'effet de cette novation juridique ou judiciaire, les phases du procès opé-
raient deux fois novation : la première par l'effet
de la *litis contestatio*, la seconde par celui de la
sentence, de sorte que, en fin de compte, le défendeur se trouvait obligé, d'abord *ex causâ obli-
gationis,* puis *litis contestatione* et en dernier
lieu *ex causâ judicati.*

Il résulte de ce qui précède que le principe
bis de eâdem re ne sit actio, qui domine toute
l'institution à cette époque ainsi que pendant la
période suivante, présente ce caractère particulier, que, loin de se rapporter au jugement,
comme le principe qui devait le remplacer, il
avait trait à une époque de la procédure, la *litis
contestatio,* où le jugement n'existait pas encore.
Il assurait ainsi, chose bizarre, le maintien des
décisions, à une époque où elles n'existaient pas
encore, et où l'on n'était pas absolument sûr

qu'elles dûssent exister.—Ce résultat, qui prend une importance plus grande encore sous la procédure formulaire et que M. Ortolan a qualifié à bon droit de résultat-principe [1], est tel, que les parties sont obligées, à partir de ce moment de l'instance, d'en subir le cours. Il y a *judicium acceptum, res in judicio deducta,* et puisqu'une nouvelle obligation s'est produite, le droit primitif, en vertu duquel l'action a été intentée, ne doit plus exister ni produire aucun effet : *bis de eâdem re ne sit actio.*

Dès lors, il ne pouvait encore être question d'exceptions : *nec omninò, ità ut nunc, usus erat in illis temporibus exceptionum* [2], puisque dès qu'il y avait eu un premier procès, le droit du demandeur, qu'il eût été victorieux ou vaincu dans la première instance, était éteint et consommé.

Pendant que cette juridiction régnait sur les citoyens, celle du préteur pérégrin s'élevait à côté d'elle. Obligé de créer à la fois pour les étrangers le droit et la procédure, ce dernier avait composé des formules propres à guider le juge sur le point de fait ou de droit qui lui était soumis. Cette simplification de formes habitua peu à peu les citoyens à se servir, dans leurs

---

[1] T. III, p. 586.

[2] Gaius, *ibid.* §, 109.

rapports de droit avec les étrangers, de formes de procédure plus simples et plus faciles.

Enfin le système des actions de la loi tomba presque en totalité sous la haine populaire par la loi *Æbutia*, et, sous César et sous Auguste, les deux lois *Juliæ judiciariæ*[1]. Ce ne fut pas une des moindres révolutions accomplies à Rome par le peuple, à ces jours où, fatigué de l'oppression, ennuyé de la suprématie des *patres*, il ressaisissait pour un temps sa part du pouvoir, sauf à se laisser conduire de nouveau, dès que des hommes habiles savaient se mettre à sa tête et flatter son amour-propre. « Les fastes de Rome, a dit l'historien anglais Gibbon, sont précieux pour qui veut étudier de près la nature humaine. »

La chute des actions de la loi avait été hâtée par un événement qui contribua puissamment à ôter aux patriciens le monopole de l'étude du droit. En 449, Cn. Flavius, secrétaire du jurisconsulte Appius Claudius Cæcus, publia un calendrier avec l'indication des jours fastes et néfastes, et un formulaire de toutes les actions de la loi alors en usage. Le système tomba devant sa divulgation.

§ 2e. *Procédure formulaire.*

Le remplacement des actions de la loi par le

---

[1] Il ne fut conservé que dans les procès portés devant le tribunal des centumvirs.

système formulaire fut l'œuvre du préteur urbain
qui trouva pour cette substitution le système nouveau tout organisé. La loi *Æbutia* consacra ensuite le système prétorien, et lui attribua le caractère d'institution civile qui lui manquait. Toutefois,
ce nouveau mode dans l'administration de la justice
tice ne s'établit que par une marche progressive,
et le magistrat conserva autant que possible les
vestiges des anciennes institutions. On n'invo-
quait plus de témoins, la formule étant rédigée
par écrit par le préteur lui-même, mais le nom de
litis contestatio n'en subsista pas moins pour désigner la clôture de la procédure *in jure*, la dernière époque de cette procédure où se faisait jadis
l'invocation du témoignage des personnes présentes.

La novation produite par la *litis contestatio* subsiste telle que nous l'avons indiquée dans le système précédent, son importance est même devenue plus grande, son effet plus énergique. C'est
qu'en effet nous sommes toujours en présence du
principe de la consommation de l'action ; ce principe, dont nous signalerons tout à l'heure les
vices nombreux, reste debout sur les ruines des
actions de la loi : toute action, une fois *deducta
in judicium*, ne peut être reproduite. Mais cette
extinction du droit primitif se produit–elle de
plein droit, comme sous le système des actions
de la loi?

C'est en répondant à cette question que nous

allons constater pour la première fois l'apparition du système d'exceptions et de répliques qui est une partie essentielle de la procédure formulaire. Distinguons d'abord entre deux sortes d'instances : les *judicia legitima*, et les *judicia quæ imperio continentur*. Il fallait cinq conditions pour constituer un *judicium legitimum* : 1° *Actio in jus*, 2° *In personam*, 3° *Inter cives romanos*, 4° *Unus judex*, 5° *In Urbe vel intrà* 1^{mum} *Urbis milliarium* (Gaius, C. IV, §. 104). Le *judicium* était dit *imperio continens*, quand il lui manquait un ou plusieurs de ces caractères.

Ceci posé, si l'action exercée est une action personnelle, avec une formule rédigée *in jus*, et intentée dans un *legitimum judicium*, la *litis contestatio* opère novation comme sous le système des actions de la loi. Le droit primordial disparaît, et se trouve remplacé par un nouveau rapport, qui dépend maintenant de la solution que le *judex* donnera à la formule. — Si l'action, au contraire, ne réunit pas toutes les conditions qui précèdent, il ne s'opère plus de novation directe, et le défendeur sera tenu à la fois et par le droit primitif, et par l'obligation nouvelle de la *litis contestatio*. Le défendeur ne pourrait donc en principe s'opposer à la concession réitérée de l'action ; mais, en présence de l'injustice de cette double poursuite, il fera insérer dans la formule l'*exceptio rei in judicium deductæ*, ou l'*exceptio rei judicatæ* quand il est intervenu une décision sur la première instance (Gaius, *eod.* §§ 106 et suiv.).

Voici, d'après M. Ortolan, les raisons de cette différence : « Si l'action est *in rem*, le droit primitif est un droit réel ; or, un droit réel ne peut être nové que par une obligation. Si elle est conçue *in factum*, l'*intentio* n'énonce aucune question de droit, elle est fondée uniquement sur l'existence d'un fait, or un fait n'est pas davantage susceptible d'être nové : l'obligation qu'a engendrée la *litis contestatio* ne peut pas faire que ce fait existe ou n'existe pas. Enfin, si elle n'est qu'un *judicium imperio continens*, ne tirant qu'une autorité temporaire du pouvoir du magistrat avec lequel elle expirera, elle est impuissante pour détruire directement un droit permanent (*Explication hist. des Inst.* t. III, p. 587) [1]. » — Au contraire, si le droit primitif était une obligation personnelle, conçue *in jus*, et exercée par un *legitimum judicium*, comme il s'agit d'une obligation civile, le nouveau rapport de droit qui résultait de la *litis contestatio* se trouvant être une obligation civile de même nature, la novation aura lieu, par les mêmes raisons pour les-

[1] Quand aux trois dernières des cinq conditions que nous avons indiquées comme nécessaires pour constituer le *legitimum judicium*, elles doivent s'expliquer historiquement par des souvenirs du système précédent : les *legis actiones* ne pouvaient être intentées qu'entre les citoyens ; — le préteur urbain ne renvoyait d'ordinaire que devant un seul *judex* ; — enfin, la délimitation *intra primum lapidem* paraît être dérivée d'une ancienne limitation territoriale de compétence.

quelles elle était impossible dans les cas opposés.

Une autre explication a été donnée de cette
distinction dans les effets des jugements : le préteur, créateur du système formulaire, n'aurait
osé appliquer cet effet important, et qu'il emprun-
tait au droit civil, qu'à celles des actions par
lui créées, qui avaient le plus d'analogie avec les
actions du droit civil. C'est partant de cette idée
qu'il aurait exigé le *legitimum judicium*, l'*inten-
tentio* de la formule conçue *in jus*. Sous ces conditions, et conçue *in personam*, l'action présenterait en effet de grandes analogies avec la *condictio* ou la *judicis postulatio* du régime précédent. Dans les autres cas, le préteur aurait reculé
devant l'application directe aux actions préto-
riennes réelles (*per sponsionem* ou *per formulam
petitoriam*) des effets des actions civiles, et il aurait eu, pour cette raison, recours au moyen indirect de l'exception.

Il faut reconnaître que cette théorie repose sur
une hypothèse ingénieuse, mais peut-être pourrait-on reprocher à cette hypothèse même de ne
s'appuyer sur rien de positif. Le préteur qui eut
assez de puissance pour substituer un système de
procédure à un autre en rendant ce dernier odieux
aux yeux du peuple, ne pouvait vouloir imiter ce
qu'il détruisait et faire adopter le système nouveau par souvenir du système tombé.

M. G. Griolet (*De l'autorité de la chose jugée,*

p. 19) se prononce pour la théorie que nous venons de reproduire et combat cette idée par nous adoptée plus haut, que dans les actions de la première catégorie, le droit d'action est détruit par l'effet d'une novation qui serait impossible dans les actions de la seconde. « La nécessité d'une novation n'explique pas, dit-il, pourquoi il faut que la formule ait été *in jus* ? » Le contraire nous paraît cependant bien fondé : il était nécessaire que l'action fût *in jus*, car on ne peut détruire un fait par une novation, faire que ce fait n'existe pas ou qu'il n'ait pas existé. Mais, dit le même auteur, pourquoi le *judicium imperio continens* n'aurait-il pas eu le même effet que le *judicium legitimum* au point de vue de cette novation ? Il est, croyons-nous, parfaitement répondu à cette objection dans les quelques lignes de M. Ortolan que nous avons citées ci-dessus. Enfin, M. Griolet tire un autre argument de ce que les actions *in rem* étaient consommées *ipso jure* dans la procédure des actions de la loi : l'idée de novation, dit-il, était donc, du moins sous ce système, étrangère à l'effet de l'exercice d'une action. Il nous paraît difficile, en supposant fondée cette différence entre les deux systèmes de procédure, d'en tirer des conséquences aussi absolues ; cette différence ne fait, selon nous, que montrer une fois de plus les divergences profondes qui séparaient les deux systèmes ; et d'abord, qui ne sait que le mécanisme des exceptions et des répliques ne fut in-

venté et ne commença à être appliqué par le préteur que sous la procédure formulaire?

Nous avons à bien nous pénétrer du caractère
spécial de cette *exceptio rei judicatæ*, au moyen
de laquelle le défendeur repoussera une nouvelle
instance fondée sur le même objet que celle précédemment jugée. Malgré son titre, cette exception ne se fonde pas sur le contenu du jugement,
mais seulement sur son existence ; loin d'établir
un droit, d'assurer le bénéfice de la sentence, son
effet se borne à empêcher la reprise du procès
terminé, la mise en jeu d'une action nouvelle,
identique à celle sur laquelle il a déjà été prononcé. C'est ce que M. de Savigny appelle « le
but et le résultat purement négatifs de cette exception », et Keller, « sa fonction négative. » Les
mêmes auteurs nommeront forme ou fonction positive de l'exception [1], celle où, dans le dernier
état du droit, elle considérera le jugement dans
son contenu et non pas seulement dans son existence. Ce sera en réalité, sous le nom ancien
d'*exceptio rei judicatæ*, une institution nouvelle:
ce qui précède le montre suffisamment.

L'identité d'action impliquait nécessairement
que les deux instances fussent engagées entre les
mêmes personnes et sur le même point litigieux ;
ce principe s'est toujours maintenu par la suite
(D. 11. 12-14 *hoc titulo*), mais nous devons, à

____

[1] Keller, *litisc.* 28, 29, 30.

l'époque du droit où nous nous plaçons, l'inter-
préter d'une façon beaucoup plus rigoureuse que
dans le dernier état de la législation. D'une part,
en effet, la représentation en justice, après avoir
été longtemps prohibée, n'avait lieu le plus souvent qu'en vertu d'un mandat solennel, en l'absence duquel le mandant aurait pu, du moins en
théorie, repousser le jugement comme *res inter
alios acta* [1]; d'autre part, et c'est là un point fort
important qui fait toucher au vif le vice du système de la consommation de l'action, dès que
l'action née d'un contrat ou d'un fait juridique
quelconque avait été exercée, ne l'eût-elle été que
pour une petite partie de la dette, elle n'en était
pas moins éteinte soit *ipso jure* soit *exceptionis
ope*, d'après la distinction que nous avons établie
plus haut. L'action ayant été intentée, il y avait
lieu de croire, pensait-on, que celui qui l'avait
exercée en avait retiré tout le profit qui devait lui
en revenir.

Il est facile de voir, sans insister davantage,
de quelle injustice était ce principe, qui n'exami-
nait que le fait de l'exercice de l'action ou du prononcé du jugement, et non leur contenu. En matière d'actions réelles surtout, combien souvent
devait être inutile le jugement, dont le résultat
n'était presque jamais protégé par la consommation de l'action ?

---

[1] Voir ci-après, chapitre VI, § 3.

L'iniquité d'un pareil résultat fut, il est vrai, corrigée en partie par l'introduction des *præscriptiones* placées au commencement de la formule pour ôter à celle-ci le caractère de généralité qui aurait empêché le renouvellement de l'action pour le surplus de la dette [1]. Si par exemple une somme due était payable en plusieurs fractions et à différentes époques, le demandeur conservait son droit aux parties non encore échues en faisant mettre en tête de la formule une *præscriptio* conçue en ces termes : *Ea res agatur cujus rei dies fuit* [2]. — Mais ces moyens subtils ne remédièrent pas à tous les inconvénients du principe absolu de la consommation de l'action.

En effet, si l'exception *rei judicatæ* assurait au défendeur une protection efficace, à quoi servait-elle au demandeur victorieux dans l'instance ? Si le défendeur, après s'être exécuté, après avoir acquitté le montant de la condamnation prononcée par le jugement, intentait à son tour une action en revendication de la somme par lui versée, le demandeur originaire n'avait en sa possession aucun moyen de défense, puisqu'il n'y avait eu, de la part du demandeur de la nouvelle instance aucune action intentée et par conséquent consommée.

Par la même raison, lorsqu'une action était re-

---

[1] Labéon parle en particulier d'une *præscriptio rei judicatæ* dans la l. 42 D. *De liber. causâ.*

[2] Gaius, *eod.* § 131.

jetée par suite d'une exception dilatoire, lorsqu'une instance se périmait (par dix-huit mois,
s'il s'agissait d'un *legitimum judicium*, par le
terme du pouvoir du magistrat, si le *judicium*
était *imperio continens*), le droit était consommé,
il ne pouvait plus être exercé par la suite.

De même encore, si l'objet litigieux que le
demandeur en revendication avait recouvré par
l'effet de la sentence se retrouvait accidentelle-
ment en la possession du défendeur, celui-ci
était protégé contre toute nouvelle réclamation
par l'exception tirée du premier jugement, chose
profondément injuste, comme le remarque Julien : *Evidenter enim iniquissimum est proficere
exceptionem rei judicatæ ei contrà quem judicatum est* (l. 15, D. *h. t.*). Dans le cas même où
l'instance était engagée par ou contre un représentant incapable de figurer en justice, l'erreur
du demandeur n'empêchait pas la consommation
irréparable de l'action.

Le vice du principe sur lequel s'appuyait toute
cette matière fut enfin compris par les jurisconsultes, mais fidèles à cet attachement aux usages
passés qui est le caractère distinctif de toute l'histoire du droit à Rome, ils ne heurtèrent pas de
front la théorie de la consommation de l'action,
ils préférèrent tourner la difficulté et corriger la
rigueur du principe par un moyen ingénieux de
paralyser l'effet de l'exception, les *replicationes*.
C'est là, du reste, le prélude de l'avénement du

principe nouveau, car l'examen du contenu commence à devenir nécessaire.

Plusieurs textes, que nous ne ferons qu'indiquer ici pour ne pas allonger outre mesure ces préliminaires, nous donnent des exemples des cas dans lesquels le préteur accordait les répliques pour combattre l'exception *rei judicatæ*.

Ainsi, d'après la loi 2 du Code *de judiciis*, lorsqu'un premier jugement était intervenu sur l'*actio tutelæ*, le pupille devenu majeur aurait été repoussé des fins d'une seconde instance par l'exception de chose jugée : il aura une *replicatio doli mali* si l'espèce examinée par le premier juge n'est pas la même que celle qui fait l'objet de la seconde demande : *si de specie de quâ agis in judicio priori tractatum non esse allegas, non inutiliter replicatione doli mali uteris.*

Autre cas, prévu par la l. 46, § 5 D. *De administ. et peric. tutor.* Un tuteur a omis de porter dans son compte de tutelle (*libro rationum*) une créance dont il a touché le montant : si l'ex-pupille devenu majeur poursuit les débiteurs de cette créance, et qu'ils produisent les quittances du tuteur (*et prolatæ sunt ab his apochæ tutoris*) ils ne pourront être condamnés, et le pupille se retournera contre son tuteur. Que si celui-ci oppose l'*exceptio rei judicatæ*, se fondant sur ce qu'il est déjà intervenu un jugement sur les comptes de tutelle, le pupille lui répondra victorieusement par la *replicatio doli mali* (V. encore les lois 19, 20, 21 et 23 D. *h. t.*)

Voici enfin un autre texte dans les termes duquel l'acheminement vers le principe nouveau est tout-à-fait apparent : *Si quis fundum, quem putabat se possidere, defenderit, mox emerit : re secundum petitorem judicatâ an restituere cogatur ? Et ait Neratius, si actori iterum petenti objiciatur exceptio rei judicatæ, replicare eum oportere de re secundum se judicatâ.*

L'espèce prévue dans ce texte nous montre que la nouvelle forme de l'exception ne fut introduite dans le principe que pour corriger les imperfections et les lacunes de l'ancienne. Primus revendique un immeuble, son droit de propriété est reconnu. Mais Secundus, le défendeur, ne possédait pas ce fonds : ce dernier est donc renvoyé des fins de la demande. Mais il acquiert le fonds : Primus intente une nouvelle action ; Secundus lui oppose *l'exceptio rei judicatæ*, basée sur la consommation du droit déjà exercé. Primus rendra vaine cette exception par la réplique *rei secundum se judicatæ,* qui se fondera sur le principe nouveau de la fiction de vérité et donnera gain de cause à Primus en considérant, non le fait du jugement, mais son contenu.

A quelle époque se place l'origine de ce principe nouveau ? Gaius n'en parle pas dans ses *Institutes,* où il ne développe que la fonction

négative de l'exception, et cependant, un texte
du même auteur, signalé par M. de Savigny,
invoque avec force le principe de la *eadem quæstio* : « *Quod si post rem judicatam a me petere
cœperis (hereditatem), interest utrùm meam
esse hereditatem pronuntiatum sit an contrà :
si meam esse, nocebit tibi rei judicatæ exceptio... quia eo ipso, quo meam esse pronuntiatum est, ex diverso pronuntiatum videtur
tuam non esse ; si verò meam non esse, nihil de
tuo jure judicatum intelligitur, quia potest
nec mea esse hereditas, nec tua* (D. 1. 15, *h. t.*).
Un autre texte de notre titre, sur lequel nous
aurons à insister plus tard, la 1. 7 § 3, montre que
le principe nouveau était déjà connu du temps
de Julien (v. encore D. *de procuratoribus*, 1. 40,
§ 2). Enfin on a cru, avec beaucoup de vraisemblance, pouvoir induire de plusieurs passages de
Cicéron la connaissance que le grand orateur
aurait eue du principe de la fiction de vérité (v.
entre autres, *pro Syllâ*, c. 22).

Par cette marche lente et progressive, le principe de l'identité de question arriva à être admis
sans conteste dans tous les cas où le principe
précédent était en opposition avec l'équité : ce ne
fut que dans le dernier état du droit qu'il remplaça complètement ce dernier. De nombreux
textes du *Digeste* affirment cette transformation,
les uns en se rapportant incontestablement au
principe de la fiction de vérité, d'autres en

paraissant avoir été adaptés à ce principe au moyen d'interpolations qui ont paru évidentes à de célèbres jurisconsultes, et à M. de Savigny en particulier [1]. Nous n'indiquerons pas ces textes ici, pour ne pas entrer dans d'inévitables redites au moment où nous examinerons individuellement les principes de l'identité de question.

Après avoir exposé par quelle série d'améliorations successives avait eu lieu la transition de l'ancien principe à celui de la fiction de vérité, nous aurions à préciser le sens de ce changement et son importance ; mais cela ne résulte-t-il pas clairement des explications qui précèdent ? Nous l'avons déjà plusieurs fois répété, le jugement n'est plus considéré comme simple fait, mais dans son contenu ; il n'y a plus à examiner si une précédente action a déjà été intentée concernant le même litige, mais s'il existe un jugement antérieur par lequel la question s'est trouvée résolue ; en un mot, et voici la signification véritable du changement progressif que nous avons étudié, la première décision n'a plus sur le litige à venir l'autorité du fait, mais l'autorité du droit.

[1] Ci-après chapitre VI.

CHAPITRE II.

PRINCIPE DE LA FICTION DE VÉRITÉ. — PRÉLI-
MINAIRES : CONDITIONS DE FORME NÉCESSAIRES
POUR L'EXERCICE DU DROIT D'ACTION.

———

§ 1ᵉʳ. — *Établissement de la hiérarchie judiciaire et de la procédure d'appel* [1].

I.

L'acte important du système qui succède aux
actions de la loi consiste dans la *formule* dé-
livrée par le magistrat pour constituer un juge
et lui poser la question qu'il aura à résoudre. Le
pouvoir du magistrat « *qui jus dicit* » et du juge
ou juré « *qui judicat* » sont l'un et l'autre nette-
ment définis, et ils se prêteront un mutuel appui,
sans se confondre, jusqu'à l'époque de Justinien,
où le système des *extraordinaria judicia* se

[1] Sous le régime des actions de la loi, il paraît certain que les
rois prononçaient eux-mêmes et souverainement sur les contestations : *omnia conficiebantur judiciis regiis* (Cicéron, *De Rep.*,
V, 2) ; d'autres textes nous indiquent que les consuls, et en dernier
lieu les préteurs, avaient hérité de cette suprême magistrature. A
quelle époque a donc été introduite la division du procès en deux
instances ? Nous n'avons sur cette question qu'un texte de Gaius
(IV, § 15), malheureusement incomplet et tronqué, et que les
commentateurs ont cherché à compléter dans les sens les plus divers.

La question reste donc entière. Il y a, toutefois, lieu de supposer
que c'est l'augmentation de la population, l'accroissement du
nombre des provinces, qui conduisit à cette mesure, qui n'est qu'une
simplification de la mission du magistrat.

généralisera et finira par remplacer entièrement la procédure formulaire.

Nous avons analysé plus haut une instance juridique, et nous avons remarqué ces deux périodes. Ajoutons qu'à côté du *judex* se place déja, au temps des actions de la loi, l'*arbiter*, qu'on demandait par la *judicis postulatio*. Dans quels cas étaient nommés les *arbitri?* Cette question a donné lieu aux systèmes les plus divers, à défaut de textes pour préciser le débat; nous ne pourrions exposer ici cette controverse sans excéder les bornes de notre étude. Le système formulaire créa enfin les récupérateurs, sur les fonctions desquels plusieurs opinions ont également été émises; ils ne jugeaient à l'origine que les affaires entre citoyens et étrangers.

Toutefois, il était aussi des cas spéciaux où le magistrat prononçait lui-même le jugement : c'était une procédure anomale, *cognitio extra ordinem*. Dans ces différentes espèces, l'autorité de la chose jugée protégeait la décision rendue, soit qu'elle ait été formulée par le juge, soit qu'elle émanât du magistrat lui-même, jugeant *extra ordinem*.

Ce dernier point, cependant, n'est pas universellement admis, et quelques auteurs [1] ont cru pouvoir induire du caractère extraordinaire du jugement rendu par le préteur, cette conséquence

[1] Puchta, t. II, § 175.

qu'il n'avait pas l'influence de la chose jugée sur une instance ordinaire intervenue postérieurement. Cette opinion nous paraît en contradiction avec plusieurs textes du Digeste, qui attribuent cette autorité aux décisions rendues soit par celui entre les mains duquel le pouvoir réside, soit par le juge qu'il aura commis. (L. 81, D. *De judiciis*, 5 eod.; 65, § 2. *Ad senatusc. Trebell.*)

II.

Nous ne pouvons traiter ce sujet sans nous occuper rapidement de l'organisation de la justice à Rome. Comment, en effet, étudier l'autorité de la chose jugée sans savoir quels jugements étaient susceptibles d'appel, quels autres étaient rendus en dernier ressort? C'est une particularité curieuse que, pendant toute la durée de la république romaine, les magistratures, à quelque degré qu'elles appartinssent, n'étaient nullement subordonnées les unes aux autres. Comme les verges des licteurs, elles formaient un faisceau, se soutenant mutuellement, sans qu'aucune dominât les autres. Consuls, préteurs, édiles curules, tribuns, restent chacun dans la sphère de ses attributions, sans qu'il soit permis d'en appeler de la décision de l'un au jugement de l'autre; il n'est même pas possible d'en appeler de la sentence du juge au magistrat qui l'a nommé.

Avec l'avénement de l'empire s'organise la hiérarchie judiciaire. Aucune transition ne fait prévoir cette innovation, due toute entière au génie et à l'habileté d'Auguste. Ce dernier, qui connaît l'horreur de Rome pour ce qui rappelle la royauté, qui se souvient qu'une velléité de couronne avait coûté à César sa popularité et sa vie, se garda bien de s'arroger la suprême magistrature : il s'en fait donner par le peuple, une à une, toutes les attributions, et tous les dix ans, il offrira, certain du refus, de déposer ce fardeau, trop lourd pour lui [1]. Successivement nommé prince du sénat, censeur, consul et proconsul, il finit par accepter le tribunat, qui lui confère le redoutable privilége de l'inviolabilité : *ad tuendam plebem tribunitio jure* [2].

Le sénat lui offrait à titre perpétuel ces diverses magistratures : c'était un moyen de reconstituer le pouvoir monarchique ; fidèle à son rôle, Octave refusa. A plusieurs reprises, le peuple revient à la charge et insiste. Octave cède, mais avec ce formalisme particulier à Rome, et qui tournait toujours les obstacles au lieu de les heurter de front, il respecte la lettre de la constitution qui défendait la réunion sur une seule tête de ces magistratures indépendantes, et sans priver les autres citoyens des magistratures, il en prend seulement l'autorité. Il est le chef de tout l'ordre civil, il a l'initiative et l'exécution des lois ; il est

[1] Suéton, *in Aug.* 28.
[2] Tacite.

à la tête de l'administration et de la justice de tout l'empire [1].

A partir de ce moment, l'empereur est le degré suprême de l'échelle judiciaire, et la procédure de l'appel est constituée. Elle forme toujours une *cognitio extraordinaria*, sans renvoi devant un juge. Mais ce n'était évidemment qu'en théorie que l'empereur occupait cette première place de la hiérarchie judiciaire ; en pratique, il déléguait ses pouvoirs dans les provinces, à un personnage consulaire, et à Rome même au préfet de la ville, l'un de ces fonctionnaires choisis, payés [2], dépendants, révocables et conservables à souhait, que la monarchie dissimulée mettait auprès des fonctionnaires élus, gratuits et temporaires de la république. Sous ce degré, il y avait le préteur, auquel on en appelait du *judex* qu'il avait nommé (L. 1, D. *Quis a quo appelletur.*)

Nous avons dit qu'Auguste s'était fait attribuer la *tribunitia potestas ;* c'est là vraisemblablement l'origine de l'appel. La mission des tribuns n'était, en effet, dans l'origine, qu'une mission de protection et de secours à donner au peuple contre les actes d'injustice et de violence. *Tribunos sibi plebs in monte sacro creavit qui essent plebeii magistratus,* dit Pomponius (D. *De orig. jur.* 1. 3, § 20). Les tribuns avaient le droit de s'op-

---

[1] M. J. Zeller, *les Empereurs romains*, p. 5 et 6 ; le comte F. de Champagny, *les Césars*, t. I, p. 193-196.

[2] M. de Champagny, *Op. cit.*, p. 195.

poser à l'exécution de l'ordre d'un magistrat ; c'était l'*intercessio ;* on appelait *appellatio* ou *provocatio,* suivant qu'il s'agissait d'affaires civiles ou d'affaires criminelles, le recours par lequel on sollicitait leurs interventions. Ces deux formes de recours différaient en ce que la première n'aboutissait qu'à un *veto* suspensif, sans autre effet que de paralyser dans ses conséquences le jugement incriminé, au lieu que la seconde était une véritable demande d'appel de la sentence. Cette dernière, la *provocatio,* constituait vraiment une instance nouvelle ; l'*appellatio* était moins un appel qu'une instance en cassation.

Les lacunes de l'*appellatio* étaient faciles à apercevoir ; son effet purement négatif était pour les citoyens une garantie tout à fait insuffisante. L'appel civil, tel qu'il fut organisé sous Auguste et surtout sous Adrien, participa de l'*appellatio* et de la *provocatio.* Tout en s'appliquant aux affaires civiles, il revêtit le caractère d'une instance nouvelle, et permit dans tous les cas aux parties condamnées par une autorité judiciaire de recourir dans un délai donné devant le magistrat supérieur ou devant le prince lui-même, dernier degré de juridiction.

Le droit de recours à l'empereur est devenu un privilége remplaçant l'ancienne inviolabilité du citoyen romain, en vertu de la loi *Julia de vi privatâ,* qui a pris la place des *leges Porciæ.*

Parmi les exemples les plus frappants de l'appel
tel qu'il est organisé sous l'empire, nous citerons
celui que les Actes des Apôtres nous présentent à
l'occasion de l'arrestation de saint Paul : *Dixit
autem Paulus : ad tribunal Cæsaris sto... si
nihil est eorum quæ hi accusant me, nemo potest me illis donare, Cæsarem appello. Tunc
Festus, cum concilio locutus, respondit : Cæsarem appellasti? Ad Cæsarem ibis... Et dixit
Festus : Agrippa rex... ipso hoc appellante ad
Augustum judicavi mittere* [1].

L'appel était ouvert non—seulement au condamné, mais même à un tiers : *credo enim*, dit
Ulpien, *humanitatis causa omnem provocantem
audiri debere* (L. 6, D. *De appellat. et relat.*),
excepté dans les cas où une punition immédiate
était jugée indispensable (L. 16, *eod.*).

Concluons de ce qui précède que pour connaître, dans le dernier état du droit romain, si
une décision revêt ou non l'autorité de la chose
jugée, il faut savoir si elle est ou non susceptible d'appel. Est—elle rendue en dernier ressort,
il y a chose jugée; peut—il, au contraire, en être
encore appelé, la chose jugée n'existera que si
l'appel est rejeté, si le délai est expiré, ou si tous
les degrés de juridiction ont été épuisés [2].

---

[1] *Act. Apost.*, c. 22, v. 25-29.

[2] Consulter sur l'*appellatio* l'article de M. G. Humbert,
dans le *Dictionnaire des Antiquités Grecques et Romaines* de
MM. Ch. Daremberg et Edm. Saglio, p. 329, 330.

§ 2e. — *Formes de procédure par lesquelles
on invoque l'autorité de la chose jugée.*

Comme le dol, la violence, le serment, la chose
jugée peut produire, suivant les circonstances,
une action ou une exception ; mais l'action,
l'*actio judicati,* dont nous allons indiquer tout à
l'heure l'application , n'est en réalité qu'un
moyen d'exécution. Or, ce n'est pas, remarquons
le bien, les voies d'exécution des jugements que
nous avons à rapporter ici : il y a cette différence entre les moyens par lesquels on poursuit
l'exécution d'un jugement prononcé, et ceux par
lesquels on oppose l'autorité qui appartient à
un premier jugement, que ce n'est qu'en cas de
condamnation que les premiers s'appliquent, au
lieu que la chose jugée a pour but de protéger
les jugements quelle qu'en ait été l'issue, soit que
le défendeur ait été absous, soit qu'il ait été condamné.

C'est donc l'exception par laquelle on oppose
la chose jugée, et la réplique qui permet de
répondre à cette exception qui rentrent seules
véritablement dans notre sujet ; et nous ne ferons
qu'indiquer rapidement les voies d'exécution
données à celui qui avait obtenu gain de cause.
Ce sont, du moins à partir de l'époque formulaire :

1° *L'exécution* elle-même, c'est-à-dire le
dernier acte de la procédure lorsqu'il il y a eu
condamnation. Elle ne nécessite aucune action,

aucun *judicium* nouveau ; c'est en vertu de son pouvoir, de son *imperium mixtum* que Ulpien définit : *imperium cui etiam jurisdictio inest* [1]. que le préteur pourvoit, *extra ordinem,* aux différentes mesures qu'il croit nécessaires pour assurer le bénéfice de la sentence.

2° L'*actio judicati,* donnée au demandeur pour le cas où le défendeur soutiendrait après le jugement ou qu'il n'y a pas eu de sentence contre lui, ou qu'il a acquitté le montant de la condamnation. La sentence du nouveau juge arrivait ainsi à affirmer l'existence du premier jugement ; elle avait un double but : faire prononcer sur l'existence contestée de la sentence et en poursuivre l'exécution. Cette action était en effet une de celles *quœ inficiatione crescunt in duplum,* car le juge avait le pouvoir, en cas de dénégation reconnue fausse de la part du défendeur, de le condamner au double du montant de la première condamnation [2].

3° La *revocatio in duplum,* forme de procédure assez obscure qui n'est signalée que par une constitution de l'Empereur Alexandre, au

[1] Paul et Papinien sont plus logiques en faisant passer la *jurisdictio* avant l'*imperium,* et en définissant ce dernier « *imperium quod jurisdictioni cohœret.* » (V. Bonjean, *Traité des actions.* t. II p. 49).

[2] Ainsi, le respect pour l'autorité de la chose jugée était porté si loin à Rome, qu'il y avait une peine contre celui qui méconnaissait une sentence prononcée à son égard, et cherchait à y échapper en niant qu'il eût été condamné. (Machelard, *Des obl. nat.* p. 436, à la note).

Code Grégorien (lib. X), et trois textes des sentences de Paul. C'est une action, sorte de contre-partie de l'*actio judicati*, par laquelle, un individu publiant partout une prétendue sentence de condamnation qu'il aurait obtenue contre moi, je demande, sans attendre d'être attaqué en vertu de cette sentence, qu'il soit dès à présent jugé si elle est vraie ou fausse. Je ne peux user de cette action qu'en m'engageant à payer, au cas où la condamnation contre laquelle je proteste serait reconnue véritable [1], le double du montant de cette condamnation [2].

Mais ces formes d'exécution n'ont pas un rapport direct avec l'autorité de la chose jugée. C'est en effet l'exception et la réplique *rei judicatæ* qui ont ce caractère, qui constituent le mode spécial pour invoquer cette autorité. — Ces moyens de défense ne présentent du reste, sous le rapport de la forme, aucune particularité remarquable.

En analysant l'*exceptio rei judicatæ*, on a pensé que ce n'était en réalité qu'une exception de dol présentée en fait, et l'on en a tiré cette conséquence au moins hasardée, que puisque dans les actions de bonne foi l'exception de dol était inutile, se trouvant suppléée dans tous les cas par le juge, il n'aurait aucun avantage à

---

[1] La *revocatio in duplum* avait été introduite par Quintus Cicéron dans son gouvernement d'Asie (*Pro Flacco*, 21).

[2] Demangeat, *Cours de Droit Ro. ain*, t. III, pp. 481, 482.

l'insérer dans la formule de ces actions, où le juge prononce d'après l'équité. De même, dans les actions de droit strict, l'*exceptio doli mali* en tiendrait utilement lieu. Cette théorie a cherché un appui dans la loi 2 § 5 D. *De doli m. et metûs excep.: Generaliter sciendum est ex omnibus in factum exceptionibus doli mali oriri exceptionem.* Il nous semble que ce texte suffit au contraire pour repousser la théorie qui permet de suppléer l'*exceptio rei judicatæ*, car Ulpien, voulant expliquer sa pensée, continue ainsi: *Quia dolo facit quicumque id quod quâquâ exceptione alidi potest petit.* Ce texte s'applique donc en général à toutes les exceptions basées sur le dol du demandeur, qui alors que son bon droit est réel, mais a été méconnu par le premier jugement, intente une seconde demande. Il n'y a donc pas lieu, sans textes plus positifs que celui que nous venons de citer, d'admettre ce système.

Toutefois, il y a un cas où l'exception paraît avoir été virtuellement suppléée: c'est l'hypothèse où, le défendeur ayant négligé de l'invoquer, il serait intervenu un deuxième jugement contraire aux décisions du premier. Il suffit de faire la preuve du fait, même en dehors de tout appel. *Latam sententiam dicitis, quam ideò vires non habere contenditis quòd contrà res prius judicatas, a quibus non est provocatum, lata sit. Cujus rei probationem si promptam habetis, etiàm citrà provocationis adminiculum, quod ità pronuntiatum est, sententiœ aucioritatem non obtinebit.* (L. 1, C. *Quandò prov. non est necesse.*)

CHAPITRE III.

I.

Les effets des jugements civils étaient à Rome
de deux sortes, ils comprenaient la déclaration
du droit objet du litige, et la sanction de la décision obtenue.

Dans le dernier état du droit, cette seconde
partie du jugement, la condamnation, n'était pas
nécessairement pécuniaire; elle pouvait avoir
pour objet la chose même demandée : Justinien
dit explicitement que la condamnation doit être
soit *certæ pecuniæ*, soit *rei*. Toutefois, comme il
est intéressant, au point de vue de l'histoire de
la procédure romaine, de passer en revue les diverses modifications qui se rapportent à la nature
des jugements, nous considérerons la condamnation telle qu'elle devait être sous le système formulaire, c'est-à-dire d'une somme d'argent.

Il n'y avait que dans les actions préjudicielles
(*præjudicia*) que la déclaration de droits litigieux était explicite et formelle. Ces actions avaient
en effet ce caractère particulier que la formule ne
contenait pas de condamnation, et que la sentence
du juge n'avait d'autre but que de proclamer un

fait ou un droit, auquel elle attribuait ainsi l'authenticité judiciaire avec toutes ses conséquences. Il n'y avait donc dans ces actions qu'une *intentio*, c'était l'unique partie dont se composait leur formule. Avant la découverte des *Institutes* de Gaius, les commentateurs croyaient que ces actions ne servaient qu'à consacrer des questions de droit ; cet auteur indique de la façon la plus claire qu'elles pouvaient aussi viser la déclaration d'un fait. Elles pouvaient par exemple avoir pour objet le chiffre d'une dette, la quotité de la dot, et l'action n'était pas personnelle pour cela, si l'obligation elle-même n'était pas mise en contestation. Telle est l'action préjudicielle dont parle Papirius : *Imperatores Antoninus et Verus Augusti rescripserunt eos qui bona sua negant jure venisse, præjudicio experiri debere* (D. *de reb. auct. jud. poss.*, 1. 30). Tel est encore le *præjudicium an liber sit* (concernant la liberté), le seul à peu près qui vînt du droit civil, dit Justinien, car tous les autres étaient d'origine prétorienne.

Dans toutes les autres actions, il n'y avait pas de déclaration ; toute la formule se résolvait dans la condamnation ou l'absolution du défendeur : « *Si paret.... judex X condemna, si non paret, absolve.* » Mais les jurisconsultes ne s'étaient pas arrêtés à cette apparence, et avec raison ; ils avaient compris qu'une déclaration des droits contestés existait implicitement dans cette formule, et que l'autorité de la chose jugée n'en devait pas moins être attachée à cette déclaration cachée. Les seules sentences auxquelles l'autorité de la chose jugée n'appartînt pas, étaient celles qui ne contenaient aucune déclaration de droits ni explicite ni même implicite. Nous avons donc à rechercher quelles étaient les différentes sortes de jugements que protégeait l'exception de chose jugée, et de quels éléments ils se composaient.

Posons d'abord en principe qu'il n'y a, au point de vue de leurs effets, que deux espèces de jugements, soit qu'ils contiennent absolution, soit qu'ils contiennent condamnation du défendeur. Tous rentrent dans l'une ou l'autre de ces catégories, et c'est à tort, ainsi que nous allons le montrer, que certains jurisconsultes en ont admis deux autres classes, les jugements mixtes, et ceux qui contiennent condamnation du demandeur.

En effet, qu'est-ce qu'un jugement mixte [1] ? C'est une sentence qui, en condamnant le défendeur pour une partie de la demande, l'absout pour le surplus. Deux jugements sont réunis en

---

[1] Le mot *mixtus* a plusieurs acceptions : 1º celle que nous considérons ici ; 2º celle que nous exposerons dans le § 3e de ce chapitre, actions *mixtes* ou doubles, dans lesquelles chacune des parties est appelée à jouer le double rôle de demandeur et de défendeur ; ce ne sont que des actions personnelles, les actions divisoires ; 3º une acception toute spéciale, et que nous n'avons pas à développer ici, dans les mots *imperium mixtum*.

un seul, chacun statuant, dans un sens opposé, sur une partie du litige.

Pour qu'il y ait absolution, il faut en effet que le juge ait nié tous les droits indiqués dans l'*in-tentio* de la formule. Or, ce pouvoir ne rentrait dans sa mission que lorsque l'*intentio* de la formule était *incerta*. Dans les actions avec *certa intentio*, le juge ne pouvait pas affirmer en entier le droit qui formait l'objet certain et déterminé du litige, ou le nier en entier ; il n'avait pas la latitude d'admettre la demande en partie, de la rejeter en partie. On comprend par suite que ces dernières actions seules pouvaient donner ouverture à la *plus-pétition* : celui qui demandait plus qu'il ne lui était dû perdait sa cause et était déchu de ses droits.

Mais il n'en est plus ainsi sous la procédure extraordinaire : l'ancien droit a été abrogé par Zénon et par Justinien. Le juge, n'étant plus enfermé de toutes parts dans les lisières de la formule, peut n'accorder qu'une partie de la demande ; et ce sera un jugement mixte, car il entraînera absolution sur la partie non accordée. Mais ce jugement contiendra en réalité deux décisions simples : il n'y a donc pas nécessité de le faire rentrer dans une classe à part.

Rien de ces restrictions n'ayant subsisté dans la procédure extraordinaire, nous n'insisterons pas davantage. Quant à la prétendue catégorie des jugements contenant condamnation du de-

mandeur, nous aurons occasion de montrer tout
à l'heure qu'elle manque de réalité. Il nous reste
à considérer maintenant quelles conséquences
résultent, au point de vue des droits prétendus
par le demandeur, de la condamnation ou de
l'absolution du défendeur. Cette dernière hypothèse soulevant le plus de difficultés, nous nous
en occuperons en dernier lieu.

II.

L'hypothèse de la condamnation du défendeur n'est pas de nature à nous arrêter longtemps. Il s'y rattache toutefois cette différence
entre les actions réelles et les actions personnelles, que, dans les premières, le droit du demandeur, ce droit réel qui forme l'objet du litige,
est nécessairement reconnu, quoique d'ordinaire
d'une manière implicite, au lieu que dans les actions personnelles, la condamnation se borne à
imposer au défendeur l'exécution du fait positif
ou négatif contenu dans la demande. Cette différence résulte, du reste, nécessairement de la nature de l'action ; d'où il suit que, tant à l'époque
des actions de la loi que sous le dernier état du
droit, nous la constatons très-certainement. Mais
existait-elle sous le système formulaire ? La condamnation qui n'aboutissait qu'au paiement par
le défendeur d'une somme donnée, pouvait-elle
impliquer la reconnaissance, au profit du deman-

deur, d'un droit réel autre que celui de créancier de cette somme ?

Nous répondrons affirmativement, nous appuyant sur la logique et sur un grand nombre de textes. C'est à l'aide d'un ingénieux mécanisme de procédure que les jurisconsultes étaient arrivés à ce double résultat, inconciliable en apparence. Après avoir proclamé (*pronuntiatio*) le droit réel du demandeur, le juge était autorisé à sommer le défendeur de restituer la chose réclamée, et à absoudre le premier dans le cas où il aurait en effet donné la satisfaction prescrite. Ce pouvoir donné au juge était désigné par les mots : *jussus, arbitrium, arbitratus : nisi arbitrio judicis actori satisfaciat*, dit Gaius. Cet ordre du juge était obligatoire pour le demandeur comme pour le défendeur ; c'était en réalité une partie spéciale de la formule, mise à la suite de l'*intentio*, ou plutôt comprise dans la *condemnatio*. Si le défendeur était dans l'impossibilité de restituer, et que ce fût par sa faute, par son dol, il était condamné suivant l'estimation fixée et jurée par le demandeur (1. 68, § 7 *de rei vind.*). C'est dans cette espèce de proclamation du droit du demandeur, par laquelle commençait la mission du juge, que résidait le fondement véritable de l'exception de chose jugée. — Nous remarquerons, du reste, que nous n'avons considéré que le cas où l'on avait agi *per formulam petitoriam*, celle des formes de la procédure formulaire qui subsista la dernière, et qui avait pris peu à peu la place de la procédure *per sponsionem*, imitation elle-même de l'antique *actio sacramenti*. La question que nous venons d'examiner ne pouvait s'élever à propos de la *sponsio* : par cette forme de procédure, en effet, le débat portait sur l'existence même du droit litigieux, et la seule conséquence de la promesse, pour le défendeur condamné, c'était d'être tenu, lui et son fidéjusseur (*prœdes litis*), par leur promesse de restituer, laquelle, en cas de non-exécution, se résolvait en une condamnation pécuniaire.

III.

L'absolution du défendeur supposait-elle une décision sur le droit prétendu par le demandeur ? En thèse générale, non. Remarquons d'abord que la décision du juge, à Rome, affirmative ou négative, ne s'appuie pas toujours sur des motifs : à la différence de notre droit moderne[1], le juge n'est pas obligé de « causer » son jugement. De nombreux textes déclarent que, dans certains cas, les motifs de la sentence étaient énoncés (D. 1. 17 et 18 *h. t.*; 1. 9 *pr. eod.*; 1. 7, § 1 *de compens.*; 1. 8, § 2 *de neg. gest.*; 1. 1 § 2 *quœ sent. sine app.*; C. 1. 2 *quando prov.*), mais ce n'était pas en général une obligation pour le juge.

[1] En France depuis la loi du 24 août 1790.

Donc, en pratique, le juge absolvait le défendeur sans pouvoir reconnaître et attribuer à celui-ci aucun droit contre le demandeur. En théorie, ce résultat se comprend facilement. L'office du juge ne renfermait pas de préjudicier au demandeur ; c'eût été gravement outrepasser ses pouvoirs, et, suivant l'expression toute romaine, « faire le procès sien. » Le résultat de la décision est donc purement négatif par rapport à la personne du demandeur, de même que le rôle du défendeur est le plus souvent purement passif par rapport à cette même décision.

Nous devons conclure de ce qui précède que, quel que soit le résultat du procès, le juge est sans pouvoirs pour condamner le demandeur. Quelle puissance lui attribue la formule ? Celle de condamner si la culpabilité du défendeur ou l'évidence du droit réclamé lui apparaît, d'absoudre dans le cas contraire. Hors de cette alternative, rien : *in tantum judicatum, in quantum litigatum*.

Ce principe ne s'adapte pas moins aisément aux actions réelles qu'aux actions personnelles. Cette règle, si facile à comprendre par rapport à cette dernière classe d'actions, est, en effet, d'une application aussi juste et aussi nécessaire au regard des actions *in rem* : si le droit objet d'une action réelle n'est pas reconnu dans la personne du demandeur, le demandeur qui perd son procès ne sera pas l'objet d'une condamnation, il sera simplement renvoyé des fins de l'instance. Encore une fois, le texte de la formule s'oppose à un autre résultat : un citoyen conteste à un autre la propriété d'un esclave; les droits du demandeur ne sont pas reconnus par le juge : il serait bien inutile de condamner ce dernier. A quoi le condamnerait-on , sa prétention venant d'être réduite à néant, et ne pouvant être de nouveau soulevée sans rencontrer l'*exceptio rei judicatæ?*

D'un autre côté, il n'entrait pas dans la mission du juge, prononçant sur une action réelle, de reconnaître directement le droit du défendeur qu'il absolvait. C'eût été s'écarter entièrement du cercle de ses attributions, et cela n'eût pas eu lieu sans danger. Au reste, ce dernier, absous par le jugement, avait pour se défendre l'autorité attribuée à la chose jugée, et, si le juge émettait des motifs à sa décision, la qualité attribuée au défendeur par ces considérants pouvait être invoquée par lui dans une instance postérieure.

Faut-il à cette règle générale que tout jugement se résolvait dans la condamnation ou l'absolution du défendeur, admettre des exceptions? Certains auteurs en indiquent deux, que nous allons parcourir très-rapidement : ce seraient les actions reconventionnelles, et certaines actions qualifiées d'actions doubles ou *mixtes* (dans un autre sens que celui employé au commencement de ce chapitre).

Par les actions reconventionnelles, le défendeur met en cause certains droits dont l'effet sera soit de paralyser, soit de détruire ceux invoqués par le demandeur. Elles n'étaient admises, sous la procédure formulaire, que dans les actions de bonne foi, dans le cas de contrats consensuels. On ne pouvait admettre, en effet, en aucun cas d'actions de droit strict, que le défendeur basât sa réclamation subsidiaire sur la même cause que la demande principale, puisque la coexistence simultanée de deux obligations respectives n'empêchait pas chacune d'elles d'exister aux yeux du droit civil, la compensation n'étant pas comprise par ce droit au nombre des modes d'extinction des obligations.

Nous avons dit que l'effet de l'action subsidiaire était soit de paralyser, soit de détruire celui de l'action principale. Dans le premier cas, le défendeur, sans nier son engagement envers le demandeur, affirme seulement qu'il est, du chef de ce dernier, le créancier d'une obligation analogue qui *compense* sa dette. Le juge, appréciant alors les engagements respectifs des deux parties, ne condamnera le défendeur que déduction faite de ce qui lui est dû par le demandeur, ou même ne le condamnera pas du tout, s'il est reconnu créancier d'une somme aussi forte ou plus forte que celle dont il a été reconnu débiteur.

Le dernier état du droit généralisa ces effets en les étendant à toute espèce d'action. Déjà

Marc-Aurèle, par un rescrit, avait autorisé la compensation même dans les actions de droit strict, lorsque le préteur ajoutait à la formule conçue *in jus* l'exception de dol. Justinien décida que la compensation serait admise de droit entre deux prétentions *quæ jure aperto nituntur*, dans toutes les actions indistinctement, excepté l'action de dépôt et l'*actio vi bonorum raptorum*.

La deuxième espèce de demande reconventionnelle est celle où le défendeur oppose à la prétention du demandeur une prétention rivale qui annule et détruit la première. Un vendeur, qui n'était pas le véritable propriétaire de la chose vendue, devient *ex post facto* légataire de cette chose : s'il la revendique entre les mains de son acheteur, celui-ci agira reconventionnellement (par une exception, l'*exceptio rei venditæ et traditæ*) pour se faire conserver la propriété de cette chose, qu'il a acquise de bonne foi.

On désigne sous le nom d'actions doubles ou mixtes, celles dans lesquelles le juge a le pouvoir de condamner l'une ou l'autre des parties, à raison des obligations dont elle serait tenue[1] ; telles sont les actions divisoires, l'action *finium regundorum*, les interdits prohibitoires *uti possidetis* et *utrubi*. Dans ces actions, chacune des

---

[1] Ceci est du moins l'un des effets de ces actions, mais nous devons ajouter que, d'après l'opinion la plus généralement reçue, leur qualification provient du double pouvoir qui est attribué au juge, d'adjuger les choses et de condamner les personnes.

parties joue en même temps le rôle de demandeur et de défendeur, et c'est en cette dernière qualité, il est facile de le voir, qu'elle est condamnée. Ce double rôle mutuel existe également dans les deux interdits que nous venons de citer. En effet, celui qui défend à la demande d'un de ces interdits, en soutenant que le demandeur n'a pas le droit de conserver la possession ou n'est pas le véritable possesseur, réclame évidemment cette possession pour son compte personnel.

Le rapide coup-d'œil que nous venons de jeter sur les actions reconventionnelles et sur les actions doubles a suffi pour nous montrer que, même dans ces actions, la partie condamnée n'encourait sa condamnation que comme défenderesse à l'action intentée contre elle par la partie adverse.

Nous pouvons donc conclure, en résumé, que les deux seuls résultats possibles d'un jugement civil sont la condamnation ou l'absolution du défendeur, et qu'il n'y a pas d'exceptions à cette règle. En quoi cet exposé préliminaire se rattache-t-il à notre sujet ? C'est qu'il était nécessaire, avant d'entrer dans les détails de la théorie de la chose jugée, d'examiner la nature et les effets des jugements auxquels appartient cette autorité, de distinguer leurs diverses espèces, et de poser au début de cette étude les principes généraux que nous admettons comme établis dans le cours de notre exposé.

IV.

Un mot est nécessaire pour compléter ces premières données. Nous avons dit que le juge ne paraissait pas être, comme dans notre droit, obligé de faire précéder sa décision de considérants qui en exposassent les motifs et en précisassent la portée. Mais il ne faut pas oublier qu'il y avait toujours des motifs clairement énoncés, et qui faisaient en quelque sorte corps avec le jugement, c'étaient ceux que renfermaient les parties préliminaires de la formule, la *demonstratio* et *l'intentio*. Par la *demonstratio*, le magistrat exposait au juge les faits dont il s'agissait, qui avaient donné lieu au procès, et dont il avait mission de connaître : *Quod Aulo Aggerio Numerius Negidius hominem vendidit ;* par *l'intentio*, il résumait la prétention du demandeur, posant la question de droit de laquelle dépendait celle du procès : *Si paret hominem ex jure Quiritium Auli Aggerii esse.* Donc, si le juge répondait affirmativement à la prétention du demandeur et condamnait le défendeur, c'était absolument comme si, déduisant les considérants qui motivaient son opinion, il avait fait précéder son jugement des motifs contenus dans la formule : « *Attendu* qu'Aulus Aggerius a vendu à Numerius Negidius un esclave, *attendu* qu'il est prouvé qu'en droit cet esclave appartenait bien et légitimement au vendeur, etc. »

Ce sont donc ces parties préliminaires de la formule qui constituent les motifs véritables de la sentence, comme les deux dernières parties, l'*adjudicatio* qui donnait au juge le pouvoir d'attribuer à l'une des parties un droit de propriété appartenant à une autre, et la *condemnatio*, qui l'obligeait à condamner ou à absoudre le défendeur, en formaient la partie dispositive, la conclusion pratique. Si le juge prononce sur les dernières parties de la formule, il le fait en vertu des premières ; donc le rôle de celles-ci, comme éléments de décision, est aussi des plus importants, et c'est sur elles que repose et s'appuie nécessairement l'exception de chose jugée. Cela ne résulte pas seulement de nombreux passages des jurisconsultes, la logique et la raison le prouvent suffisamment. Nous savons en effet que la différence caractéristique entre le principe de la fiction de vérité et celui de la consommation de l'action, est que dans le premier on regarde la question de droit (*eadem quæstio*), et seulement la question de fait, l'exercice de l'action dans le second. Donc, l'exception par laquelle j'oppose à la prétention du demandeur qu'elle est mal fondée en droit doit nécessairement s'appuyer sur la partie de la formule où les faits donnant naissance à la question de droit, et cette question elle-même, se trouvent exposés.

Ne pouvant relater les textes nombreux par lesquels le Digeste démontre la vérité de la proposition que nous venons d'émettre, nous en rapporterons trois auxquels nous avons déjà renvoyé dans le commencement de ce chapitre, et que nous trouvons dans notre titre *de exceptione rei judicatæ*. Ils montrent clairement que la chose jugée s'appuyait sur la partie motivée de la formule :

L. 17 : *Si rem meam a te petiero, tu autem ideo fueris absolutus quòd probaveris sinè dolo malo te desiisse possidere.*

L. 18 *pr.* : *Si adversarius, quià nihil possidebat, absolutus est...*

L. 9 *pr.* : *Si adversarius, quià nihil possidebat, absolutus est...*

Cette théorie a pourtant trouvé des contradicteurs ; plusieurs textes, mal interprétés selon nous, ont porté des auteurs à conclure contrairement à l'opinion que nous venons d'énoncer. Nous ne discuterons pas ces textes ici, pour ne pas allonger outre mesure ces préliminaires : nous les indiquerons en combattant, en droit français, l'opinion qui dénie l'autorité de la chose jugée aux motifs des jugements. C'est en effet à propos de cette question traitée au point de vue du droit français, que Merlin a cherché dans le commentaire de ces textes un appui à sa théorie (V. 2e partie, chap. II, art. 4.).

V.

Maintenant que nous croyons avoir suffi-

samment insisté sur les conditions de l'autorité de la chose jugée, nous allons pouvoir étudier
les principes essentiels et constitutifs de cette
autorité. Nous connaissons le fondement de la
fiction de vérité attribuée aux jugements, nous
savons sur quoi elle s'appuie, nous avons vu
quels jugements obtenaient cette autorité. Nous
pouvons donc à présent entrer dans le cœur du
sujet que nous traitons, examiner les effets et les
conséquences dans l'avenir des jugements rendus au civil. Ce sera tout à la fois la partie la plus
considérable et la plus intéressante de cette
étude.

Sujet intéressant, en effet, que le nôtre, quand
nous l'aurons étudié et analysé! Et nous pouvons
à bon droit nous étonner de ne pas avoir vu la
délicate analyse de nos jurisconsultes, leurs
recherches persévérantes le creuser plus à fond.
Il y a dans la science du droit des sujets plus
vastes, il n'y en a pas de plus curieux à pénétrer;
il y en a de plus ardus, il n'en est pas de plus
pratiques; il y en a de plus ignorés, il n'en est
pas de plus instructifs. Et cette partie du droit,
d'une utilité vraiment générale, a cet avantage
sur celles qui sont le produit du droit purement
civil d'un peuple qu'on la retrouve dans la législation de toutes les nations, et, les progrès de la
civilisation aidant, avec les mêmes caractères
chez chacune d'elles.

CHAPITRE IV.

CONDITIONS DE LA CHOSE JUGÉE. — IDENTITÉS NÉCESSAIRES A L'EXISTENCE DE LA CHOSE JUGÉE. — DÉCOMPOSITION DE L'IDENTITÉ OBJECTIVE EN IDENTITÉ D'OBJET ET DE CAUSE. — I. DE L'IDENTITÉ D'OBJET.

L'introduction du principe nouveau n'avait pas été peu favorisée par la substitution des *extraordinaria judicia* à l'ancien *ordo judiciorum*; nous pensons que sous Justinien cette transformation était entièrement accomplie [1]. Il est vrai que de nombreux textes du Digeste paraissent admettre comme encore existant le système tombé, mais il y a lieu de croire qu'il n'y a là qu'une reproduction irréfléchie et maladroite de passages d'auteurs contemporains du système précédent. Peut-être même certaines locutions, certaines formes de langage avaient-elles, par l'adoption du système nouveau, perdu leur signification primitive, pour en prendre une plus appropriée à la nouvelle procédure. Ajoutons, toutefois, que certains auteurs ont pensé que sous Justinien l'exception existait avec ses deux formes, d'autres que le droit de Justinien n'avait jamais pu se délivrer des entraves de la procé-

---

[1] C'est l'opinion de M. de Savigny.—*Contra* M. de Wangerow, *Pandekten*, § 173.

dure par formules, ni de la consommation de l'action.

Nous trouvons, au contraire, au Digeste, dans le titre : *De exceptione rei judicatæ*, plusieurs textes qui ne peuvent se rapporter qu'au principe de la *eadem questio :*

Julianus respondit exceptionem rei judicatæ obstare quotiens eadem questio inter easdem personas revocatur (L. 3).

Et generaliter, ut Julianus definit, exceptio rei judicatæ obstat quotiens inter easdem personas eadem quœstio revocatur, vel alio genere judicii (L. 7).

Il résulte clairement de ces textes que la chose jugée est réputée vérité ; vérité purement relative, il est vrai, puisqu'on ne peut l'invoquer qu'autant que la même question, objet d'un premier jugement, se trouve soulevée une seconde fois entre les mêmes parties. Donc, deux identités sont nécessaires, identité de question ou d'objet, identité de personnes ou de sujets du droit, ce que l'école Allemande a désigné par les expressions d'identité *objective* et *subjective*.

Peut-être eût-on pu s'en tenir au principe posé par Julien, dans les deux textes qui précèdent. Dès qu'il y a identité de question de droit, quelques différences qu'il apparaisse au premier abord entre les deux décisions, l'exception de la chose jugée est applicable ; si, au contraire, les questions de droit sont différentes, quelque apparence d'identité qui puisse se rencontrer, il n'y aura pas lieu d'opposer l'exception [1].

Mais l'analyse des jurisconsultes a été plus loin. Dans l'identité de question, ils ont trouvé un double élément, l'identité d'objet, et l'identité de cause.

Cùm quœritur, hœc exceptio noceat, necne ? Inspiciendum est an idem corpus sit, quantitas eadem, idem jus ; et an eadem causa petendi, et eadem conditio personarum : quœ nisi omnia concurrunt, alia res est. (Ll. 11, 12, 13 § 1er, *h. t.*).

Cùm de hoc, an eadem res est, quœritur, hœc spectanda sunt : personœ ; idipsum de quo agitur ; causa proxima actionis (L. 27, *h.t.*).

Nous sommes d'autant plus forcé d'adopter la division de notre sujet contenue dans ces textes d'Ulpien, de Paul et de Nératius, qu'elle a été reproduite textuellement, ainsi que nous avons déjà eu l'occasion de le remarquer dans l'introduction de cette étude, par l'art. 1351 de notre code civil.

Mais nous pouvons, non plus au point de vue de la loi positive, mais en considérant les principes dans leur indépendance du texte écrit, nous demander au préalable si l'identité de cause et celle d'objet sont bien l'une et l'autre, dans tous les cas, nécessaires pour constituer l'*eadem questio*.

[1] M. de Savigny, t. VI, p. 427.

Nous remarquerons en premier lieu que des conséquences fort importantes peuvent dériver de la nature de l'objet d'une action, suivant que cet objet est fongible, ou est un corps certain et individuel. Or, l'action réelle dont le but est d'établir une relation entre le demandeur et la chose demandée, abstraction faite de la personne du défendeur, ne saurait avoir pour objet des choses fongibles, ou celles-ci perdront ce caractère dès que l'action aura été mis en jeu, puis qu'une désignation *in individuo* de la chose réclamée est nécessaire. Au contraire, l'objet d'une action personnelle peut être soit une chose fongible, soit un corps certain.

Nous devons conclure de ceci que, en matière de choses fongibles, deux instances ne peuvent avoir le même objet sans avoir la même cause, ni réciproquement différer d'objets sans que les causes diffèrent aussi. Et en voici la raison, c'est que c'est l'individualité même de la cause qui individualise l'objet. Par exemple, je vous dois un cheval que je vous ai vendu ; vous me prêtez un autre cheval : pourquoi suis-je votre débiteur de deux chevaux distincts ? C'est que la cause de l'obligation est la vente dans le premier cas, le commodat dans le second : les deux obligations diffèrent de cause, ce qui les fait différer d'objet.

Il résulte de ceci que, en matière de choses fongibles, l'identité de cause et celle d'objet de—

vront concourir, pour procurer l'identité de
question. Si le juge prononce que je vous dois
tel cheval en vertu du prêt que vous m'en avez
fait, et tel autre par suite de la vente qui est intervenue entre nous, il ne peut y avoir contradiction entre les deux sentences, puisqu'il n'y a
pas identité de question.

En est-il de même quand les actions ont pour
objet des corps certains ? Nous aurions ici à examiner séparément à ce sujet la cause et l'objet
de la demande. Mais il nous paraît plus logique,
pour ce qui regarde la cause, de renvoyer l'examen de cette question au chapitre V, dans lequel
l'identité de cause sera traitée.

Il ne nous reste donc à résoudre que la question
suivante : En matière d'actions, portant sur des
corps certains, qu'elles soient d'ailleurs personnelles ou réelles, l'identité d'objet (concourant,
bien entendu, avec l'identité de cause) est-elle
nécessaire pour constituer l'identité de question
qui donnera lieu à l'exception de chose jugée ?

En théorie, nous répondrons négativement.
L'identité d'objet (la cause étant également la
même) n'est pas nécessaire pour qu'il y ait iden-
dité de question. Sans doute, l'identité de question se produira le plus généralement, mais pas
dans toutes les hypothèses. Comme légataire
universel d'une personne, je revendique un immeuble dans sa succession : je perds mon procès parce que le juge déclare le testament enta-

ché de nullité ; si plus tard, en la même qualité, je revendique un autre immeuble dépendant, de la même succession, y aura-t-il lieu à l'exception de chose jugée ? Evidemment oui. Y aura-t-il identité d'objet ? Evidemment non.

Bornons-nous pour le moment à ces observations purement théoriques. Elle vont trouver tout à l'heure leur développement et leur application pratique : nous indiquerons alors dans quels cas déterminés l'identité d'objet n'est pas corrélative de l'identité de question.

Nous nous occuperons dans ce chapitre de l'identité d'objet ; l'identité de cause sera la matière du chapitre suivant, et après avoir ainsi achevé l'examen de l'identité objective, nous traiterons de l'identité subjective dans notre chapitre VI, sauf à consacrer un chapitre supplémentaire à une espèce importante de l'identité de personnes, l'application de la chose jugée aux questions d'état.

De l'identité d'objet.

Une quantité, un corps certain ou un droit, tels peuvent être les objets des actions ; une même quantité, le même corps certain, le même droit, pourront donc constituer l'identité d'objet. Peu importent les modifications, les accroissements ou les diminutions ; il ne s'agit pas ici des qualités et des manières d'être de la chose, mais de cette chose elle-même : *idem corpus in hâc exceptione, non utique omni pristinâ qualitate vel quantitate servatâ, nullâ adjectione diminutioneve factâ, sed pinguius pro communi utilitate accipitur* (1. 21, § 1er, *h. t.*).

Ceci est bien simple, et, suivant l'expression de Marcadé, « c'est presque l'obscurcir que de l'expliquer. » Cependant, ce n'est pas à l'aide de principes aussi généraux que les questions délicates qui s'élèvent sur cette matière peuvent être résolues ; il faut descendre dans l'examen des espèces, et les analyser une à une pour les résoudre.

I.

Il y a ouverture à l'exception de chose jugée quant le droit qui a fait l'objet de la première demande peut être considéré dans la seconde comme condition nécessaire pour que celle-ci soit reconnue fondée. Une personne revendique un bien dépendant d'une hérédité à laquelle elle se croit appelée, et elle intente cette revendication après avoir succombé dans une première action en réclamation de l'hérédité entière : il y aura ouverture à l'exception de chose jugée. Ce point, après avoir été discuté par plusieurs auteurs, est universellement admis aujourd'hui ; et cependant la qualité d'héritier, qui était l'objet de la première action, n'est que la condition qui porte le demandeur à intenter la seconde, ou, pour nous servir de l'expression qui a cours chez les auteurs allemands, la *légitimation de cette dernière demande*.

Nous devons dire toutefois que l'on a cherché à établir que la décision rendue sur la légitimation de la demande n'avait pas l'autorité de la chose jugée, et l'on s'est fondé sur la loi 5 §§ 8 et 9 au Digeste, *de agnosc. et alend. lib.* Cette loi prévoit le cas d'une demande d'aliments adressée soit à un père, soit à une mère, soit à un patron, et statue que le juge, préalablement à sa décision, devra examiner sommairement (*summatim*) si la parenté ou le patronage, contestés par le père ou le patron, sont véritables. Or, dit-on, la sentence rendue sur les aliments sera sans influence sur un procès postérieur relatif à la question de parenté ou de patronage ; donc, pas d'autorité de la chose jugée à une sentence rendue sur la légitimation de la demande. — Ceci nous paraît une conclusion fort hasardée : le juge qui accorde des aliments se fonde sur ce que la rapide inspection qu'il a passée des droits du demandeur lui a fait voir que ceux-ci étaient assez probables pour justifier des secours urgents : ce n'est pas là la reconnaissance et l'affirmation de ces droits.

Autre espèce : les biens d'un débiteur ayant été saisis, un tiers intervient et réclame une des choses saisies. Examen sommaire de cette prétention : si elle paraît mal fondée, la saisie est conservée ; s'il y a doute, on saisit un autre objet

à la place de celui dont la propriété est incertaine.
Ce procès ne peut influer sur un litige postérieur
dans lequel la propriété sera en jeu. Qu'en conclure ? Que le juge n'a pas, dans l'espèce, considéré
]a décision sommaire et incidente intervenue sur
la propriété de l'objet saisi comme assez sérieuse
pour avoir l'autorité de la chose jugée : mais rien
ne nous autorise à généraliser cette hypothèse
jusqu'à conclure que cette autorité soit refusée
aux jugements intervenus sur la légitimation de
la demande, puisque, en définitive, ces jugements
soulèvent une question de droit.

Au reste, le Digeste consacre la théorie que
nous venons d'exposer dans la loi 3 de notre titre,
où Julien, après avoir posé en principe que l'ex—
ception s'appliquait toutes les fois qu'une même
question de droit était soulevée entre les mêmes
personnes, ajoute : « et par suite, si on réclame
l'hérédité après avoir revendiqué séparément les
objets qui la composent, ou réciproquement, on
sera repoussé par l'exception. » C'est bien la fiction de vérité attribuée à la première décision.
*Exceptio rei judicatæ obstat quotiens inter
easdem personas eadem quæstio revocatur,* VEL
ALIO GENERE JUDICII. (l. 7, § 4, *h. t.*)

Dans une espèce analogue, une semblable solution est donnée par Ulpien, mais il paraît la
rapporter au principe de la consommation de l'action. Faut-il conclure de là que cette règle est uniquement fondée sur le système primitif ? — Non,

car, nous avons eu déjà plusieurs fois l'occasion de le remarquer, les deux procédures ont long-temps vécu côte à côte, avant que la dernière ne prît définitivement la place de l'autre, et il n'en était pas encore ainsi à l'époque où vivait Ulpien [1].

II.

Le cas inverse du précédent peut aussi se présenter, c'est lorsque le droit, objet de ma seconde demande, n'est que la condition sans laquelle le juge n'a pu reconnaître le bien-fondé de la première. Après avoir échoué dans la revendication d'un bien particulier faisant partie d'une succession à laquelle je me crois appelé, je revendique, en la même qualité, la succession entière. Dans ce cas encore, comme dans le précédent, il y a identité de question sans que l'identité d'objet existe.

Voici donc deux cas dans lesquels l'identité d'objet n'est pas corrélative de l'identité de question. Nous remarquerons la même singularité dans une troisième espèce, lorsque, par exemple, après avoir échoué dans la revendication d'un immeuble faisant partie d'une succession, je réclame un autre bien particulier compris dans la même hérédité.

Concluons donc que les textes d'Ulpien, de

[1] Ulpien, après avoir professé le droit à Rome et été préfet du Prétoire sous Alexandre Sévère, est mort vers l'an 230 de J.-C

Paul et de Nératius que nous avons cités plus haut ne s'appliquent qu'aux cas ordinaires, ne statuent que *de eo quod plerumque fit*, sans prévoir certains cas particuliers dans lesquels l'identité d'objet n'est pas exigée pour constituer l'identité de question. Une seule chose est à considérer : si la question de droit soulevée par le premier procès est identique à celle posée par le second.

III.

Des trois espèces que nous venons de citer (et qu'il eût été facile de varier), les deux premières nous ont fait considérer le rapport d'un tout à ses parties. On avait, à Rome, émis ce principe, que les parties étant contenues dans le tout, celui qui avait réclamé une première fois le tout, ne pouvait dans une seconde instance demander une partie de ce tout : *Si quis, quum totum petiisset, partem petat, exceptio rei judicatæ nocet*, nam pars in toto est ; *eadem enim res accipitur et si pars petatur ejus quod totum petitum est. Nec interest utrum in corpore hoc quæratur, an in quantitate vel in jure* (Ulpian. 1. 7 *pr. h. t.*). Gaius pose le même principe : *In toto et pars continetur* (l. 13 D. *de reg. jur.*). La même décision n'était pas adoptée quand on avait commencé par demander une partie de la chose : la partie ne contenant pas le tout, le rejet de la demande de la partie n'empêchait pas qu'on ne pût réclamer la totalité. C'était le 2ᵉ principe, *non in parte totum*.

L'application presque mécanique que les Romains faisaient de ces deux axiômes a été l'objet des plus vives critiques de la part de certains auteurs modernes, tout en paraissant être adoptée par d'autres. MM. Marcadé[1], Dalloz[2] et Larombière[3] ont attaqué les deux principes *est pars in toto, — non in parte totum;* M. Duranton[4] et M. Bonnier[5] semblent admettre le premier principe; enfin, Toullier[6] et Zachariæ[7] reproduisent le système Romain.

En présence de cette divergence d'opinions, commençons par parcourir les applications de ces principes qui sont contenues au Digeste, et dont les principales se trouvent dans la loi 7 *h. t.*, dont les deux axiômes en question forment le *principium.*

Proindè, si quis fundum petierit, deindè partem petat, vel pro diviso, vel pro indiviso, dicendum erit exceptionem obstare; proindè, et si proponas mihi certum locum me petere ex eo fundo quem petii, obstabit exceptio. Nous avons déjà virtuellement expliqué ce texte; il ne fait

[1] T. V, p. 165-173.
[2] Vᵒ *Chose jugée*, nᵒˢ 107 et suiv.
[3] Art. 1351, nᵒ 47.
[4] T. XIII, p. 462 et 463.
[5] Nᵒˢ 684, 685.
[6] X, 147-155.
[7] V, p. 782, 783.

en effet que prévoir plusieurs espèces que nous avons résolues ci-dessus.

Continuant à prévoir des applications fort simples de la règle du rapport du tout à ses parties, Ulpien se pose plusieurs questions : un homme qui a revendiqué deux corps certains et a été repoussé, peut-il réclamer à nouveau l'un des deux ? Un homme qui a succombé en revendiquant un immeuble peut-il réclamer les arbres coupés sur ce fonds ? Après avoir échoué dans la réclamation d'une maison, peut-il demander dans une nouvelle instance les matériaux et le terrain (*aream vel tigna vel lapides*) ? Celui qui a réclamé sans succès un navire, pourra-t-il en revendiquer les débris (*singulas tabulas*) ? Dans tous ces cas, conclut le jurisconsulte, l'exception sera valablement opposée.

Il continue : *Si ancillam prægnantem petiero, et post litem contestatam conceperit et pepererit, mox partum ejus petam : utrum idem petere videar an aliud magnæ quæstionis est. Et quidem ita definiri potest, totiens eamdem rem agi, quotiens apud judicem posteriorem id quæritur, quod apud judicem priorem quæsitum est.* On voit qu'Ulpien, tout en déclarant la question très-douteuse, la résoud dans le sens de l'exception.

Le jurisconsulte revient ensuite sur la question déjà résolue des matériaux et de la maison; § 2 : *Sed in cœmentis et tignis diversum est, nam is qui insulam petit, si cœmenta, vel tigna, vel aliud suum petat, in ea conditione est ut videatur aliud petere* [1]. *Etenim, cujus insula est, non utique et cœmenta sunt. Denique, ea quæ juncta sunt œdibus alienis, separata dominus vindicare potest.* On voit qu'Ulpien donne à cette question une solution absolument différente de celle du *principium* du texte que nous analysions il n'y a qu'un instant. Comment expliquer cette contradiction? La réponse a fort embarrassé les commentateurs. Cujas n'en dit rien; son adversaire et son ennemi, Doneau, a présenté une explication qui pèche par trop de naïveté : suivant lui, Ulpien aurait donné dans cette loi deux solutions opposées à la même question, l'une dans le *principium*, dont le but aurait été d'appuyer d'un exemple la règle *est pars in toto*, la seconde qui présente une autre application, plus appropriée à l'espèce. Cette contradiction, à quelques lignes de distance, est inadmissible.

Pothier a cherché à expliquer d'une autre ma-

[1] Pendant que les matériaux étaient joints et constituaient l'édifice, le demandeur n'avait qu'une action *de tigno juncto* (Justin., *Inst.*, *De divisione rerum*, § 27; D. *Ad exhibendum*, 1. 6, 7, § 2).—Si, après la destruction de la maison, je revendiquais *le sol*, ayant échoué dans une précédente demande de la maison, l'exception de la chose jugée aurait son effet, car la question de savoir si je suis propriétaire de ce sol a nécessairement fait l'objet du premier examen, puisque la propriété de l'édifice suit le sort du terrain sur lequel il était construit (*Inst.* II, 129). — Il en était de même à l'époque où on ne considérait l'exception que dans sa forme négative, mais pour une autre raison : la consommation de la procédure.

nière cette apparente contradiction. Les deux solutions se rapporteraient suivant lui à deux espèces différentes. Dans la première, la maison et les matériaux appartiennent, comme cela se présentera le plus ordinairement, au même propriétaire. Si j'ai échoué en lui demandant la maison, je ne pourrai pas réussir en lui demandant les matériaux par une instance nouvelle. Dans la deuxième espèce, le propriétaire a construit sa maison avec des matériaux qui ne lui appartiennent pas : le propriétaire des matériaux ne pourra pas revendiquer la maison tant qu'elle existera ; mais si elle vient à être détruite, il demandera valablement les matériaux.

Cette explication ne saurait non plus être admise. Sans doute, elle est conforme à la loi des XII tables qui avait, pour ce cas, dérogé à la rigueur des principes, dans l'intérêt public, afin de ne pas engager à démolir, et la règle sur laquelle elle s'appuie a été reproduite au Digeste et au Code (*De rei vindicatione*) et dans les Institutes (l. 2, tit. 1er) : *Omne quod solo inædificatur, solo cedit* ; mais ici, elle est de pure invention : il n'y a, en effet, aucune trace dans le texte de la distinction que propose Pothier, et l'on ne saurait ainsi la suppléer d'office.

M. de Savigny a proposé une autre explication : elle consiste dans une simple modification, non pas même du texte, mais seulement de la distribution des paragraphes. L'indication du § 1er, qui dans toutes les éditions du *Corpus* est avant les mots *Si ancillam prægnantem*, serait reportée trois lignes plus haut avant les mots *Item si quis petierit* par lesquels commence l'hypothèse de la revendication des arbres par celui qui avait échoué dans une première demande du fonds. De cette façon, cette espèce, ainsi que celles à peu près analogues qui la suivent, ne seraient plus régies par la règle qui se trouve au *principium* : *nam nocebit exceptio.*

Cette correction ingénieuse a ceci de particulier qu'elle modifie la signification du texte sans en changer un mot, et en ne s'attaquant qu'à la division en paragraphes, qui remonte seulement aux glossateurs. Et ce qui donne à ce changement un grand caractère de vraisemblance, c'est que la distribution des exemples est ainsi beaucoup plus logique. Le § 1er doit, en effet, nécessairement renfermer plusieurs espèces différentes, puisqu'il se termine par ces mots : *In his fere omnibus exceptio nocet.*

Nous ne ferons qu'indiquer les solutions des §§ 3e, 4e et 5e de cette loi.

§ 3e. Les fruits, les petits des animaux, le part de l'esclave, ne donneront pas lieu à l'exception ; ils n'existaient pas en effet au moment de la première demande.

Cette solution n'a pas paru juste à M. de Savigny. Il raisonne ainsi : L'enfant de l'esclave, les fruits de l'arbre, au point de vue de celui à qui ils

appartiennent, c'est l'esclave, c'est l'arbre. S'il a
été prononcé sur la propriété de l'arbre ou de l'esclave, il a donc été prononcé également sur les produits de la chose demandée. Cela est évident si par
exemple la mère était enceinte au moment où il a
été décidé à qui elle appartenait, si les fruits n'é-
taient pas mûrs et pendaient par branches au moment où, pour nous placer toujours dans le système romain, a eu lieu la *litis contestatio*. —
Mais il ne s'agit pas de ce cas particulier, puisque
dans le § 1ᵉʳ, la question a été résolue par rapport à l'esclave : *si* POST LITEM CONTESTATAM
conceperit et pepererit; il ne peut avoir été
prononcé sur la propriété d'un enfant qui, à l'é-
poque du procès n'était même pas conçu. Ajoutons que M. de Savigny est forcé, pour attribuer
au texte une signification en rapport avec son système, de l'altérer gravement, en y ajoutant un
mot, addition que rien n'autorise.

§ 4ᵉ. Après avoir demandé sans succès l'hérédité, on ne peut revendiquer individuellement les
objets dont elle se compose : *pars in toto continetur*.

§ 5ᵉ. Enfin, l'exception s'appliquera si je pour-
suis un débiteur de la succession après avoir
échoué en revendiquant l'hérédité, et réciproquement.

Résumons maintenant, le plus brièvement possible, l'ensemble des décisions contenues dans la
loi que nous venons d'analyser. Nous admettons

toujours, bien entendu, la correction proposée par M. de Savigny. Le *principium*, après avoir posé la règle *est pars in toto*, en cite les cas d'application les plus évidents, et dans lesquels la chose jugée est incontestable. Le § 1ᵉʳ cite des applications de cette règle plus difficiles à résoudre (*magnæ quæstionis*) ; il pose un principe qui devra faciliter la solution, c'est que la règle s'appliquera *quotiens apud judicem posteriorem id quæritur, quod apud priorem quæsitum est* ; et l'exception sera alors opposable presque dans tous les cas. Le § 2ᵉ examine en particulier (et probablement à titre d'exemple, car la solution donnée par Ulpien par rapport aux matériaux d'un édifice s'applique aussi bien aux planches d'un navire, etc., l'une des espèces du § précédent) l'une de ces espèces difficiles. Quant aux derniers §§ de la loi, nous les connaissons.

IV.

Nous venons de donner, un peu longuement peut-être, mais puisées uniquement dans les textes, l'explication et les diverses applications du principe *in toto et pars continetur;* nous ne pouvons passer au second principe qui, aux yeux de la loi romaine en est le complément, sans examiner rapidement les attaques dont ce premier axiôme a été l'objet.

Rien de plus faux que ce principe, a-t-on dit,

et les conséquences en sont inadmissibles. S'il est jugé qu'une personne n'est pas seule propriétaire d'un immeuble, il n'est nullement jugé par là qu'elle n'en est pas co-propriétaire pour partie. — Evidemment, mais, comme le remarquent avec raison MM. Aubry et Rau, il s'agit là de droits distincts, circonstance qui rend inapplicable la maxime *in toto et pars continetur*.

« Eh quoi ! dit Marcadé, parce qu'il est jugé que je ne suis pas votre créancier de 25,000 fr., il est jugé aussi que je ne le suis pas pour 1,000 ou 1,100 ! » — Ceci nous paraît incontestable, et les raisons qu'en donnent les auteurs que nous venons de citer sont très-fortes. « En effet, disent-ils, celui qui réclame l'exécution intégrale d'une obligation engage la contestation sur toutes et chacune des quantités qui la composent, et le juge qui la rejette pour le tout, la rejette par cela même pour chacune de ses parties. Le système de Marcadé entraînerait, vu la divisibilité à l'infini d'une obligation, la possibilité d'une série indéterminée de demandes fondées sur la même obligation. Ce qui est manifestement contraire à la raison d'utilité publique en vue de laquelle l'exception de chose jugée a été établie[1]. »

Nous ajouterons que si cette règle tant attaquée nous paraît juste et logique dans ses conséquences, il convient de n'en faire usage qu'avec

---

[1] Aubry et Rau, t. VI, de la 3e édition, p. 496, note 63.

circonspection, et de se garder de prendre pour
des divisions de la chose des corps distincts qui
entrent dans la composition de cette chose, mais
qui peuvent aussi être considérés à part et avoir
une existence propre. Ce sont des confusions de
ce genre qui ont été cause de la majeure partie
des critiques adressées au principe que nous venons de développer.

V.

Le principe parallèle et contraire, en matière
de rapport d'un tout à ses parties est celui-
ci : *non est in parte totum*. Faut-il admettre
ce principe, et décider qu'une personne, après
avoir, par une première action, demandé sans
succès une fraction d'un objet, pourra, sans
craindre l'exception, intenter une nouvelle demande portant sur la totalité de l'objet ?

Deux systèmes sont en présence.

Toullier[1] a soutenu que la chose jugée sur la
partie était absolument sans effet relativement à
la chose entière, et que, par conséquent, après
avoir échoué en demandant l'une des dépen-
dances d'un immeuble, rien n'empêchait de réclamer cet immeuble en totalité, y compris la
fraction objet du premier procès. Cette doctrine
a cherché à s'appuyer sur plusieurs textes, peu
probants selon nous. Et ce qui achève d'en dé-

[1] X, no 155.

montrer l'erreur, c'est que Toullier reconnaît qu'elle est susceptible d'exception.

Marcadé a critiqué très-vivement cette doctrine, et, selon nous, avec raison, puisque loin de respecter le jugement, elle l'anéantit. D'après lui, il est de la dernière évidence que l'axiôme *non est in parte totum* n'a nullement pour conséquence de permettre à celui qui est reconnu n'être pas propriétaire de tel bien de se faire attribuer un ensemble de choses comprenant ce même bien. « Qu'il obtienne *toutes les autres parties* de cet ensemble, à la bonne heure, mais qu'il se fasse déclarer propriétaire de la partie qui est définitivement jugée ne pas lui appartenir, et fasse ainsi mentir le jugement, c'est impossible.» Il résulte de cette doctrine que l'*exceptio rei judicatæ* doit nécessairement s'appliquer pour la partie de la chose litigieuse qui avait formé l'objet de la demande primitive, et que le juge ne pourra prononcer que sur le surplus de la chose.

Cette seconde opinion nous paraît juste, mais pour les cas seulement où le juge, en répondant négativement à la première demande, aura appuyé sa décision sur une exception n'ayant trait qu'à la partie objet de cette demande. Duranton et MM. Aubry et Rau insistent avec raison sur ce point.

En effet, celui qui réclame un objet ou une quantité faisant partie d'un tout, ne peut effectuer cette revendication sans mettre sous les yeux du juge le titre en vertu duquel il agit ; et, si le juge rejette sa demande par suite d'une défense au fond, ou d'une exception péremptoire fondée sur le titre en lui-même, il aura répondu d'avance, et négativement, à toute action nouvelle tendant à obtenir le surplus de la chose ou de la créance. Il y aurait, en effet, contradiction formelle entre le jugement qui déclarerait recevable une pareille action, et celui qui a rejeté la première demande. *Perpetuæ atque peremptoriæ sunt exceptiones, quæ semper locum habent, nec evitari possunt, qualis est... rei judicatæ* (D. l. 3, *h. t.*).

En résumé, l'axiôme *in parte totum non est* est juste en soi, mais pourvu qu'on ne l'applique pas en dehors de sa véritable signification, qui pourra être formulée ainsi : la demande d'une partie n'empêchera pas que par une instance postérieure on ne réclame le surplus de l'objet, déduction faite de la partie sur laquelle il a été déjà prononcé, pourvu toutefois que la première décision n'ait pas eu à juger sur une défense au fond, ou une exception péremptoire tirée du titre lui-même [1]. En d'autres termes, nous arrivons

---

[1] M. Dalloz (n° 156) paraît d'un avis contraire : « On ne peut se dissimuler, dit-il, que cette solution et le principe qui lui sert d'appui ne soient fort contestables. Aussi nous paraît-il, que lorsque l'objet n'est pas le même, il n'y a pas lieu à l'exception de la chose jugée, *quoique la nouvelle demande présente à résoudre la même question* que la première. Ainsi, par exemple, le jugement rendu sur les arrérages d'une rente viagère n'a point entre les mêmes parties force de chose jugée à l'égard des arrérages d'une autre rente

toujours à cette conséquence, que la circonstance décisive, pour qu'il y ait lieu d'opposer l'exception de chose jugée, c'est l'identité de question.

Rien de plus simple au fond que tout ceci quand on veut tout rapporter à une théorie sage et raisonnée, mais, même à la belle époque du droit Romain, nous voyons poindre cette tendance funeste de tout faire rentrer dans un certain nombre de règles fixes émises par les jurisconsultes, et desquelles il paraissait que les procès ne pussent s'écarter. Une procédure étroite et bornée, où la routine excluait le raisonnement, où des axiômes acceptés aveuglément tenaient lieu de principes, tel est l'ordre de choses qui, commençant à s'affirmer dès l'époque classique, devait aboutir, en fin de compte, à cette fameuse *loi des citations* qui montre la justice arrivée à un état d'ignorance inimaginable.

viagère, quoique toutes ces créances résultent du même titre, et présentent la même question à décider. » Le raisonnement de M. Dalloz ne nous paraît pas fondé. Nous maintenons que tant qu'il y a identité de question de droit à résoudre, il y aura lieu à l'exception sans qu'il y ait besoin de l'identité d'objet. A quelles conséquences en arriverait-on dans le système de Dalloz? A nier absolument l'autorité de la chose jugée. Si, en effet, il s'était placé dans une hypothèse où la différence d'objet empêchât l'identité de question de droit, nous serions du même avis, mais il suppose une espèce analogue à plusieurs que nous avons citées au commencement de ce chapitre, où malgré la non-identité d'objet, la nouvelle demande, entre les mêmes parties, *présente à résoudre la même question* que la première. Que demander de plus pour qu'il y ait lieu d'opposer l'exception de chose jugée? Nous supposons toujours, bien entendu, qu'il a été jugé au fond, ou sur une exception péremptoire tirée du titre même, sans quoi il n'y aurait pas de question.

VI.

Il nous reste à appliquer les principes que
nous avons établis sur les rapports du tout
aux parties [1]. Nous le ferons d'abord à propos de
l'espèce prévue par la loi 11 de notre titre. Le § 6ᵉ
de cette loi est ainsi conçu : *Si quis iter petit, deinde
actum petat, puto fortius defendendum, aliud
videri tunc petitum, aliud nunc : atque ideo
exceptionem rei judicatæ cessare.* — *Iter*, c'est
le passage à pied ; *actus*, c'est le passage avec
des bêtes de somme *(quæ dorso collove domantur)*;
enfin, *via*, c'est le passage en voiture. Ceci posé,
on voit que *actus* contient *iter*, comme le tout
contient la partie, car passer avec des bêtes de
somme, cela implique évidemment passer soi-
même *(Inst.* libr. II, t. 3.). Il semble donc que le
texte que nous venons de citer porte atteinte à
l'autorité de la chose jugée.

[1] C'est ici le cas de dire un mot de l'*exceptio præjudicialis*.
Cette exception avait pour objet d'empêcher qu'une décision portée sur une question secondaire et peu importante en elle-même,
peut-être même sans un examen assez attentif, n'eût l'autorité de
la chose jugée par rapport à une question plus importante. Tel
serait, par exemple, le cas où deux personnes se prétendant héri-
tières d'une troisième, et l'une d'elles possédant ce qui forme le
montant de la succession, l'autre ne revendiquerait qu'un bien particulier. Le défendeur aurait le droit de demander le *præjudicium
hereditatis*, c'est-à-dire la *prescriptio : ea res agatur si in
eâ re præjudicium hereditati non fiat.* Le demandeur n'aura
plus alors le droit d'opter entre la revendication d'un bien particulier et la *petitio hereditatis universalis* (D. *De except.* l. 16,
18, et *De exceptione rei judic.*, l. 2).

Plusieurs jurisconsultes, Toullier, Pothier, Duranton, Zachariœ, paraissent avoir soutenu que je pouvais encore demander *actum* ou *viam* (comprenant *iter*), malgré le premier jugement qui m'a refusé *iter*. En effet, disent-ils, *via* ou *actus*, comprenant *iter*, ne forment pas une réunion de deux servitudes distinctes, mais une seule, d'une espèce particulière, et différente de la première.

Il est facile de voir qu'il y a là une erreur complète. Après avoir échoué en demandant le passage à pied seulement, comment veut-on que je demande à passer tant à pied qu'en voiture ? Il y aura *eadem quœstio* pour la première partie de ma demande (V. Dalloz, n° 115).

La véritable réponse à la difficulté que présente le § 6 de la loi 11 nous est donnée par le § 1 de la loi 4 D. *si serv. vind.*, où l'hypothèse est prévue d'un propriétaire de la servitude *actus* qui n'aurait pas droit cependant à la servitude *iter* : « *Quia actum sine itinere habet...* » Dès que le propriétaire de la servitude ne pourra plus passer qu'avec ses bêtes de somme et pour les conduire, dès qu'il ne pourra plus user de la servitude *ut iter*, il s'agira de deux servitudes distinctes et parfaitement définies. L'objet de la première demande ne fait pas partie de l'objet de la seconde, et par conséquent l'*exceptio rei judicatœ* ne s'appliquera pas.

VII.

Nous avons conclu plus haut que celui qui n'avait réclamé qu'une partie de la chose pouvait réclamer le surplus dans une nouvelle demande. Nous appliquerons ce principe aux fruits civils ou naturels d'une chose.

Après avoir succombé dans une demande qui avait pour objet unique le paiement des intérêts d'une créance, je pourrai réclamer par la suite le capital (pourvu qu'il ne soit pas intervenu de jugement au fond) ; *si in judicio actum sit, usuræque solæ petitæ sint, non est verendum ne noceat rei judicatæ exceptio circa sortis petitionem : quia enim competit, nec opposita nocet* (l. 23, *h. t.*).

Il en sera autrement si, après avoir échoué dans la revendication du principal, je réclame dans une seconde instance le paiement des intérêts conventionnels de la même somme. Ceux-ci doivent en effet être considérés comme formant un seul objet avec cette dernière. Ce raisonnemunt s'appliquera du reste à tous les produits d'une chose, corporelle ou incorporelle, ainsi que nous l'avons vu dans l'explication du § 1er de la loi 7 de notre titre (*si ancillam prægnantem petiero*, etc.). Nous l'appliquerons même aux prestations dues *ex officio judicis*, par exemple aux dépens.

Du temps de Gaius, un tempérament était

apporté à notre règle par l'exception *litis di-*
viduæ : il suffisait d'attendre l'expiration de la
préture. Nous nous étendrons d'autant moins sur
cette exception, qu'elle avait complètement dis-
paru sous Justinien.

VIII.

Après avoir succombé en réclamant un immeuble, pourra-t-on revendiquer l'usufruit de cet
immeuble? La loi 21, § 3 de notre titre a répondu négativement et avec raison. Toutefois,
remarquons, avec Pothier et tous les auteurs,
que ce texte ne s'applique qu'à l'usufruit *causalis*,
c'est-à-dire à ce droit de jouir qui n'est qu'une
dépendance et une partie du droit plus général
résultant de la propriété. Demander dans une
nouvelle instance cet usufruit *causalis* qui n'appartient au propriétaire que comme faisant partie
de son droit de propriété, *jure dominii et non*
jure servitutis, ce serait demander une partie
de ce qui a fait l'objet du premier procès. Au contraire, il n'y aura pas lieu à l'exception s'il s'agit
dans la deuxième instance de la servitude d'usufruit, de l'usufruit *formalis*. Il y a là en effet un
droit essentiellement distinct du droit de propriété. *Usufructvs non dominii est pars, sed*
servitus, ut via et iter (D. *de verb. signif.* 25) [1].

---

[1] Voir encore l. 33, § 1. Remarquons toutefois, que la loi 8 *pr.*
De reb. auctor. jud. possid., paraît contredire jusqu'à un certain
point celle que nous venons de citer.

IX.

Nous n'avons étudié jusqu'à présent que l'objet extérieur des actions. Notre examen de l'identité d'objet ne serait pas complet si nous ne disions un mot de l'objet *juridique* des actions, et des cas où la différence d'objet juridique entre les deux instances n'empêche pas que l'exception de chose jugée ne soit applicable.

En principe, la différence d'objet juridique ne suffira pas pour empêcher qu'il n'y ait *eadem quœstio*. Ceci ne résulte pas d'une règle contenue au Digeste ou au Code, mais doit être déduit par analogie du cas particulier suivant, qui y est exposé et résolu.

Si on demande, par la *condictio furtiva* une chose volée ou l'indemnité due pour ce vol, on ne pourra pas, par l'*actio furti*, réclamer la punition du coupable, sans rencontrer l'exception de chose jugée. De même dans le cas contraire. Cependant, il faut reconnaître que l'objet juridique des deux actions est absolument différent. Pourrait-on expliquer dans cette espèce le rôle de cette exception par le principe de la consommation de l'action ? Certainement non, car la seconde action est tout autre que la première. Donc, malgré la différence d'objet juridique, l'exception a bien sa cause ici dans l'identité de question.

On a tiré un argument d'analogie, à l'appui de ce que nous venons d'exposer, de la compa-

raison de l'exception *jurisjurandi* et de l'exception *pacti conventi* à l'exception *rei judicatæ*.
La différence d'objet juridique n'empêche pas, en
effet, qu'il n'y ait lieu d'opposer ces actions, et
Ulpien le dit explicitement pour la première.
Peut-être toutefois ne faut-il pas pousser à fond
cette comparaison, car ces deux exceptions n'ont
pas été, comme l'exception de chose jugée, reconnues par le droit positif, elles n'ont été reconnues que par le droit des gens.

CHAPITRE V.

Le chapitre précédent a été employé en entier
à répondre à cette question : *Quid petitur?* La
seconde question à résoudre, et qui va faire l'objet de ce chapitre, est celle-ci : *Cur petitur?*

La cause d'un droit est une question importante, souvent difficile à déterminer, plus difficile
encore à définir. Il n'est pas rare que l'idée de
cause et d'objet se confondent, et que les motifs
ou moyens d'une prétention, c'est-à-dire ces
bases médiates et éloignées qui paraissent lui
avoir originairement donné naissance, n'en semblent la véritable cause génératrice. Celle-ci, la
vraie cause, la *causa proxima*, est le fondement
immédiat de la demande *deducta in judicium*,
le principe sur lequel repose immédiatement le
droit exercé par le demandeur. Une cause est
donc un fait juridique et non un droit. Quant aux
moyens, on les a définis justement en disant que
c'étaient les causes de la cause. C'est donc très-
exactement qu'on reconnaîtra pour une seule demande plusieurs causes, mais la *dernière* seule
devra être considérée comme la cause véritable.
Quant aux moyens, aux causes médiates, leur
diversité n'empêchera pas qu'il n'y ait identité de

cause entre deux demandes. Si, par exemple, depuis le premier procès, des pièces décisives ont été retrouvées, une deuxième instance fondée sur ces nouveaux moyens n'empêchera pas qu'il n'y ait lieu d'appliquer l'exception, à moins que le demandeur ne prouve que ces pièces étaient, lors du premier procès, retenues par le dol du défendeur.— L. 27, D. *h. t.* : *Nec jam interest... si quis postea quam contra eum judicatum est, nova instrumenta causæ suæ repperisset.* — L. 4, C. *De re judicatâ : Sub specie novorum instrumentorum postea repertorum, res judicatas restaurari exemplo grave est.*— L. 11, § 5, *h. t.* : *Mutata opinio petitoris non aliam causam facit* [1].

Les mots *causa proxima,* introduits dans la langue juridique par le jurisconsulte Neratius [2] pour indiquer la cause, ont donné naissance à l'expression corrélative *causæ remotæ,* qui signifie, non pas, comme on l'a dit, des moyens de preuve, mais les divers éléments ou faits juridiques qui, soit indépendamment l'un de l'autre, soit par leur réunion, engendreront la *causa*

---

[1] V. aussi L. 41, D, *De re judicatâ.* — Il était dérogé à cette règle quand l'intérêt du fisc était en jeu. (L. 35, *eod. tit.*).

[2] L. 27, *h. t.*: *Quum de hoc, an eadem res est* (lisez : *eadem quæstio) quæritur, hæc spectanda sunt, personæ, idipsum de quo agitur,* CAUSÂ PROXIMA ACTIONIS; *nec jam interest quâ ratione quis eam causam actionis competere sibi existimasset.* — Les mots *quâ ratione* indiquent ici les moyens, dont l'identité importe peu, et que d'autres textes qualifient de *mutatæ opiniones* (L 11, § 5, *h. t.*).

proxima. Si, par exemple, une instance en nullité d'une convention s'engage pour cause de dol,
quelle sera la *causa proxima actionis*? Sera-ce
le dol? Non, car il y a une conséquence de ce dol
qui sera une cause plus prochaine encore de la demande : ce sera le vice même du consentement. Le
dol sera une cause aussi, mais une *causa remota*.

On a cru reproduire exactement cette théorie
en émettant cette proposition, que la véritable
cause d'une demande était la cause *spéciale* d'une
action et non sa cause *générale*. Cette opinion
n'était pas exacte. Quelle est, en effet, dans
l'exemple que nous venons de citer, la cause générale de la demande? C'est le vice du consentement; or, nous venons de voir qu'il constituait
la cause véritable de cette demande. Au contraire,
la cause spéciale de l'invalidation du consentement, c'est le dol, qui n'est qu'une *causa remota*.

Ceci posé, et après avoir soigneusement défini
la cause, nous disons qu'il faut, pour constituer
l'identité de question, entre autres conditions,
l'identité de cause. Comment rechercher cette
identité? La loi 11, § 4, de notre titre, répond à
cette question : *Eamdem causam facit origo pe-
titionis*. Nous avons donc, en premier lieu, à
étudier l'origine des actions.

I.

Il existait, en droit romain, une différence
importante entre les actions *in rem* et les actions

in personam. Le jurisconsulte Paul nous la si-
gnale dans les termes suivants : *Actiones in personam ab actionibus in rem hoc differunt, quod
cùm eadem res ab eodem mihi debeatur, singulas actiones singulæ causæ sequuntur, nec ulla
earum alterius petitione vitiatur; at quum in
rem ago, non expressa causa ex qua rem meam
esse dico, omnes causæ una petitione adprehenduntur : neque enim amplius quam semel res
mea esse potest, sæpius autem deberi potest.*

Il résulte de ce texte que dans les actions personnelles, la cause était énoncée, définie ; elles
avaient une nature spéciale provenant de leur
origine. Tout autre était la nature des actions
réelles ; elles comprenaient dans leur généralité [1] toutes les causes sur lesquelles pouvait
s'appuyer la demande sans qu'aucune de ces
causes fût habituellement spécifiée : *omnes causæ adprehenduntur ;* — ou, plus exactement,
les actions réelles n'avaient qu'une seule cause,
invariable et absolue : le droit de propriété du
demandeur. Considérant que si, au même moment, une chose pouvait être dûe plusieurs fois,
on ne pouvait en être qu'une fois propriétaire,
les jurisconsultes décidaient que dans une revendication, dans une pétition d'hérédité, on dédui-
sait toutes les causes de la demande, et que si
l'on succombait, on ne pouvait agir à nouveau.

---

1 On sait que les actions réelles ne renfermaient pas ordinairement de *demonstratio : si paret rem Auli Aggerii esse,*

Tout droit de même nature, quelle que fût son origine, avait été mis en cause. Donc le demandeur qui aura échoué dans une première revendication d'un immeuble ne pourra le réclamer par une nouvelle action réelle, même fondée sur une cause toute spéciale, car cette cause particulière est censée avoir été comprise dans la revendication *non expressâ causâ,* objet du premier jugement. Il y n'y a là du reste qu'une conséquence logique du mécanisme et des principes de la procédure formulaire.

Au contraire, si le demandeur qui a succombé dans un premier procès en revendication d'un immeuble qu'il soutenait par exemple lui appartenir en vertu d'une vente, réclame dans une seconde instance l'exécution d'une autre obligation ayant pour objet de le faire mettre en possession de cet immeuble, il n'y aura pas lieu d'appliquer l'exception, car il s'agit d'actions personnelles, et la cause n'est pas la même. Si même, dans une action personnelle, on succombait dans une demande où on n'avait ni exprimé de cause, ni produit de titre, on pouvait, même sans alléguer aucune cause postérieure, la reproduire dans la suite : il suffisait pour cela qu'on eût déjà, lors du premier procès, divers titres ou causes sur lesquels pût s'appuyer la demande.

Avant d'appliquer les règles que le texte de Paul qui précède a posées d'une façon si précise, voyons quelles raisons le jurisconsulte a apportées à l'appui de ces règles : *Neque enim*, dit-il, *amplius quam semel res mea esse potest; sœpiùs autem deberi potest*. On peut à plus d'un titre être créancier d'une chose, mais on ne peut la posséder que d'un seul chef[1]. Ce motif a été attaqué, parce que, a-t-on dit, si on ne peut à la vérité être deux fois propriétaire, il ne s'en suit pas qu'on ne puisse l'être à un titre ou à un autre. Cette critique ne nous paraît pas fondée : le texte dit simplement, en effet, que deux faits juridiques ne peuvent en même temps être la cause du même droit de propriété ; cela est très-juste, mais si le demandeur a agi en vertu d'une cause exprimée et définie, il est censé avoir réservé toutes les autres, sauf à fonder sur celles-ci de nouvelles demandes par la suite, si bon lui semble. Il n'y a rien d'injuste à ce que le demandeur qui n'a pas spécifié la cause de son action, soit réputé avoir déduit en justice toutes celles en vertu desquelles son droit aurait pu prendre naissance. *Utputa, opinabatur ex causâ hereditariâ se dominium habere ; mutavit opinionem, et cœpit putare ex causâ donationis; hœc res non parit exceptionem novam ; nam vindicatione primâ in judicium deduxit* (L. 11, § 5).

---

[1] Le même jurisconsulte a exprimé la même idée dans le texte suivant: *Non ut ex pluribus causis deberi nobis idem potest, itá ex pluribus causis idem possit nostrum esse*. (D. *De reg. jur.* 159.)

Nous aurons, dans une autre partie de ce travail, l'occasion de remarquer que cette distinction n'existe plus dans notre droit, où l'article 61 § 3 du Code de procédure exige que l'exploit d'ajournement contienne « l'objet de la demande, l'exposé sommaire des moyens. »

II.

La règle que nous venons d'exposer par rapport aux actions réelles souffre deux exceptions : la première, que nous avons déjà indiquée, et qui est contenue au texte de Paul cité ci-dessus, c'est lorsque le demandeur agit *expressâ causâ* ; la règle était alors ce qu'elle est aujourd'hui ; la deuxième a lieu lorsque, depuis le premier procès, il est survenu une *causa superveniens*, une cause d'acquisition née postérieurement, mais de nature à engendrer le même droit.

1° *Causa expressa.* — Celui qui a droit à la propriété d'une chose *ex pluribus causis*, peut ne déduire qu'une de ces causes dans une première instance, et réserver les suivantes pour une instance postérieure s'il succombait dans la première. Appliquons ce principe à une espèce où une femme qui pouvait attaquer un testament pour deux causes différentes n'en a opposé qu'une : Ulpien conclut que l'exception lui sera vainement opposée. *Ego exceptionem obesse ei rei judicatæ non dubito, sed ex causa succur-*

7

rendum erit ei, quœ anam tantum causam egit rupti testamenti (l. 11, *pr.*). — Mais ce résultat n'a lieu que parce que la première action a été intentée *expressâ causâ*, et le § 1er de la même loi oppose à l'hypothèse du *principium* une autre espèce où le demandeur a agi sans désignation de cause : *Si hominem petiero quem ob eam rem meum esse existimavi, quod mihi traditus est ab alio quum ex hereditariâ causâ meus esset, rursus petenti mihi obstaturam exceptionem.* Jusqu'ici rien de plus facile à comprendre [1], mais le § 2e ajoute : *Si quis autem petat fundum suum esse eo quod Titius eum sibi tradiderit : si postea aliâ ex causâ petat.* CAUSA ADJECTA *non debet summoveri exceptione.* Ce passage a donné lieu à une controverse : qu'entendre par les mots *causa adjecta?* Plusieurs auteurs, soit en Allemagne, soit en France, Puchta et Etienne entre autres, interprètent ces mots dans le sens de *causa superveniens,* ce qui nous paraît forcer le sens du texte par une conjecture hasardée et sans fondement. Il est beaucoup plus simple de traduire : si le demandeur invoque ensuite une autre cause et spécifie cette cause, l'exception ne lui sera pas opposable. De cette manière nous conserverons cette opposition que

---

[1] L'action en revendication a été intentée purement et simplement, elle ne pourra donc être renouvelée, quand même le demandeur se serait trompé sur la cause par suite de laquelle il a droit à la propriété.

le jurisconsulte a manifestement voulu faire entre
les mots *causa expressa*, la cause à laquelle on
voulait restreindre la première action, et *causa
adjecta*, la cause différente qu'on allait invoquer
dans la seconde, opposition que le système
opposé détruit complétement. Ce dernier système
n'explique pas en effet pourquoi la loi 14 § 2
recommanderait d'agir *expressâ causâ* dans une
première instance pour pouvoir en intenter une
seconde, si cette autre demande ne pouvait être
formée qu'en vertu d'une cause survenue depuis
le premier jugement [1].

Que désigne du reste, en elle-même, et abstraction faite de tout système, cette expression
causa adjecta? Rien autre chose qu'une addition
faite par le demandeur à la formule de son action.
Un texte d'Ulpien dans lequel cet auteur s'en
réfère à l'opinion de Pomponius le prouve suffisamment: *nisi forte, inquit Pomponius, adjectâ
causâ quis vindicet: si quis ita petit filium suum
(rei vindicatione), vel in potestate, ex jure Ro-
mano, videtur mihi et Pomponius consentire
recte eum egisse: ait enim adjectâ causâ ex lege
Quiritium vindicare posse* (D. *De rei vind.* 1. 1,
§ 2). Qui ne voit qu'il ne peut être question dans
ce texte d'une cause *superveniens*, mais seulement d'une cause ajoutée à la formule?

Enfin, nous n'avons pas besoin de revenir sur

[1] M. de Savigny, t. vi, append. 17.

la loi 14 § 2 *h. t.*, que nous avons citée plus haut, et qui dans ces mots *cùm in rem ago non expressâ causâ* indique suffisamment que les Romains connaissaient cette première exception à la règle des actions réelles, *omnes causæ una petitione apprehenduntur*. Comment le système qui nie l'existence de cette première exception explique-rait-il ces mots, *non expressâ causâ* ?

Et enfin, cette exception ne répondait-elle pas aux plus impérieux besoins de la pratique ? Il ré-sultait en effet de fréquents inconvénients de la généralité du principe ; ces inconvénients n'a-vaient pas, il est vrai, la même portée que dans notre droit, où les contrats ont pour effet de transporter la propriété, parce que les conven-tions en droit Romain rendaient presque toujours créancier d'une chose l'acquéreur de cette chose, avant qu'il n'en devint propriétaire ; mais ils n'en étaient pas moins sérieux et de nature à frapper les jurisconsultes. Toutefois ceux-ci, fidèles à cette habitude que nous révèle à chaque endroit l'histoire du droit Romain, de tourner les obs-tacles au lieu de les aborder de front, ne s'atta-quèrent pas au principe même, ils l'éludèrent par l'exception que nous venons d'étudier.

Cette exception devait être d'une application très-générale et plus fréquente que la règle elle-même, à cause de cet avantage considérable qu'elle conférait au demandeur en cas de rejet de sa première action, d'en intenter une nouvelle, le plus souvent, sans doute, devant un autre juge. Il est vrai qu'elle pouvait occasionner au demandeur une perte de temps assez considérable en lui interdisant, pendant le procès, d'invoquer à l'appui de son dire aucun autre moyen de preuve.

Comment cette exception devait-elle être insérée dans la formule ? Nous avons déjà remarqué plus haut que les deux formes de procédure usitées sous le système formulaire étaient la *sponsio*, imitation de l'action de la loi *per sacramentum*, et la *formula petitoria* qui la remplaça et n'est autre que la *rei vindicatio* dont parlent les textes. Rien n'était plus aisé que d'insérer dans la *sponsio* la restriction dont nous nous occupons ; mais on s'est demandé si dans la *formula petitoria* c'était sous la forme d'une addition à la fin de la formule, particularisant la signification de celle-ci, ou sous la forme d'une *prœscriptio*, restreignant d'avance l'étendue de la question de droit, que cette exception était insérée. Quoique l'une ou l'autre de ces conjectures puisse être admise, nous croyons que la *prœscriptio « Ea res agatur de.. »* était plus dans les habitudes de la pratique et de la jurisprudence romaine. Un texte de Cicéron, fréquemment cité, confirme cette opinion de la manière la plus explicite : *Ut in actionibus prœscribi solet*, DE EADEM RE EGIT ALIO MODO..... N'est-ce pas la reproduction textuelle d'une *prœscriptio* très-usitée (*prœscribi solet*) et qui aurait été ainsi conçue : *de eadem re agatur alio modo*, *præscriptio* qui implique évidemment un premier litige dans lequel l'action avait, par une *præscriptio* parallèle, été restreinte à un cas particulier.

Cette idée acquiert un nouveau caractère de probabilité par analogie des exemples de *præscriptiones* que présente Gaius dans le § 131 du chapitre IV de ses commentaires. Peut-être même, dans les lacunes que présente le texte de Gaius à cet endroit, la *præscriptio* par laquelle l'*expressa causa* était énoncée se trouvait-elle prévue.

Comment, après l'abolition de l'*ordo judiciorum*, s'opérait cette exception à la règle générale des actions réelles ? Nous n'en savons rien. La cause dut être formellement exprimée ; une déclaration remplaça probablement la *præscriptio*. Mais se passait-elle devant le juge, avait-elle lieu dans les actes de la procédure ? C'est ce qu'il est impossible, à défaut de textes, de préciser.

2° Causa superveniens. — On nomme *causa superveniens* ou *nova causa interveniens*[1], une cause d'acquisition postérieure à la première instance, et donnant naissance à un même droit que celui objet de cette instance. Il n'y a pas lieu d'examiner, ainsi que nous l'avons dit précédem-

---

[1] Paul, D. *Ad exhibendum*, 1. 12, § 2.

ment, si la première instance avait eu lieu *expressâ* ou *non expressâ causâ*, car il était aussi certain dans un cas que dans l'autre, qu'une cause née depuis le jugement n'a pas pu y être déduite, ni faire l'objet de l'examen du juge. *Cœterùm, si fortè petiero fundum vel hominem, mox alia causa novâ post petitionem mihi accesserit, quœ mihi dominium tribuat, non me repellet ista exceptio.* Toutefois, Ulpien nous avertit, dans la suite du texte, de distinguer les différents cas avec une grande attention, pour ne pas prendre pour une *causa superveniens* productrice d'un droit nouveau, ce qui ne serait que la reconnaissance, la résurrection (*quoddam postliminium*) d'un droit dont l'action a déjà été exercée : *Nisi fortè intermissum dominium in medio tempore rediit quodam postliminio : quid enim, si homo, quem petieram, ab hostibus fuerit captus, mox postliminio receptus, exceptione summovebor : quia eadem res esse intelligitur. At si ex aliâ causâ dominium fuerim nactus, non nocebit exceptio* [1]. Julien applique le même principe à une autre hypothèse : *Si is qui heres non erat, hereditatem petierit, et, posteà heres factus, eamdem hereditatem petet, exceptione rei judicatœ non summovetur* (L. 25; *in pr. h. t.*).

Le fait juridique nouveau qui constituera la *nova causa superveniens* peut se produire soit du

---

[1] L. 11, § 4 D. *h. t.* — Voir aussi le § 5 de la même loi.

côté du demandeur soit du côté du défendeur. Ce dernier cas aura le plus souvent lieu lors qu'une première revendication aura été repoussée, parce que le défendeur ne possédait pas, et que ce dernier aura acquis plus tard la possession de l'objet litigieux *ex causâ posteriori*. Si par exemple, dit Ulpien, après vous avoir réclamé une hérédité, à vous qui n'en étiez pas alors en possession, je renouvelle ma demande après que cette possession vous a été acquise, l'exception ne pourra être opposée. Gaius confirme cette solution, pourvu, bien entendu, ajoute-t-il, que la cessation de la possession ne soit pas le résultat d'un dol [1]. C'est ce que nous avons remarqué précédemment.

C'est aussi ce qu'indique Pothier, lorsqu'il demande « *emersit causa nova propter quam possit conveniri.* » On pourrait peut-être objecter que la possession du défendeur comme condition de la *petitoria formula* n'était pas mentionnée dans l'*intentio*, mais cette circonstance était une de celles examinées et suppléées *ex officio judicis*, et prises en considération dans le jugement. Par suite, quand la demande était rejetée pour défaut de possession, le motif de la décision ne pouvait pas se reconnaître par la comparaison du jugement avec la *formula*. Voilà pourquoi, comme l'attestent plusieurs textes que nous avons

---

[1] L. 9 et 27, *h. t.*

cités plus haut (p. 60), ce motif était ordinairement exprimé dans la sentence[1].

III.

Si toutes les actions réelles dans leur généralité n'énonçaient pas la cause du droit réclamé, il en était de même de quelques actions
personnelles. Cela est douteux, toutefois, pour la
condictio certi : on s'est appuyé, pour supposer
qu'elle ne renfermait pas l'énonciation de la cause
du droit, sur un texte de Cicéron (*pro Roscio
comœdo*), où, parlant d'une *condictio certi* sans
cause exprimée, il passe en revue les causes diverses qui ont pu lui donner naissance. Mais il
semble bien que si une action personnelle aussi
connue et aussi usuelle que la *condictio certi*
avait présenté ce caractère, les jurisconsultes
l'auraient certainement remarqué ; — et de plus,
ce caractère de généralité ne paraît-il pas contraire à la nature de la *condictio certi ?* — Cependant, Gaius, qui cite l'*intentio* de la *condictio
certi*, « *si paret Numerium Negidium Aulo
Aggerio decem millia dare oportere*, » n'indique
pas la *demonstratio* de l'action. Ne faut-il pas en
conclure que la formule de cette action comprend
tous les faits juridiques qui ont pu lui donner naissance ?

Nous avons, au contraire, un texte formel qui

[1] M. de Savigny, (t. VI, p. 382).

range l'action *ad exhibendum* dans la classe des actions où ne se trouve pas énoncée la cause du droit, et où l'exception de chose jugée ne sera paralysée que par une cause nouvelle postérieure au premier litige : *Sæpius ad exhibendum agenti si ex eadem causa agat, obstaturam exceptionem, Julianus ait. Novam autem causam intervenire si is, qui vindicandi gratia egisset, post acceptum judicium eam ab aliquo accepit : et ideo exceptionem ei non officere* [1].

IV.

Il résulte des explications que nous avons données dans les deux premiers paragraphes de ce chapitre et dans le premier paragraphe du chapitre précédent, que la différence seule des *causæ proximæ* amènera le changement du litige, à la différence de l'objet physique ou juridique du procès, qui peut ne pas être le même dans les deux actions, sans que cette variation empêche l'identité de question. Le changement d'action n'amènera pas un résultat semblable [2] et n'empêchera pas l'application de l'exception; il n'empêchera pas, en un mot, qu'il n'y ait identité de question. La seconde action peut porter un autre nom que la première, être d'une autre es-

---

[1] Paul, D. *Ad exibendum*, 12, § 2.

[2] L. 5, *h. t.* : *De eadem re agere videtur et qui non eâdem actione agat, quâ ab initio agebat; sed etiam si aliâ experiatur, de eâdem tamen re.*

pèce que la première, par exemple une action réelle succédant à une action personnelle, sans que cette différence ait aucune influence sur l'application de l'exception de chose jugée : c'est évidemment ce que Julien entend dans la loi 7 de notre titre, que nous avons citée au commencement du chapitre IV, par les mots : *vel alio genere judicii*. Ce principe a été appliqué par les jurisconsultes à d'assez nombreuses espèces que les textes nous signalent, et que, pour la plupart, nous n'avons pu étudier plus haut, pour ne pas allonger notre exposition. Il nous reste à les parcourir brièvement.

1.— Nous avons déjà fait remarquer qu'après avoir échoué dans une première revendication basée sur la qualité d'héritier, on ne pouvait intenter la pétition d'hérédité ni réciproquement. De même, on ne pouvait exercer l'action *communi dividundo*, ni l'action *familiæ erciscundæ* après avoir échoué dans la demande d'une partie du fonds ou de l'hérédité [1]. C'est du reste cette difficulté qui a donné naissance à l'*exceptio præjudicialis* (V. p. 85). De même encore, l'action en partage ne pouvait être exercée après le rejet de la pétition d'hérédité [2] ; l'action *communi dividundo* ne pouvait être exercée pour obtenir des sommes déjà réclamées sans succès par l'action *pro socio* [3].

[1] D. *h. t.* 1. 5 et 8.
[2] D. *h. t.* 1. 11, § 3.
[3] D. 1. 38, § 1er *pro socio*.

2. — Les trois actions par lesquelles le mandant pouvait agir pour se faire attribuer la propriété de l'objet acquis par son mandataire, l'*actio mandati directa*, l'*actio negotorium gestorum*, et dans certains cas une *condictio*, avaient une seule cause : le mandat ; il y avait donc lieu d'opposer l'exception.

3. — Même observation pour le cas où un légataire après avoir agi par action personnelle intenterait une action réelle (*rei vindicatio*), ou une action hypothécaire. Il y aura toujours même cause et par suite identité de question. *Variis actionibus legatorum simul legatarius uti non potest : quia legatum datum in partes dividi non potest : non enim eâ mente datum est legatariis pluribus actionibus uti, sed ut laxior eis agendi facultas sit ex unâ interim, quæ fuerat electa, legatum petere* [1].

4. — C'est encore par application du même principe que le débiteur gagiste, ou le propriétaire qui aura donné la possession de sa chose à titre de commodat ou de dépôt, exercera soit l'action particulière résultant de son contrat, soit l'action édictée par le premier et le troisième chef de la loi *Aquilia* pour le cas de *damnum injuriâ factum* [2], mais ne pourra exercer suc-

---

[1] D. *de leg.* 2º 1. 76. Voir aussi le commentaire de Voët, t. ii, p. 127.

[2] L. 3. D. *ad leg. Aquil.*

cessivement l'action née du contrat et l'*actio legis Aquiliæ*, ni réciproquement.

Mais une difficulté se présente si l'on suppose qu'après avoir demandé, par l'action *commodati directa*, l'objet prêté, on veuille exercer l'action de la loi *Aquilia* pour obtenir le bénéfice résultant du mode particulier d'estimation établi par cette loi. On sait, en effet, que la loi *Aquilia* condamnait le délinquant, savoir : par son premier chef, à payer la plus haute valeur que l'esclave ou le quadrupède aurait eue dans l'année ; par son troisième chef, à payer la plus haute valeur de l'objet dans les trente jours qui avaient précédé le dommage [1]. Trois textes du Digeste, *de rei vind.*, l. 13, *de obl. et act.* lois 41, § 1, et 34 *pr.*, paraissent donner une solution contradictoire. Voici le premier : *non solum autem rem restitui, verum, et si deterior res sit facta, rationem judex habere debebit... unde quæritur an non aliàs judex æstimare damnum debeat, quam si remittatur actio legis Aquiliæ? Et Labeo putat cavere petitorem oportere, lege Aquiliâ non acturum : quæ sententia vera est.* Le second de ces textes, qui décide contrairement au précédent, est ainsi conçu : *Si ex eodem pacto duæ competant actiones, postea judicis partes esse, ut quo plus sit in reliquâ actione, id actor ferat : si tantundem autem minus, id con-*

---

[1] Inst. l. IV, t. 3, § § 9 et 15.

sequatur. Enfin, dans le troisième texte, Paul résume la question et émet une opinion qui nous paraît très-sage, et en rapport avec cette équité qui se rencontre toujours dans le dernier état de la jurisprudence romaine. *Qui servum alienum injuriose verberat, ex uno facto incidit, et aquiliam, et actionem injuriarum : injuria enim ex affectu fit, damnum ex culpâ, et ideo possunt utræ competere ; sed quidam, alterâ electâ, alteram consumi : alii per legis Aquiliæ actionem injuriarum consumi, quoniam desinit bonum et æquum esse, condemnari eum qui æstimationem præstitit : sed si ante injuriarum actum esset, teneri eum ex lege Aquiliâ : sed et hæc sententia per prætorem inhibenda est ; nisi in id quod amplius ex lege Aquiliâ competit agatur : rationabilius itaque est hanc admitti sententiam,* UT LICEAT EI QUAM VALUERIT ACTIONEM PRIUS EXERCERE, QUOD AUTEM AMPLIUS IN ALTERA EST, ETIAM HOC EXSEQUI [1].

5. — Deux actions appartiennent au vendeur d'un immeuble, en cas de non-paiement du prix, l'action en résolution du contrat, et l'action *venditi* en paiement du prix et en expropriation. Elles ne peuvent être cumulées, leur cause étant la même.

6. — Si une vente (nous prenons le contrat le plus usité à titre d'exemple) a été accom-

[1] V. aussi D., *de injuriis,* l. 15, § 46; *quod metûs causâ gest.* l. 14, § 13; *commodati,* l. 5, § 8.

pagnée de la stipulation, ce contrat verbal par lequel on renforçait si fréquemment l'obligation produite par le contrat principal, le vendeur pourra agir soit par l'*actio venditi*, soit par la *conditio ex stipulatu*; mais, dès qu'il aura exercé l'une ou l'autre de ces deux actions, il ne pourra se servir de l'autre, puisque celle-ci tendrait au même but que la précédente, et soulèverait la même question.

7. — Il en est de même par rapport à la garantie des vices rédhibitoires, qui s'exerce au moyen de l'une ou de l'autre des deux actions *quanti minoris* et *redhibitoria*.— *Vere dicitur, qui alterutrâ earum egerit, si alterâ postea agat, rei judicatœ exceptione summoveri* [1].

8. — On ne pouvait non plus agir successivement *de peculio* et par l'action tributoire : *Eligere quis debet quâ actione experiatur, utrum de peculio an tributoriâ, quuum scit sibi regressum ad aliam non futurum* [2]. Mais il en serait autrement, bien entendu, si les deux actions reposaient chacune sur une cause différente : *Plane, si quis edit ex aliâ causâ tributoriâ agere, ex aliâ de peculio, audiendus est* [3].

9. — La loi 31ᵉ et dernière de notre titre a soulevé une difficulté d'interprétation. Elle est ainsi conçue : *Paulus respondit, ei qui in rem*

---

[1] L. 25, § 1ᵉʳ. D., *h. t.*
[2] D., *de trib. act.* l. 9, § 1.
[3] *Ibid.*

egisset, nec tenuisset, posteà condicenti non obstare exceptionem rei judicatæ. La seule hypothèse où une *condictio* et la *rei vindicatio* aient été données au demandeur simultanément est le cas de vol, et ceci par haine des voleurs ; mais il n'a pas été permis d'agir successivement par ces deux actions, le choix seul a été donné entre elles: comment, en effet, après une revendication infructueuse, exercer l'action personnelle ou réciproquement ? Il y a évidemment même cause.

Voici l'explication probable de cette apparente contradiction. Etant admis, comme nous l'avons montré, que toutes les causes de la demande étaient déduites dans l'action réelle, Paul a expressément excepté de cette règle la cause sur laquelle s'appuirait la *condictio*, comme provenant d'une origine différente. L'hypothèse à laquelle se réfère cette décision peut être ainsi formulée : J'ai acheté un immeuble, mon vendeur en acquiert à nouveau la possession. Sur ces entrefaites, un testament institue mon vendeur héritier à charge de me transmettre la propriété du fonds (*heres meus damnas esto dare...*) : je pourrai agir successivement par la *rei vindicatio* et par la *condictio* : par la première de ces actions, je réclamerai l'immeuble ; par la seconde, le prix que j'ai payé. Chacune des actions, il est facile de le voir, reposera, en effet, sur une origine différente.

10. — Après avoir invoqué la prescription

comme cause d'acquisition d'un immeuble, on pourra fonder une nouvelle demande sur un contrat.

11. — L'on pouvait agir par une nouvelle instance pour réclamer l'usufruit, après avoir infructueusement revendiqué le tout. L'usufruit provenait, en effet, d'une nouvelle cause d'acquisition, d'un accroissement qui s'opérait, non pas au profit de la portion, mais au profit de la personne (l. 14, § 1, *h. t.*). Il est évident que nous ne parlons ici que de l'usufruit *formel* et non de l'usufruit *causal*. (V. p. 88.)

12. — Il est encore évident que les parties peuvent jouer dans le second procès un autre rôle que dans le premier débat ; l'ancien demandeur y figurer comme défendeur, et réciproquement, et, cependant, l'exception être opposable [1]. La différence d'action n'est pas plus à considérer comme devant empêcher l'exception de chose jugée, que cette autre différence qui consiste en ce que la question de droit, capitale dans le premier débat, n'est invoquée dans le second procès que comme condition déterminante de la prétention du demandeur. Nous avons eu déjà l'occasion d'examiner cette question à propos de la légitimation de la demande. (V. p. 68.)

[1] D. *De compens.* l. 7, § 1; *De negotiis gestis*, l. 8, § 2.

CHAPITRE VI.

CONDITIONS DE LA CHOSE JUGÉE (SUITE). IDENTITÉ
SUBJECTIVE OU DE PARTIES.

L'identité juridique des parties n'est pas une
condition moins indispensable à l'application de
l'exception de chose jugée que l'identité de question. La logique seule le prouve suffisamment ;
cependant, comme il n'est pas une seule vérité
qui n'ait été affaiblie par des distinctions ou de
fausses applications, les jurisconsultes Romains
ont, dans des textes nombreux, cru devoir affirmer et consacrer ce principe. Nous pensons devoir citer immédiatement les passages les plus
importants de ces textes, pour que les idées que
nous allons exposer puissent être contrôlées par
la comparaison avec ces passages du Digeste et
du Code qui les contiennent toutes en germe.
Nous n'aurons, en agissant de la sorte, qu'à renvoyer au besoin à ces textes, qui, ainsi que nous
avons déjà eu l'occasion de le remarquer, ont
mérité par leur clarté et leur importance d'être,
non-seulement les fondements et les piliers de la
doctrine Romaine, mais aussi ceux sur lesquels
repose l'interprétation des mêmes questions en
droit Français.

Ulpien : *Quum res inter alios judicatæ nullum
aliis præjudicium faciant ....* (l. 1re *h. t.*)

Julien (cité par Ulpien) : *Exceptionem rei judicatæ obstare quotiens inter easdem personas eadem quæstio revocatur* (l. 3, eod. t.).

Macer : *Sæpe constitutum est res inter alios judicatas aliis non præjudicare* (D. l. 63, *de re jud.*).

Celsus : *Nec enim quisquam alienam actionem in judicium invito cohærede perducere potest* (D. l. 31 *de judiciis*).

Dioclétien et Maximin : *Inter alios res gestas aliis non posse præjudicium facere, sæpe constitutum est* (l. 1 C. *Inter alios acta.* V. aussi l. 2, eod. t.)

Paul : *Igitur... nec inter alios res judicata aliis prodesse ant nocere solet* (L. 16 *in fin.* C. *Qui potiores in pign.*).

Gordien : *Res inter alios judicatæ neque instrumentum afferre his qui judicio non interfuerunt, neque præjudicium solent irrogare* (L. 2 C. *Quib. res judic. non nocet*).

Ces textes, extraits des ouvrages des jurisconsultes et des constitutions des Empereurs, montrent clairement ce qu'il faut entendre par l'identité des parties. Ce n'est pas l'identité physique des parties qui est exigée ici, il ne s'agit pas de l'identité purement extérieure et corporelle, mais de l'identité légale, juridique, *eadem conditio personarum*. C'est ce qu'exprime, avec plus de justesse que d'élégance, l'expression allemande « identité de sujets de rapport de droit. » La même personne peut représenter successivement plusieurs individualités juridiques, en agissant comme mandataire, tuteur, gérant d'affaire, administrateur légal de biens, etc. ; au contraire, l'unité individuelle d'un contractant peut cacher à la fois plusieurs personnes juridiques. La règle est donc en cette matière de considérer les personnes au point de vue légal et juridique. « *non intuitu hominis, sed intuitu personæ* »; le mot *persona* n'a pas, en réalité, modifié ici son acception primitive, « masque scénique, rôle de théâtre », cär la personne juridique c'est le rôle qui peut être tour à tour joué par plusieurs individus, agissant tous en une certaine qualité, comme prête-nom, et ne représentant en réalité qu'une seule personne.

Si le tuteur d'un pupille revendique deux fois le même immeuble en qualité de tuteur dans la première instance, et en son nom personnel dans le second procès; si le créancier d'une succession intente contre l'un des co-héritiers une action en restitution d'un dépôt fait à l'auteur commun de ceux-ci, et, après avoir succombé dans un premier litige, faute de preuves, forme contre un autre co-héritier une seconde action en vertu de la reconnaissance qui lui avait été souscrite et qu'il a retrouvée (l. 22 D. *h. t.*), dans ces espèces et beaucoup d'autres citées par les textes et qu'il serait inutile de rapporter ici, il y a changement de personne juridique et par conséquent l'exception de chose jugée ne pourra être opposée : *Mutatio personarum aliam atque aliam rem facit (ibid).*

Ce principe de l'identité de personnes mérite l'importance que lui attribuent les jurisconsultes ; il a, en effet, son fondement, son appui dans ce précepte souverain de toute société sagement organisée, que personne ne peut être condamné sans avoir été entendu : *ne inauditus condemnetur.* L'éminente nécessité de ce principe a été reconnue à un tel degré par les Romains, qu'ils en ont même parfois fait l'application au détriment des plus importantes règles de leur législation. On sait par exemple quel prix les citoyens Romains attachaient à ne pas décéder *intestati* ; c'est cette superstition du testament qui avait été l'origine de l'institution assez bizarre des héritiers *nécessaires*, et qui avait fait proclamer que l'on ne pouvait mourir partie *testat* et partie *intestat* [1]. Cependant, lorsque cette maxime se trouvait en conflit avec le principe de l'identité de personnes, c'est ce dernier principe qui l'emportait. C'est ce que Papinien nous apprend dans la loi 15 § 2 du Digeste, *de inoff. test.* : *Filius, qui de inofficiosi actione adversus duos heredes expertus, diversas sententias judicum habet et*

---

[1] L. 7 D. *De regul. jur.* : *Jus nostrum non patitur eundem in paganis, et testato et intestato decessisse ; earum que rerum naturaliter inter se pugna est. (Conf. Inst., de hered. inst. § 5).*

unum vicit, ab altero superatus est, et debitores convenire, et ipse a creditoribus pro parte conveniri potest, et corpora vindicare et hereditatem dividere... nec absurdum videtur pro parte intestatum videri [1].

Avant d'étudier en détail les extensions que le Droit romain avait admises au principe de l'identité de personnes, prenons soin de ne pas confondre la différence de personnes juridiques avec la différence dans le rôle des parties. Ainsi que nous l'avons indiqué déjà à la fin du chapitre précédent, la différence dans le rôle des plaideurs n'empêche pas l'*exceptio rei judicatæ,* ou la *replicatio* du même nom. Si par exemple un demandeur en revendication, après avoir succombé dans sa demande, est rentré en possession de l'objet litigieux , le défendeur du premier procès agit contre lui par l'action publicienne, il répondra par l'exception *justi dominii,* mais celle-ci sera paralysée à son tour par la *replicatio rei judicatæ.* — La différence dans le rôle des plaideurs n'empêche donc en aucune façon l'identité de personne juridique : la personne reste la même, et son changement de rôle n'est que la conséquence d'un changement d'action. Or, le changement d'action ne suffit pas, nous l'avons vu au chapitre précédent, pour empêcher l'identité de chose jugée.

[1] V. aussi la loi 13 du Code *eod. tit.;* et la loi 76 *pr.* au D. *de legatis 2*o, qui exposent des espèces analogues.

Nous avons, dès le commencement de cette étude, désigné comme un des grands principes dominant l'exception de chose jugée, la relativité de cette exception, en autres termes, la relativité des effets des jugements. Ce principe n'est que la conséquence, l'application de celui de l'identité de personnes. Nous croyons donc inutile de le commenter longuement : ce serait entrer de nouveau dans les explications que nous avons déjà données, et qui vont être complétées à propos des espèces que nous allons étudier dans les paragraphes qui vont suivre.

La matière de l'identité de personnes est, en effet, fort étendue, et le principe, à cause de sa généralité même, souffre certaines extensions et certaines dérogations fort importantes. Il y a lieu, par suite, d'étudier les applications spéciales auxquelles donne lieu ce principe, ainsi que les exceptions qu'il comporte, dans un ordre particulier, en réunissant sous certaines idées générales les hypothèses spéciales qui se rapportent à chacune d'elles. Nous traiterons donc, au point de vue de la question qui nous occupe, dans un premier paragraphe, des ayants-cause ; dans le deuxième, des mandataires légaux ou conventionnels ; dans le troisième, des co-intéressés ou des personnes représentées en vertu d'un quasi-contrat de gestion d'affaires. Comme l'application du principe de l'autorité de la chose jugée aux questions d'état ne nous paraît rentrer logiquement dans aucune de ces divisions, nous en ferons l'objet d'un chapitre spécial.

Les auteurs qui se sont occupés du sujet de ce travail ont tous cherché une classification rationnelle des extensions que comporte le principe de l'identité des personnes. C'est ainsi que plusieurs auteurs Allemands font rentrer ces extensions dans deux classes, comprenant, la première, les successeurs au droit jugé ; la deuxième, ceux dont les droits présentent entre eux une connexité et une dépendance invincibles. Nous ne voulons pas exposer les divers systèmes émis à ce sujet : ils varient avec chaque auteur. Ces divers essais de classification, pour la plupart incomplets ou présentant plutôt le caractère de simples énumérations, n'ont qu'un intérêt purement théorique. M. de Savigny, suivi dans cette voie par la plupart des auteurs Français, a simplement classé ces extensions en deux divisions, appelant extensions *naturelles* celles qui se rapportent, soit à l'idée de la représentation en général, soit à l'idée de succession, et extensions *positives,* celles basées sur les principes spéciaux de la loi positive. Cette classification est exacte et rationnelle, et nous pouvons facilement y faire rentrer les différentes parties de la division que nous avons adoptée. Les quatre paragraphes de ce chapitre ne prévoient en effet que des extensions *naturelles* du principe, et le chapitre VII, sous la rubrique de l'application de la chose jugée aux questions d'état, en comprendra les principales extensions positives.

§ I.

Des ayants-cause ; — extensions de l'identité de personnes, fondées sur le principe de succession.

I.

Pris dans un sens général, le mot *ayants-cause* désigne ceux qui ont recueilli tout ou partie des droits d'une personne, ceux qui exercent les droits d'un autre, ceux qui ont même cause que leur auteur. Ils acquièrent ces droits tels que leur auteur les possédait, sans pouvoir, du chef de celui-ci, en avoir plus qu'il ne lui en appartenait, obligés, au contraire, de subir toutes les conséquences qui proviennent de ce dernier, et en particulier tous les jugements dans lesquels il était partie. *Quod ipsis qui contraxerunt obstat, et successoribus eorum obstabit* [1]. A ce dernier point de vue, nous définirons l'ayant-cause : celui qui a succédé, à titre universel ou particulier, à une partie, postérieurement au procès qui a compromis les droits par lui acquis. S'il avait succédé à cette partie à une date antérieure à celle du procès, il serait un tiers, auquel ne pourrait s'appliquer l'exception de la chose jugée, sans léser

____
[1] D. *De reg. jur.* 1. 143.

le principe de l'identité de personnes et de la relativité de l'exception [1].

Nous comprenons, sous la dénomination générale d'ayants-cause :

Les héritiers légitimes universels ou à titre
universel du défunt ;

Les légataires universels ou à titre universel
du défunt ;

Les successeurs à titre particulier par suite
d'achat, de donation, d'échange, de cession.

Il est nécessaire et essentiel, pour que cette
transmission juridique de droits ait lieu, qu'elle
s'exécute immédiatement et sans *tractus tem-
poris :* on ne pourrait, en effet, tant qu'elle n'a
pas eu lieu, dire qu'il y ait succession. La succession peut, du reste, ainsi que cela résulte de ce
que nous venons de dire, affecter deux formes
distinctes :

Soit qu'elle soit universelle, *in abstracto, in
globo*, composée d'un ensemble dans lequel chaque objet ne doit être considéré que comme partie
d'un tout, et médiatement ;

Soit qu'elle soit à titre particulier, *in concreto,
in re singulari*, l'objet auquel elle s'applique étant
considéré dans son individualité.

Il n'est même pas besoin de prouver que l'autorité de la chose jugée s'étend aux successeurs universels : *Quia sane hæ personæ naturá*

---

[1] « *Exceptio rei judicatæ nocebit ei qui in dominium suc-
cessit eju: qui judicio expertus est.* » (l. 28, h. t.).

aliæ sunt, jure autem sunt eædem, certe pro iisdem habentur[1]. Cela est évident, puisque l'ayant-cause continue la personne du défunt, et s'identifie, pour ainsi dire, avec la personnalité de celui-ci : identification active et passive, qui ne s'applique pas moins aux jugements rendus contre l'auteur qu'à ceux prononcés à son profit ; ainsi que l'indique d'une manière énergique la maxime de l'école : *heres succedit in virtutes ac vitia defuncti.* — Quant aux successeurs particuliers, la transmission à leur profit ou à leur détriment de l'autorité de la chose jugée, pour être moins évidente à première vue, n'en résulte pas moins de la logique et des textes. Et d'abord, dans les successions à titre particulier, comme dans celles à titre universel, sur quoi porte le changement résultant de la transmission du droit ? sur les personnes ; quant au droit en lui-même, il reste identique. Et en effet, quand on stipule, quand on s'engage, quand on compromet son droit en justice, on est toujours censé agir non-seulement en son propre nom, mais aussi pour ses héritiers ou ayants-cause. *Plerùmque persona pacto inseritur, non ut personale pactum fiat, sed ut demonstretur cum quo pactum factum est*[2]. Il y a la plus grande analogie entre les conventions et le compromis judiciaire, et nous ferons cette remarque, que

---

[1] Doneau, XX.
[2] D. *De Pactis*, 1. 7.

nous aurions pu présenter souvent déjà, en particulier au point de vue du principe qui nous occupe. *Eadem enim esse debet ratio judiciorum,
in quibus videmus quasi-contrahere, et conven-
tionum* [1].

La loi 9, § 5 de notre titre nous présente une
application de ce principe à la matière de la vente :
*Julianus scribit exceptionem rei judicatæ a
personâ auctoris ad emptorem transire solere.*
Cette loi suppose, bien entendu, que le jugement
est antérieur à la succession.

Nous appliquerons encore le principe que les
droits acquis par le successeur particulier sont
indépendants des procès soutenus par son auteur,
à la translation de démembrements de la propriété, tels que l'usufruit, les servitudes, le droit
de gage [2].

Au contraire, l'autorité de la chose jugée s'é-
tendra à d'autres classes d'ayants-cause, aux
créanciers chirographaires , par exemple : parce
que ceux-ci, en ne demandant aucune garantie
spéciale à leurs débiteurs, sont censés avoir suivi
sa foi, acceptant d'avance toutes les aliénations
qu'il lui plairait faire de son patrimoine. Leur
gage est, en effet, un gage *indéterminé ;* ils sont
donc forcés de respecter les engagements de leur
débiteur, sauf le cas de l'action Paulienne. *Nullum remedium est proditum : sibi enim im-*

---

[1] D. l, 17, § 5 *eod. t.*
[2] D. *h. t.,* l. 29., § 1 ; — *De pignor.,* l. 3.

putent qui cum tali contraxerunt[1]. — *Quid
ergo, si satis non idoneum acceperunt*[2]?

Mais en est-il de même à l'égard des créanciers
hypothécaires ? Controverse. Il ne faut pas,
croyons-nous, admettre que l'autorité de la chose
jugée s'étende à cette classe de créanciers. Le
débiteur a donné à son créancier une garantie
sur son immeuble : il a gardé la propriété de l'immeuble, mais déduction faite du droit réel cédé.
Le créancier hypothécaire est un tiers, la poursuite dirigée contre le débiteur qui lui a concédé
ses sûretés doit être par rapport à lui *res inter
alios acta*. Nous ne faisons du reste que rappeler
ici cette controverse, nous réservant de déduire
les raisons à l'appui de notre opinion en examinant la question en droit Français.

Jusqu'à présent, nous avons constaté une application très-exacte aux diverses hypothèses,
de la règle de la relativité des jugements. Il nous
reste à étudier les quelques exceptions que comporte ce principe.

1° *Si quis ex his personis quæ ad successionem ab intestato non admittuntur, de inofficiosi
egerit (nemo enim eum repellet) et casu obti-
nuerit, non ei prosit victoria, sed his qui habent
ex intestato successionem ; nam intestatum pa-
trem facit*[3]. Cependant, les héritiers *ab intestat*

[1] D. *De separationib.*, l. 1, § 5.
[2] *Ibid.* § 2.
[3] L. 6, § 1er, *h. t.*

n'ont pas figuré au procès, et la personne qui a intenté la *querela* sans avoir qualité pour le faire n'était ni leur mandataire ni leur porte-fort.

2° De même, le jugement sera opposable, dans l'espèce précédente, aux débiteurs qui se seront libérés aux mains de l'héritier testamentaire qui a échoué dans sa demande. *Sed soluta repetuntur aut ab eo qui solvit, aut ab eo qui obtinuit*[1].

Voici trois autres dérogations à la même règle qui nous sont signalées par la loi 63, D. *De re judicatâ*. Cette loi ne les cite, du reste, qu'à titre d'exemple (*veluti*) :

3° Un créancier a une hypothèque sur un bien qui se trouve en la possession d'un tiers, et ce dernier se prétend propriétaire du bien qu'il détient : si le créancier, au lieu d'agir, comme c'est son droit, par l'action *quasi-servienne*, laisse son débiteur *de proprietate experiri*, la sentence lui sera applicable.

4° *Aut maritus socerum vel uxorem de proprietate rei acceptœ*. Si le mari, au lieu de défendre à la réclamation d'un tiers revendiquant un immeuble dotal de sa femme, laisse ce soin à celle-ci ou à son beau-père, il n'en sera pas moins forcé de supporter l'issue du jugement.

5° *Aut possessor venditorem de proprietate rei emptœ*. Même solution : l'acheteur peut ré-

---

[1] L. 8, § 16, D. *De inoff.*

pondre à la demande de la propriété de l'immeuble que lui fait un tiers, soit par lui-même, soit en appelant en garantie son vendeur.

Mais une condition est naturellement exigée pour que ces effets se produisent: c'est que les tiers, à l'encontre desquels ils ont lieu, aient connaissance du procès : *Scientibus sententia, quæ inter alios data est, obest (hac l.)*. Cette connaissance du litige est considérée comme une sorte de mandat tacite. La loi 29, *h. t.*, § 1er, semble même exiger que les tiers aient été expressément avertis : *Si non admonito creditore [debitor] causam egerit...* Mais il paraît logique d'admettre qu'il en sera de même lorsque les tiers auront évidemment connu le procès. (V. D. *De appellationib.*, l. 4, § 4, *De pignorib.* 5). Cette dernière loi sous-entend que le créancier n'a pas eu connaissance du procès, et décide que, dans ce cas, la solution ne pourra nuire au créancier, en cas de collusion de l'adversaire et du débiteur, et lorsque c'est par fraude ou sans débat que celui-ci a perdu son procès.

II

Nous venons de voir, tant dans ses applications que dans les exceptions qu'il présente, le principe que le jugement rendu contre l'auteur fait loi contre les ayants-cause. En sens inverse, le jugement rendu contre l'ayant-cause ne peut être jamais opposé à son auteur, « celui-ci, comme dit M. Dalloz, n'étant pas à son tour l'ayant-cause de celui-là, puisqu'il ne tire pas son droit de lui. » *Julianus scribit exceptionem rei judicatæ... retro ab emptore ad auctorem reverti non debere* (l. 9, § 2, *h. t.*). Le vendeur ne pourrait donc être écarté par une exception tirée d'une décision judiciaire qui serait intervenue entre son adversaire et son acquéreur.

Mais comment pourrait-il arriver que le vendeur revendiquât après la vente ? Le texte que nous venons de citer suppose la vente d'une *res mancipi* accomplie autrement que par la *mancipatio* ou la *cessio in jure*. Dans ce cas, le vendeur aurait revendiqué en vertu du *nudum jus quiritium* qu'il a conservé.

On s'est demandé si, par dérogation aux principes qui précèdent, le vendeur ne devait pas être réputé l'ayant-cause de son acheteur dans un cas : celui où, par la *lex commissoria*, la vente se trouvait résolue à une époque déterminée d'avance pour défaut de paiement du prix. On peut soutenir cette opinion en droit Romain où le pacte commissoire loin d'être, comme dans notre droit, une condition résolutoire générale et tacite, devait être expressément admis et stipulé. Cette solution toutefois doit, croyons-nous, être considérée comme fort douteuse.

§ II.

Des mandataires légaux ou conventionnels, extensions fondées sur le principe du mandat.

C'est dans cette partie de notre étude plus que dans toute autre que nous avons compris combien il était nécessaire, au point de vue de la clarté de notre exposition, de considérer séparément la même question au point de vue de chaque législation. Rien de plus différent, en effet, que la représentation en justice, le mandat *ad litem*, examinés en droit Romain, seule partie de la législation qui nous occupe en ce moment, et en droit Français.

Sans entrer dans de longs développements sur les origines de la représentation en droit Romain, disons qu'elle ne pouvait avoir lieu, au temps des actions de la loi, que dans deux cas : *pro populo* et *libertatis causâ*. Dans toutes les autres espèces, il était de principe que nul ne pouvait se faire représenter par autrui dans les actes juridiques. On agissait *pro populo* lorsque l'on intentait une *actio popularis*, c'est-à-dire une action ouverte à tout citoyen qui remplissait véritablement dans ce cas le rôle de ministère public, inconnu à Rome ; *libertatis causâ* lorsque l'on se rendait *assertor libertatis*, en intentant un procès à celui qui retenait en servitude l'individu qu'on soutenait être libre [1].

Au temps de Gaius (sous Caracalla, suivant les uns, sous Adrien, suivant les autres), on peut plaider par *cognitor* ou par *procurator*. Le *cognitor* est institué solennellement *(certis verbis)*, devant le magistrat *(in jure)* et en présence de la partie adverse. Il est réputé *dominus litis*, c'est-à-dire qu'il est substitué à la partie qu'il représente, non pas dans l'*intentio* mais dans la *condemnatio* de la formule, mais il n'a cette position que vis-à-vis de l'adversaire, car il conserve vis-à-vis de celui qui l'a institué les rapports d'un mandataire à un mandant.

Le *procurator* n'a pas besoin comme le *cognitor* d'être institué dans des conditions spéciales et gênantes; il peut être constitué même par un absent, il agit comme simple mandataire et en vertu d'un mandat non solennel. Mais comme d'après les principes rigoureux du droit civil, le mandataire ne s'identifiait pas avec le mandant, et s'obligeait par conséquent lui-même, l'*actio judicati* était donné à lui ou contre lui, comme pour le *cognitor*, mais il était obligé, à la

---

[1] Gaius, *Comm.* IV, § 82; D. *De reg. jur.* 1. 123; Justinien (*Inst.*, *lib.* IV, t. 10, *De iis per quos agere possumus*) ajoute un troisième cas de représentation *ad litem* sous les actions de la loi, c'est lorsqu'on agissait *pro tutelâ*, c'est-à-dire apparemment dans les cas où le pupille ne pouvant pas agir par lui-même avec l'autorisation du tuteur, celui-ci était autorisé à intenter l'action *tutorio nomine*.

différence de ce dernier, de donner la caution *rem ratam dominum habiturum* s'il représentait le demandeur, et la caution *judicatum solvi* s'il estait au nom du défendeur. Le tuteur et le curateur sont assimilés au *procurator*, et astreints comme lui à fournir la caution [1], et les pupilles ne sont pas liés par la sentence, sauf l'effet de l' *actio contraria tutelæ*.

Peu à peu, la sévérité des principes qui régissaient l'institution du mandat judiciaire s'effaça. On créa l'*actor municipum*, le *curator pupilli*, qui était donné au pupille en cas d'opposition d'intérêts entre le tuteur et lui [2]. Alexandre Sévère déclara que tout *procurator* constitué *apud acta* représenterait son mandant aussi complétement qu'un *cognitor*. Bientôt, on accepta toute espèce de mandat pourvu qu'il fût constant. Tout citoyen fut même autorisé à se présenter au nom du défendeur comme *defensor*, lorsque ce dernier était absent, et pour empêcher l'envoi en possession de ses biens. Dans ce cas, le *defensor* n'est pas simplement un *negotiorum gestor*, il représente la personne comme en vertu d'un man-

---

[1] Just. *Inst.* IV, 2, *pr.*

[2] Ulpien donne en ces termes l'énumération des personnes qui de son temps pouvaient agir judiciairement pour autrui : *Hoc jure utimur ut ex parte actoris in exceptione rei judicatæ hæ personæ continerentur quæ rem in judicium deducunt; inter has erunt procurator, cui mandatum est; tutor; curator furiosi vel pupilli; actor municipum; ex personâ autem rei etiam defensor numerabitur* (l. 11, § 7, *h. t.*)

dat, et l'absent sera obligé d'accepter la décision intervenue pour ou contre le *defensor* comme si elle avait été rendue pour ou contre lui. Ce que ce résultat présente de fâcheux pour le défaillant, qui n'avait peut-être pas confiance dans celui qui a plaidé en son nom, et qui, cependant, est obligé d'admettre le jugement quelle qu'en soit l'issue, ne doit pas nous étonner : il n'y avait rien, à Rome, d'analogue à notre procédure de l'opposition; si le défendeur ne se présentait pas au procès, ni personne pour lui, le demandeur *nemine contradicente* était envoyé en possession. Il était donc utile d'autoriser les tiers à se présenter au nom du défendeur absent, mais il étaitnécessaire que le jugement à intervenir fût valable même au regard de l'absent, sans quoi le demandeur aurait refusé de plaider avec le *defensor*.

Sous Justinien, rien de toutes ces subtilités n'existe plus. La procédure par contumace a été instituée, encore bien imparfaite, il est vrai : après deux ordonnances *(edicta)* du magistrat, qui ne peuvent être rendues à moins de dix jours d'intervalle, le demandeur obtient, à la suite d'un troisième délai de dix jours au moins, le *peremptorium edictum* qui condamne ou absout le défendeur comme s'il eût été présent [1].

En thèse générale, le mandat légal, sous Justinien, a de grands rapports avec le mandat tel

[1] V. ID., *De judiciis*, 1. 55 et 70-73.

qu'il existe sous notre législation. C'est la *procu-ratio* du système formulaire, dégagée des en-traves de la formule, et débarassée des cautions à fournir. Aussi, dans le Digeste, a-t-on inter-polé les passages des anciens jurisconsultes en remplaçant, à peu près partout, le mot *cognitores* par celui de *procuratores*.

§ III.

Des co-intéressés, ou des personnes représen-tées en vertu d'un quasi-contrat de gestion d'affaires.

En général, il ne suffit pas qu'il y ait même intérêt ou identité de moyens, pour qu'une déci-sion puisse être opposée à des personnes qui n'au-raient pas figuré dans l'instance. La loi 29, § 1er de notre titre en cite un exemple : *Judicatæ qui-dem rei præscriptio coheredi, qui non litigavit, obstare non potest.*

Mais, dans certains cas présentant une solida-rité d'intérêts plus complète et plus étroite, la règle contraire devra être suivie, du moins quand il s'agit de jugements qui tendent à rendre meil-leure la condition d'intéressés qui n'ont pas été parties au procès. Ce sont ces hypothèses qu'il nous reste à étudier.

La chose jugée avec l'un des *correi stipulandi* ou *promittendi* est-elle jugée à l'égard de tous les autres? Existe-t-il entre eux un mandat tacite de se représenter mutuellement dans un procès? Distinguons entre les diverses phases de la législation romaine. Si nous nous plaçons à l'époque où le principe de la consommation de l'action régnait encore, il n'y a pas de question : l'action, une fois intentée, était consommée dès qu'avait lieu la *litis contestatio*, et ceci, à l'égard de tous les co-créanciers ou de tous les co-débiteurs. Le seul fait d'une poursuite judiciaire anéantissait la corréalité, même avant que la décision ne fût obtenue. Il en était ainsi, soit que l'obligation fût multiple du côté des créanciers ou du côté des débiteurs. Ce principe, dernier souvenir de la procédure de la consommation de l'action, s'est longtemps maintenu, et même à l'époque qui précède immédiatement Justinien, c'était soit *ipso jure*, dans la novation qui provenait de la *litis contestatio*, soit *exceptionis ope* dans l'*exceptio rei judicatæ* ou l'*exceptio rei in judicium deductæ*, que les co-débiteurs solidaires trouvaient une garantie contre la reproduction de l'action déjà exercée.

Mais, sous Justinien, sous le principe de l'identité de question et alors que la raison de décider n'était plus la même, puisqu'il ne suffisait plus de l'exercice de l'action pour l'éteindre, le procès intenté ou soutenu par l'un des *correi* était-il censé être intenté ou soutenu par les autres co-créanciers ou co-débiteurs solidaires?

On a prétendu que le principe de la consommation de l'action avait été exceptionnellement maintenu par rapport aux *correi stipulandi*, et l'on a appuyé cette assertion sur un célèbre rescrit de Justinien, qui forme la loi 28 au code *De fidejussor.*, et qui, abrogeant formellement l'ancien principe, ne fait allusion qu'aux *correi promittendi*.

Il nous semble, au contraire, que l'abrogation de l'ancien principe doit être générale et s'appliquer aux deux ordres de corréalité. Les *correi stipulandi* ou *promittendi* sont, en effet, à un égal degré, les mandataires tacites les uns des autres, et ils ont virtuellement la mission de se représenter mutuellement, du moins dans les jugements dont l'issue leur est favorable. Les raisons que donne le rescrit de Justinien pourraient du reste s'appliquer aussi bien aux *correi stipulandi* qu'aux *correi promittendi* : *Si enim pactis conventis hoc fieri conceditur, et in usu quotidiano semper hoc versari aspicimus, quare non ipsâ legis auctoritate hoc permittatur?* Enfin, un texte de Pomponius, qui s'applique à la relation que nous allons étudier tout à l'heure entre le débiteur principal et le fidéjusseur, doit s'appliquer *a fortiori* aux *correi* de quelque nature qu'ils soient : *res judicata secundum alterutrum eorum utrique proficit*[1].

---

[1] L. 42, § 3. D. *de j.* — *Sic.* M. de Savigny, 1. 1er, p. 222 et suiv.; — *contra*, M. Demangeat. *Obl. sol.*, p. 83.

— Ajoutons que nous avons d'autant moins le droit de demander une exacte précision aux textes qui se rapportent à notre question, que certains d'entre eux paraissent avoir subi des interpolations [1].

Ce que nous venons de dire concerne-t-il également les simples débiteurs solidaires, *in solidum*? Non, évidemment : l'origine du principe est pour les *correi* l'unité d'obligation ; or, il pouvait, dans l'ancien droit, ne pas y avoir unité d'obligation entre les co-débiteurs tenus *in solidum*. La *litis contestatio* faite avec l'un de ces débiteurs laissait alors l'obligation des autres subsister. Il en était de même d'une sentence d'absolution.

Par suite, la présomption de mandat n'était pas appliquée aux *mandatores pecuniæ credendæ* : *Plures ejusdem pecuniæ credendæ mandatores, si unus judicio eligatur, absolutione quoque secutâ non liberantur* [2].

Que le fidéjusseur soit représenté légalement par le débiteur, et le représente, ceci est formellement établi, non-seulement par le texte de Pomponius que nous avons cité plus haut, mais encore par plusieurs autres textes non moins convaincants [3] ; mais ceci ne doit se produire

[1] L. 8, § 1er, D. *de leg.* 1o; 2 C. *de fed. tut.*, d'après l'opinion de M. de Savigny.

[2] D., au t. *De fidejussor.*

[3] L. 52, § 3, D. *De fid.*—Voir aussi loi 42, D. *De jur.*

que dans l'espèce d'un jugement favorable aux intérêts du représenté. Il ne peut, selon nous, exister aucun mandat entre deux personnes, dont le résultat serait de rendre pire la condition du mandant. Nous savons que cette dernière proposition a donné lieu à de graves discussions ; mais comme c'est principalement entre les interprètes modernes qu'elles se sont élevées, nous croyons plus logique d'en traiter dans la partie de notre travail se rapportant au droit français.

Il est bien entendu que la représentation n'existe entre le fidéjusseur et le débiteur principal que lorsqu'il s'agit d'une exception commune à l'un et à l'autre. Nous voyons néanmoins la loi romaine pousser dans certains cas le principe de la représentation en matière de fidéjussion jusqu'à des conséquences qui nous paraissent inadmissibles. Ainsi, d'après la loi 58, § 1er, D. *De fidejussor.*, quand le débiteur perpétue l'obligation principale par son fait, celle du fidéjusseur la suit : *cùm facto suo reus principalis obligationem perpetuat, etiam fidejussoris durat obligatio.* La loi 91, § 4, *De verb. obl.*, adopte la même doctrine, après avoir toutefois déclaré qu'elle faisait doute. Voici les termes remarquables de cette loi : *Principalis debitor perpetuat obligationem : accessiones an perpetuent, dubium est. Pomponio perpetuari placet : quare enim facto suo fidejussor obligationem tollat ? Cujus sententia vera est : itaque, perpetuatur*

obligatio tam ipsorum quam successorum eo-
rum ; accessionibus quoque suis, id est fidejus-
soribus, perpetuant obligationem, QUIA IN TO-
TAM CAUSAM SPOPONDERUNT. Il semblerait résulter
de ce texte que le fidéjusseur, quand il a cau-
tionné, en termes généraux, la dette du débiteur,
s'est également porté caution du fait ou de la
faute de celui-ci, par lesquels il aurait plus tard
augmenté la dette. Ce résultat n'est-il pas
absolument inadmissible? Le fidéjusseur ne peut
s'obliger qu'en connaissance de cause, et il faut
qu'il sache, d'une façon déterminée, à quoi il
s'oblige. C'est, du reste, il nous semble, la théorie consacrée par la loi 54 *pr.* D. *Locati: Tamen*
quum fidejussor in omnem causam se applicuit,
æquum videtur ipsum quoque agnoscere onus
usurarum [1].

[1] V. cependant l. 4, § 4, D. *Si serv.*

CHAPITRE VII.

APPLICATION DES PRINCIPES DE L'AUTORITÉ DE LA CHOSE JUGÉE AUX QUESTIONS D'ÉTAT.

Nous croyons devoir consacrer un très-court chapitre supplémentaire aux jugements rendus en matière de questions d'état ; ces décisions ont en effet une portée bien autrement considérable que celles qui prononcent sur l'existence de qualités purement accidentelles. En outre, cet ordre de questions a cela de particulier que, dans notre droit moderne, les rédacteurs du Code ont complètement abandonné la théorie Romaine que nous allons exposer.

Cette dernière doctrine apporte, au moins dans l'opinion générale, une dérogation considérable aux règles du droit Romain : en thèse générale, en effet, les effets du jugement sont purement relatifs, ne se produisent qu'*inter partes* ; en matière de questions d'état, au contraire, d'après cette théorie, la décision consacre le droit objet du débat, non-seulement au point de vue des parties, mais même à l'égard des tiers ; elle constitue le *jus erga omnes*.

Dans ces questions, le droit des personnes auxquelles l'objet du jugement sera étendu, est subordonné à l'existence du droit d'une des parties en cause, qui a virtuellement, et quoique sans

mandat, le pouvoir de les représenter dans l'instance. L'importance de son intérêt était la garantie des tiers, et de plus, comme nous allons le
voir, s'il y avait eu fraude ou si la sentence avait
été rendue par défaut, on rentrait dans le droit
commun, et ils pouvaient contredire la première
décision. Telle est la théorie du *justus contradictor*, du contradicteur légitime, admise par toute
notre ancienne jurisprudence, et adoptée même
par quelques auteurs qui ont écrit depuis la promulgation du Code. En droit Romain, les actions
dans lesquelles il y avait lieu d'appliquer cette
théorie étaient comprises sous le nom générique
de *præjudicia*, parce qu'elles présentaient cette
particularité, sous la procédure formulaire, de ne
renfermer qu'une *intentio*, dont la solution pré-
jugeait celle des litiges futurs et soulevant la
même question de droit.

Il faut plusieurs conditions pour que se produise cette dérogation excessive aux principes
généraux.

Le jugement doit être contradictoire : il ne peut
être question de légitime contradiction quand
personne ne se présente pour contredire, en cas
de *penuria adversarii* (D. 1. 27, *De liber. causâ*).

Le jugement doit ne pas être le résultat d'une
collusion entre les parties : la légitimité du contradicteur disparaîtrait devant le vice de la décision.

Enfin, le jugement doit être rendu en présence

du *contradicteur légitime* de la personne de l'état
de laquelle il s'agit. Mais ici se présente une question capitale: Quels sont ces représentants imposés par la loi à tous les intéressés?

Nous avons au Digeste des textes qui répondent à cette question pour trois cas particuliers:

1° S'il y a contestation sur la légitimité d'un enfant et sur la puissance paternelle qui en doit dériver, le père est contradicteur légitime à la légitimité des enfants de sa femme, et le résultat du jugement sera opposable, non seulement au père qui a soutenu le procès, non seulement à l'enfant dont l'état était en cause, mais aussi aux autres membres de la famille. C'est ce qu'établissent les textes suivants: D., *De agnosc. et alend. lib.* 1. 1. § *ult: Quare fratribus suis consanguineus erit;* 1. 3 pr. : *Placet enim ejus rei jndicem jus facere.* Si le père est mort avant l'accouchement, la qualité de contradicteur légitime passe à l'aïeul paternel: c'est lui qui soutiendra le *præjudicium de partu agnoscendo* (ibid. § 2).

2° Quand un procès sur l'état d'un affranchi a été soutenu par le patron véritable, celui-ci était considéré comme *justus contradictor*, et le jugement qui déclarait l'affranchi *ingenuus* ou *libertinus* avait un effet général, une autorité absolue même vis-à-vis des tiers. *Ingenuum accipere debemus etiam eum de quo sententia*

lata est, quia res judicata pro veritate acci-
pitur [1].

3° Dans le cas de la *querela inofficiosi testa-*
menti, la décision est alors réputée commune à
tous les intéressés et non pas seulement aux
affranchis et aux légataires. Ainsi, comme nous
l'avons vu au chapitre précédent, le jugement
qui prononce la nullité d'un testament sera
opposable aux débiteurs qui ont payé entre les
mains de l'héritier institué. Cette troisième
espèce ne rentre, du reste, qu'indirectement
dans l'application de la chose jugée aux questions d'état.

Voici les seuls cas prévus par les jurisconsultes. Nous ne pouvons, en l'absence de textes
positifs étendre la théorie qui nous occupe à
d'autres espèces. Toullier (n° 218, t. X) a donné
à cette théorie une extension et une généralité
que rien ne justifie, et qui ne repose que sur une
explication hasardée de certains textes. Comment présenter la désignation des contradicteurs
légitimes dans les diverses hypothèses, alors
qu'aucune loi ne peut être prise sûrement pour
guide, et que, par conséquent, cette désignation
ne constitue qu'une énumération qui devra varier
avec l'opinion de chaque auteur? Et cependant
l'opinion soutenue par Toullier était unanime-
ment reçue dans l'ancien droit.

---

[1] L. 25 D. *De Statu hom.* — V. aussi l. 4 *De col. det.*, l. 27,
§ 1 *De lib. caus.*, l. 14 *De jure patr.*

Nous n'insisterons pas davantage en ce moment sur la question qui nous occupe. Il nous suffisait d'en indiquer les points principaux, et de désigner les espèces dans lesquelles les jurisconsultes ont admis formellement la théorie du *justus contradictor;* quand la question se présentera à nous en droit Français, nous aurons à en faire une étude plus complète et plus spéciale au point de vue de notre législation, et à examiner si cette théorie doit être appliquée de nos jours, et dans quelles hypothèses.

CHAPITRE VIII.

Ces effets sont multiples, et il en est d'eux comme de toutes les conséquences que produit simultanément un fait juridique, il est difficile de les analyser séparément d'une façon satisfaisante. Nous essaierons cependant de faire cette analyse, parce qu'elle est le complément indispensable de la partie de cette étude que nous achevons, et parce que, après avoir montré les conditions de l'existence de la chose jugée, il est nécessaire et logique d'établir les conséquences et les effets du principe.

I.

Quand il s'agit d'une action personnelle, l'autorité de la chose jugée modifie la nature de l'obligation civile sur laquelle s'appuie cette action; quand l'action est réelle, le même effet se produit par rapport au droit réel qui en est le fondement. Cet effet a lieu, soit que le jugement soit juste, soit qu'il porte des traces évidentes de l'erreur du juge. Dans ce dernier cas, le jugement n'en avait pas moins son autorité, mais l'erreur de calcul était corrigée, sans qu'il y eût besoin de recourir à l'appel. Les jurisconsultes avaient pensé avec raison que des erreurs supposées dans l'appréciation, tout en devant être corrigées si elles portaient la trace d'une aberration évidente, ne pouvaient, d'après la nature même du compromis judiciaire, donner ouverture à des appels sans cesse répétés : comme le dit un rescrit d'Antonin, *res judicatæ si sub prætextu computationis instaurentur, nullus erit litium finis* [1].

De même, ainsi que nous l'avons remarqué au commencement du chapitre V, p. 92, la découverte de preuves nouvelles, *nova instrumenta*, ne pouvait avoir la puissance de détruire l'autorité du jugement rendu.

Il n'y avait que certains cas particuliers dans lequels cette autorité ne produisait pas ses effets et était refusée au jugement. L'énumération de ces espèces est faite au Digeste, titre : *Quæ sententiæ sine appellatione rescindantur :*

1° *Quum contra sacras constitutiones judicatur* [2] ; la loi 19 *de appellation.* ajoute *contra leges vel senatusconsultum.* De pareilles décisions étaient nulles de plein droit.

2° *Quum ex edicto peremptorio* [3] *quod neque propositum est, neque in notitiam pervenit absentis condemnatio fit* [4].

[1] C. l. 2, *De re jud.*
[2] L. 1 § 2.
[3] V. plus haut, chap. VI, p. 132.
[4] L. I. § 3.

3° *Eum, qui in rebus humanis non fuit* [1] *sententiæ dictæ tempore inefficaciter condemnatum videri* [2].

4° *Impossibile præceptum judicis nullius esse momenti* [3].

Ces cas où la décision ne pouvait avoir l'autorité ni produire les effets de la chose jugée ne sont évidemment cités qu'à titre d'exemples ; nous pouvons y ajouter l'hypothèse d'une sentence vénale obtenue du juge par corruption : *Venales sententias..., etiàm citrà interpositæ provocationis auxilium... infirmas esse decretum est* [4] ; et certaines espèces particulières prévues par le titre du Code : *Quandò provocare non est necesse.*

Enfin, l'hypothèse *quum judex litem suam fecerit* [5] détruisait aussi les effets de l'autorité de la chose jugée, avec cette différence que ce n'était pas de plein droit, mais en vertu de l'action *in factum* que la partie lésée obtenait contre le juge. Ce procès combattait du reste les effets de la chose jugée sans en combattre le principe, puisque la chose jugée n'a d'autorité qu'entre les mêmes parties, et que le juge, défendeur dans le nouveau procès, n'était pas partie dans le premier.

[1] V. D. l. 74. § 2 *de jud.*
[2] L. 2 *pr.*
[3] L. 3 *pr.*
[4] L. 7 C. *Quandò prov.*
[5] L. 15 D. *De jud.*

II.

L'autorité de la chose jugée crée une présomption *juris et de jure*, une présomption contre laquelle la preuve contraire ne peut être faite, à l'appui de laquelle la preuve est inutile. Cette présomption invincible doit toujours être renfermée dans de justes limites, en ce sens que le jugement, ainsi que nous l'avons déjà fait remarquer, fait preuve, à l'égard des parties, de tout son contenu, et à l'égard des tiers, seulement de son existence.

Donc, si le débiteur absent a payé malgré l'issue favorable du jugement, il n'y a pas *solutio indebiti*, paiement de l'indû, il y a un fait qui prouve que le débiteur, reconnaissant que c'est à tort que l'absolution a été prononcée, et abdiquant le bénéfice de cette décision inique, a renoncé à la présomption que le contenu du jugement avait établie en sa faveur. Et il était bien libre de renoncer à cette présomption, puisque c'était seulement dans son intérêt qu'elle avait été admise. *Judex si male absolvit, et absolutus sua sponte solverit, repetere non potest* [1].

Quelque clair que soit ce texte, son interprétation a soulevé une controverse. Les mots *suâ sponte* doivent-ils être entendus dans le sens d'un paiement spontané, effectué par le défen-

---

[1] L. 28 D. *De cond. ind.*

deur absous à tort, ou signifient-ils que le débiteur a payé en ignorant l'absolution qu'il aurait pu opposer ? Faut-il, pour que le paiement ne puisse être répété, qu'il ait été fait par erreur, ou qu'il soit au contraire le résultat d'un aveu implicite de la dette ?

La première opinion a été soutenue en particulier par M. de Savigny ; la seconde, qui nous paraît préférable, a été défendue en Allemagne par M. de Wangerow, et en France par M. Machelard [1]. N'est-ce pas forcer le sens des mots *suâ sponte* que de les expliquer par cette périphrase : « par erreur, mais sans y être obligé par une condamnation » ? Et de plus, qu'est-il besoin de supposer une erreur ? Le juge, il est vrai, n'a pas absous le débiteur conformément aux préceptes stricts de la loi positive, mais le débiteur a payé malgré l'iniquité de l'absolution parce qu'il a reconnu l'existence d'une dette naturelle. Cela ne peut donner ouverture à la *condictio indebiti*, parce qu'il n'est pas question d'une libéralité, mais du paiement d'une dette, paiement volontaire, il est vrai, mais qui n'en est pas moins valable, reconnu et protégé avec raison par la loi comme l'acquit d'un *debitum naturale*. Si au contraire il ne résulte pas du paiement la reconnaissance implicite de la dette, si c'est par erreur et sans connaître le moyen de

---

[1] *Des obligations naturelles*, p. 441 et suiv.

défense qu'il pensait tirer du jugement que le débiteur a payé, il pourra répéter : *Quare hoc quoque repeti poterit, nisi sciens se tutum exceptione solvit* [1].

III.

C'est en effet une exception perpétuelle que le débiteur absous trouve dans la chose jugée. Avant le jugement, le débiteur poursuivi avait à prouver que la dette qui lui était réclamée n'existait pas, était fausse ou était due par un autre que par lui : il n'a après le jugement qu'un point à établir, son absolution, fût-elle injuste, même à ses yeux.

De plus, il peut, comme nous venons de le dire, fonder sur le jugement d'absolution la *conditio indebiti*, pourvu que le paiement anticipé qu'il a effectué ne puisse pas être considéré comme la reconnaissance d'une dette naturelle.

IV.

Enfin, l'un des effets les plus remarquables de la chose jugée, c'est de laisser subsister l'obligation naturelle. Toutefois, il ne faut pas étendre outre mesure cette remarque: l'obligation naturelle ne peut être invoquée que si le débiteur lui a rendu ses effets en reconnaissant la dette, ou si

---

[1] L. 26 § 3 *de cond. indeb.*

le jugement ne l'a pas niée en prononçant l'inexistence de l'obligation civile. Hors de ces cas, l'autorité de la chose jugée s'oppose, selon nous, à l'affirmation de toute obligation naturelle.

Si, dans une action personnelle, le défendeur a triomphé de la prétention du demandeur, celui-ci peut-il offrir de prouver que cette décision est le résultat d'une erreur du juge, et que, par suite de cette erreur, il existe encore en sa faveur, non pas bien entendu une obligation civile, puisque les effets de celle-ci seraient paralysés par la chose jugée, mais une obligation naturelle? Quand le débiteur a reconnu lui-même le mal-jugé, son adhésion proclame l'existence de l'obligation naturelle; mais, à défaut de cette reconnaissance, et contre le gré du débiteur, est-il possible de donner une sanction à cette obligation naturelle? Si, par exemple, un paiement a été fait par erreur, le créancier pourra-t-il conserver par devers lui la somme payée, à charge de prouver qu'il subsiste une obligation naturelle, dont ce paiement n'est que l'acquit?

Cette question célèbre a de tout temps divisé la doctrine, depuis les glossateurs jusqu'aux auteurs modernes. L'affirmative a été anciennement soutenue par Cujas, et de nos jours par M. de Savigny. La négative, qui avait été professée par Doneau, a eu pour partisans, parmi les auteurs modernes, M. de Wangerow en Allemagne, et M. Machelard en France. Ce dernier auteur a, dans une longue et remarquable exposition, reproduit et discuté les arguments des deux opinions adverses, et nous ne ferons que résumer aussi brièvement que possible les principales raisons par lesquelles il a combattu l'opinion de M. de Savigny.

Le texte principal invoqué dans le débat est la loi 60 D. *De condict. indeb.* :

« *Julianus verum debitorem post litem contestatam, manente adhùc judicio, negabat solventem repetere posse, quia nec absolutus nec condemnatus repetere posset. Licet enìm absolutus sit, naturâ tamen debitor permanet ; simileque esse ei dicit, qui ità promisit, sive navis ex Asiâ venerit, sive non venerit, quia ex unâ causâ alterius origo proficiscitur.* »

Cette loi suppose qu'un débiteur, après avoir payé *post litem contestatam*, veut ensuite répéter. Il ne pourra le faire ni en cas de condamnation ni en cas d'absolution, parce que, même dans ce dernier cas, il doit une dette *naturelle*.

Ce texte semble au premier abord venir à l'appui de l'opinion de M. de Savigny, car il conclut au refus de la *condictio indebiti*, fondé sur le motif de la persistance d'une obligation naturelle après l'absolution. Or, on ne peut admettre que le débiteur ait payé en connaissance de cause et pour mettre fin au procès, puisque ce paiement eût été une transaction qui ne se serait pas appuyée sur une obligation naturelle. Donc, il faut conclure que le débiteur, ignorant ou ayant oublié le procès engagé entre lui et son créancier, ne se proposait que d'éteindre une dette qu'il ne cherchait plus à discuter.

Jusque-là, M. Machelard et M. de Savigny sont de la même opinion, mais ils se séparent complètement quant aux conséquences. Si le débiteur n'a pas la *condictio indebiti*, c'est, selon M. de Savigny, parce que le créancier sera admis, malgré l'absolution, à prouver que l'obligation naturelle existe encore.

« Mais, répond M. Machelard, si cette doctrine était celle du droit Romain, si, à l'occasion de l'exercice de la *condictio indebiti*, le défendeur qui a échoué pouvait remettre en question tout ce qui a été jugé contre lui, il n'y aurait pas de bonne raison pour ne pas accorder la même faveur à celui qui serait poursuivi à son tour par celui-là même qui, comme défendeur, a échappé précédemment à une action dirigée contre lui... S'il est permis, en se défendant, de critiquer la chose jugée, il y a inconséquence à ne pas donner le même droit à deux individus qui l'un et l'autre repoussent une attaque qu'ils disent injuste, en offrant de le prouver... Cependant M. de Savigny autorise la rétention de ce qui a été payé, et refuse la faculté de compenser. » Cette contradiction montre que l'illustre auteur recule lui-même devant les conséquences extrêmes de son système.

Le respect dû à cette présomption de vérité attachée aux décisions judiciaires devrait seule empêcher que l'on admît l'existence possible de cette obligation naturelle, qui ne pourrait produire ses effets qu'en opposition avec notre principe. Le vaincu ne peut plus engager la lutte : *post rem judicatam... nihil quæritur* [1]. Si l'existence de l'obligation a été formellement niée par le juge, on ne peut attribuer d'office une force quelconque à cette obligation.

Comment donc expliquer la décision de Julien sans violer l'autorité de la chose jugée ? Il faut la restreindre aux cas où l'on peut dire d'un débiteur qu'il est *verus debitor*, bien qu'il ait été déclaré absous de l'action intentée contre lui. Quel est donc celui qui peut être absous et demeurer néanmoins *verus debitor*? Ces deux conditions ne sont-elles pas incompatibles ?

Non, et il existait des cas où l'absolution n'empêchait pas l'existence d'une obligation naturelle, parce que cette absolution ne provenait pas de la négation du droit invoqué. Si, par exemple, un fils de famille, qui a emprunté et auquel son créancier réclame le montant du prêt, n'est absous que par application du sénatus-consulte Macédonien, il n'en reste pas moins débi-

---

[1] D. l. 56. *De re jud.*

teur, et en cas de paiement postérieur, il ne pourra pas répéter. Qu'il meure pendant l'instance, et que son héritier, ignorant l'existence de l'action pendante, acquitte la dette, ce dernier sera un *verus debitor* qui aura payé *manente judicio*.

M. Machelard cite encore, entre autres espèces, le cas où un affranchi, poursuivi à raison d'une promesse qu'il aurait faite, serait absous pour cette seule cause, que la promesse aurait été reconnue faite *in servitute*, à un moment par conséquent où elle ne pouvait donner lieu à une action, par suite de l'absence d'existence légale de son auteur. La dette naturelle n'en subsiste pas moins, évidemment.

Ainsi, cette explication très-simple de la loi 60 *de cond. ind.*, nous fait rentrer dans les principes que nous avons exposés dans le § 2 de ce chapitre. L'autorité de la chose jugée ne modifie pas l'obligation naturelle ; mais si la preuve de cette obligation ne peut avoir lieu que contrairement à la présomption de cette autorité, cette preuve sera vaine et impossible. Nous revenons également ment ainsi à la doctrine que nous avons tirée plus haut de l'explication de la loi 28 *de re jud.*

V.

Terminons ce rapide exposé des effets de

l'autorité de la chose jugée par deux courtes observations.

L'exception de la chose jugée sera le plus souvent invoquée par le demandeur qui aura obtenu gain de cause ou par le défendeur absous dans le premier procès. Elle peut être opposée également par le défendeur condamné, pour empêcher l'adversaire d'augmenter à son profit les conséquences du jugement.

Un créancier peut-il, après avoir triomphé dans une première demande, intenter une seconde action, dont l'objet serait plus considérable que celui de l'ancienne? Nous savons déjà qu'il en était empêché sous le système de la consommation de la procédure ; et déjà aussi nous avons conclu que sous le système de l'identité de question il pouvait réclamer le surplus de ce qu'il avait demandé dans la première instance. Mais il n'en est pas de même des intérêts et dépens : *Si finitum est judicium sententiâ, quamvis minoris conditio facta est, non adjectis usuris... finita retractanda non sunt* [1]. Cette disposition sévère devait avoir pour but de couper court à de trop nombreux procès. Peut-être aussi les intérêts étaient-ils dans certains cas ajoutés au capital *ex officio judicis.*

[1] L. 13. C. *De usur.*

Nous sommes parvenu à la fin de l'étude de l'autorité de la chose jugée en droit Romain. Cette étude, au milieu de détails souvent arides, porte en elle-même son intérêt, à cause des principes importants sur lesquels elle s'appuie, de la sagesse et de la logique remarquables des décisions qui nous ont servi de guide. Nous avons considéré cette marche lente, mais sûre et non interrompue, vers un état de choses de plus en plus parfait, qui est le caractère distinctif de ce ce sujet, à travers les trois procédures successives des actions de la loi, des formules et des *extraordinaria judicia,* et à travers les deux principes de la consommation de l'action et de la fiction de vérité : cette étude de la chose jugée à Rome était nécessaire pour nous préparer à considérer le même sujet dans notre législation, qui a tiré du Digeste les principes généraux de cette matière. En fait de science et d'idées, Rome n'a pas été seulement, suivant l'expression d'un illustre écrivain [1] « l'héritière de tout, » elle a transmis à son tour en héritage aux autres peuples ces idées et cette science, complétées ou augmentées par les grands génies qu'elle a produits.

[1] Le P. Lacordaire, *Vie de Ste Madeleine,* chap. 1er.

DROIT FRANÇAIS

CHAPITRE Ier.

A QUELS ACTES JURIDIQUES APPARTIENT L'AUTORITÉ DE LA CHOSE JUGÉE. — I. PRÉLIMINAIRES, DIVISION DU SUJET, GÉNÉRALITÉS.

§ I.

I.

La théorie de la chose jugée, telle que nous l'avons trouvée existant dans le dernier état de la législation Romaine, avait naturellement été importée dans les Gaules. Lorsque les barbares pénétrèrent dans cette partie de l'empire Romain, ils imposèrent avec eux leurs lois, leurs coutumes, leurs idées, et l'atteinte qu'ils portèrent à l'influence de Rome fut aussi grave sous le rapport des institutions juridiques qu'au regard de la conquête et de la domination matérielle.

A cette législation si parfaite, et dont l'unité faisait encore ressortir la perfection, succédèrent des lois aussi nombreuses que les peuples envahisseurs. Et, comme dans ce vaste camp chaque homme continuait d'être régi par la loi de son origine, il se fit une transformation remarquable.

dans la nature de la loi Romaine : de loi *territo-riale* qu'elle avait été jusqu'à l'invasion, elle devint loi *personnelle*, au même titre que les lois Wisigothe, Bourguignonne, Germaine, Gombette, etc.

Il est facile de comprendre que dans cette concurrence de législations éminemment disparates, l'autorité de la chose jugée n'exista presque qu'à l'état théorique. Les droits privés n'avaient qu'une garantie très-précaire, et il en résulta que dans la presque impossibilité d'obtenir une justice régulière, ceux qui se prétendaient lésés devaient fréquemment se faire justice à eux-mêmes.

Mais, quand la conquête prit de la fixité, s'affermit, quand un établissement permanent effaça peu à peu la trace des diverses nationalités qui se rencontraient sur le même sol, les formes de la justice s'unifièrent et prirent des bases définies. Sous Charlemagne, l'autorité de la chose jugée paraît empruntée à la procédure Romaine, et l'on peut citer à l'appui de cette assertion plusieurs passages des Capitulaires. Clotaire confirme même la règle du droit Romain qui se rapporte au juge *qui litem suam fecerit*, et il le livre pour ce fait, en l'absence du roi, au châtiment des évêques.

Cet édifice judiciaire ne put toutefois résister à la féodalité telle qu'elle s'éleva sous les rois de la seconde race. Jusqu'au règne de saint Louis, plus

d'institutions judiciaires, plus de juges même :
« Entre toi, seigneur, et toi, villain, n'y a autre
juge, fors Dieu [1]. » Le duel judiciaire vint rem-
remplacer les tribunaux, la lutte par les armes
succéda à la lutte par la parole. Les prétentions
qui, dans une société mieux ordonnée, auraient
été du ressort des tribunaux, devenaient la source
de combats judiciaires. « Il faut donc reconnaître
que, dans cette société à peine constituée, tout
était régi par la force, et que c'est poursuivre
une illusion que d'y chercher des principes de
droit [2]. »

Ce serait sortir de notre sujet que de nous
étendre plus longtemps sur ces coutumes sau-
vages, qui substituant la force au droit, faisaient de la justice même la plus atroce des in-
justices. On a voulu, qui le croirait, les justifier
au XVIIe siècle ; on a dit que les luttes judiciaires
étaient bien conformes aux habitudes d'une nation guerrière, qu'elles avaient à tout le moins
l'avantage de terminer promptement les procès.
Manière de finir les procès bien avantageuse,
en effet, car il n'y avait pas à craindre que celui
qui succombait vînt prouver qu'il n'était pas coupable ; et digne, non pas d'une nation guerrière,
mais d'une peuplade sauvage ! — La justice n'é-

---

[1] Formule de Pierre Desfontaines, le plus ancien jurisconsulte
français, maître des requêtes sous Saint Louis, dans son ouvrage
intitulé *Conseils à un gentixhons pour le former à rendre
justice*, chap. II, art. 8. (Dalloz V[is] *Appel civil*, n° 38).

[2] Cte Beugnot, cité par Dalloz V[is] *Appel civil*, n° 39.

tait que l'expression du bon plaisir des seigneurs ; le peuple le croyait ainsi, et il ne se trompait pas ; les seigneurs eux-mêmes le croyaient, et c'est ce qui amena l'émancipation des communes sous Louis VI.

Mais, c'est surtout saint Louis qui, renouvelant une tentative assez infructueuse de Philippe-Auguste [1], eut le mérite de faire disparaître de nos institutions l'absurde coutume des duels judiciaires. En même temps, les glossateurs, déjà célèbres en Italie, commencèrent à pénétrer dans la France méridionale. A partir de cette époque jusqu'à Henri II, sous lequel s'achève cette transformation, l'histoire de la législation n'offre rien d'utile à recueillir pour le sujet qui nous occupe en ce moment. Le droit ecclésiastique a naturellement adopté la tradition latine, la complétant, sans en contredire les idées générales, par l'Écriture, les Pères et la tradition, quand il s'agissait de matières spirituelles. Les Légistes, de leur côté, commentent les principes du droit Romain, invoquant plutôt la glose que le texte lui-même, comme dans toutes les époques de décadence, où une compilation commode est préférée aux œuvres du génie.

Continué au XIVe siècle par Bartole, ce long travail d'inchoation se complète au XVIe siècle grâce à Cujas, à Doneau, et à cette foule d'éru-

---

[1] Il faut aussi citer une charte rendue, dans le même but, par Louis-le-Gros, en 1145.

dits qui les entourent. Pothier condense au xviiᵉ siècle ces matériaux épars, et il le fait avec tant de clarté et de méthode que dans maint endroit du code, et en particulier dans les articles 1350 et 1351 qui forment le siége de la matière qui nous occupe, les législateurs de 1804 ont reproduit les termes mêmes du grand jurisconsulte [1].

L'autorité de la chose jugée en droit Français dérive donc très-directement des principes du droit Romain sur cette matière. Si sur certains points particuliers ils ont été modifiés par des variations assez nombreuses de doctrine et de ju-

[1] Dans son traité des obligations, Pothier consacre un chapitre entier à cette question.— Mais il apporte à la généralité de notre règle, dans son *Traité du contrat de mariage*, nᵒ 461, une exception trop curieuse pour ne pas être consignée ici, d'autant plus qu'elle existait dans plusieurs coutumes, entre autres dans la coutume de Beauvaisis :

« Lors qu'un jugement a passé en force de chose jugée, dit Pothier, on ne peut plus le rétracter par des preuves survenues depuis le jugement, qu'on offrirait de faire, de l'erreur dans laquelle le juge est tombé, comme nous l'avons vu en notre *Traité des obligations*. Au contraire, les jugements en cette matière ont cela de particulier que, si un mariage a été déclaré nul pour un empêchement dirimant qui a paru alors au juge suffisamment justifié, ce jugement peut être rétracté par de nouvelles preuves survenues depuis, qui établiront que l'empêchement ne subsistait pas, et les parties doivent, nonobstant ce jugement, être condamnées à retourner ensemble. »

Le mariage était, en effet, un sacrement, même aux yeux de la loi civile : or, un sacrement ne pouvait voir ses effets effacés par suite d'une erreur de juge. V. dans Beaumanoir, *Coutume de Beauvaisis*, ch. XVIII, § 18, une application remarquable de cette exception. Cf., dans le *Corpus juris canonici*, lettre d'Alexandre III, Décrétale de Grégoire IX, l. 11, tit. XXVII, *de sentent. et re judic.*, cap. VII.

risprudence, nous aurons à étudier en son lieu chacun de ces changements, à mesure que nous pénétrerons plus avant dans notre sujet, en suivant l'ordre que nous allons indiquer.

II.

En droit Français comme en droit Romain, l'étude de notre sujet se réfère à trois idées principales : 1° A quels actes juridiques appartient l'autorité de la chose jugée ? 2° Quelles sont les conditions nécessaires à l'existence de cette autorité ? 3° Quels sont les effets de l'autorité de la chose jugée ?

Nos trois premiers chapitres seront consacrés à l'examen de la première de ces idées. Nous avons déjà indiqué le sommaire du premier chapitre. Le chapitre II examinera quelles dispositions ou parties du jugement sont revêtues de cette autorité, et le chapitre III, à partir de quel moment ils en sont investis.

Les chapitres IV, V et VI se rapporteront à l'étude des conditions nécessaires à l'existence de la chose jugée, traitant séparément : le chapitre IV, de l'identité de l'objet, le chapitre V, de l'identité de cause, et le chapitre VI, de l'identité de personnes. Nous ferons, dans le chapitre VII, l'application de cette dernière condition aux questions d'état.

Enfin, dans nos deux derniers chapitres, nous

étudierons les effets de la chose jugée. Le chapitre VIII traitera des effets et de l'autorité en France des jugements rendus en pays étranger ; le chapitre IX résumera les effets de la chose jugée en général.

§ II.

Pour qu'il y ait chose jugée, il faut qu'il y ait jugement. Pour qu'il y ait jugement, le concours de deux conditions est nécessaire : l'autorité de la chose jugée, et l'affirmation contradictoire de droits prétendus que la décision doit consacrer ou anéantir. Consacrer un droit contesté, c'est tout à la fois le déclarer et le sanctionner, statuer sur les conclusions des parties, et rendre cette disposition exécutoire. Mais la partie du dispositif du jugement qui est la plus importante au point de vue qui nous occupe, est évidemment la déclaration sur le droit jugé ; c'est à elle que s'attache l'autorité de la chose jugée, puisque c'est elle qui affirme ou nie l'existence du droit contesté, ou prononce le renvoi de la demande.

Les jugements sont rendus par des magistrats nommés par le gouvernement. Nous n'avons à nous occuper ici que de la justice *civile :* la juridiction administrative, à laquelle appartient la connaissance des contestations qui intéressent l'administration, étant absolument en dehors de notre sujet, nous n'exposerons pas les règles qui en régissent la compétence. La justice civile comprend deux degrés de juridiction, et au-dessus se trouve la Cour de cassation, qui a mission d'annuler les décisions devenues définitives, lorsqu'elles présentent avec les lois une évidente contradiction.

Ici doit se placer une distinction importante entre les jugements proprement dits, statuant sur une contestation, et certains actes de juridiction purement volontaire, qui n'emportent pas, comme les jugements, l'autorité de la chose jugée. Ces derniers constituent les jugements rendus en matière *gracieuse*, par opposition aux jugements rendus en matière *contentieuse*, puisqu'ils prononcent sur un débat.

Il est difficile de donner une définition précise et complète de la juridiction *gracieuse*, à cause de la diversité des actes qui rentrent dans cette juridiction. Chauveau [1] la caractérise en ces termes : « la juridiction qui prononce sur les demandes d'une partie que la loi autorise à se présenter seule sans appeler l'adversaire qui pourrait avoir quelque intérêt à la contredire ; » par opposition à la juridiction contentieuse, que le même auteur définit « celle qui a pour mission de décider entre les prétentions rivales de deux parties que la loi met en présence. » Quand nous disons que les actes de juridiction

---

[1] *Lois de la procédure*, t. 1er, question 378 ; — Dalloz, Vis *Appel civil*, no 366.

gracieuse ne constituent pas véritablement une chose jugée, nous ne prétendons pas établir qu'ils n'aient une force particulière lorsqu'ils sont devenus définitifs , mais ce ne peut être l'autorité attachée aux jugements, parce qu'ils ne prononcent pas sur un droit. « Des intérêts privés peuvent se trouver froissés, aucun droit n'est compromis ; et l'on sait quel immense intervalle sépare l'intérêt du droit [1]. » Mais l'acte du juge produit des effets comparables à ceux de la chose jugée par rapport à la partie qui l'a obtenu ; il oblige cette dernière irrévocablement, et peut lui être opposé, tout en ne pouvant nuire aux tiers.

Les actes de juridiction *gracieuse* se rencontrent bien plus fréquemment dans la compétence des autorités administratives que parmi les décisions émanant de la justice civile. Nous pouvons, toutefois, en citer un certain nombre de cas qui se rapportent à cette dernière juridiction, et certains autres dont la nature peut à cet égard être controversée.

1. — Les jugements *d'homologation* sont des actes judiciaires et non des jugements, puisqu'ils ne prononcent pas sur un débat. En effet, le juge n'évoque pas le point de droit résolu par la convention, le partage, la délibération du conseil de famille, sa mission ne s'étend pas jusqu'à appré-

---

[1] Rodière, *Exposé raisonné des lois de la compétence et de la procédure*, t. II, p. 433. — Dalloz, V^{is} *Appel civil*, n° 367.

cier si les règles de droit ont été observées ou
violées. Il y a lieu toutefois de prendre en considération le but du jugement d'homologation :
si, par exemple, un partage est homologué par
jugement, le caractère de chose jugée appartiendra à cette décision, non pas en ce qu'il ne sera
pas permis aux parties qui se croiront lésées ou
victimes d'un dol d'attaquer la légalité du partage, car, sous ce rapport, le jugement rendu d'a-
près la convention des parties ne peut avoir plus
de force que cette convention même, mais en ce
que ce partage ne pourra être attaqué sous prétexte que les formalités d'homologation n'ont pas
été remplies. Dalloz [1] fait une remarque analogue par rapport à l'espèce spéciale des jugements d'homologation de concordat.

2. — Les jugements dits d'*expédient*, c'est-à-
dire ceux qui ne font que donner la forme d'une
décision judiciaire à une convention transaction-
nelle dont, d'ailleurs, les auteurs sont d'accord,
sont-ils des actes de juridiction gracieuse, peuvent-ils, par conséquent, être attaqués par voie
d'action principale, d'action en nullité, ou ne
peuvent-ils l'être que par les moyens de recours
contre les jugements ordinaires ? — Sous l'ancienne jurisprudence, et d'après l'ordonnance de
1667, il y avait deux sortes de jugements d'expédient : ceux que nous venons de définir, et un

---

[1] V^{is} *Chose jugée*, n° 27.

tribunal spécial, composé seulement d'un ancien
avocat, dont la mission était de décider dans le
cas de « folles insinuations et désertions d'appel. » Ce tribunal *sui generis* ayant été supprimé
avec tous les anciens tribunaux par la loi du 8
septembre 1790, il n'est plus resté que les jugements d'expédient ordinaires, dont le Code de
procédure n'a point parlé, mais qui ont été sagement conservés par l'usage, à cause des services
qu'ils rendaient. Dès l'ancienne jurisprudence,
la question que nous avons à résoudre avait soulevé une controverse : certains auteurs considéraient les jugements d'expédient comme de simples décisions d'homologation des conventions ;
d'autres jurisconsultes voyaient en eux de véritables jugements. Nous avons dit quel était l'intérêt de la solution, au point de vue des moyens
d'attaque de ces jugements. Même après la promulgation du Code de procédure, la discussion a
continué, mais la majorité des auteurs se ralliant
de plus en plus à l'opinion qui voyait dans ces jugements des jugements ordinaires. Cette doctrine est maintenant généralement adoptée, et il
en résulte qu'on ne peut attaquer ces jugements
que par les mêmes voies que les autres décisions
judiciaires, et non par l'action principale en nullité. Toutefois, ces jugements diffèrent des jugements ordinaires en un point important, c'est
que, s'ils peuvent être attaqués par pourvoi en
cassation, requête civile ou tierce-opposition, il

est généralement admis par la jurisprudence qu'on ne peut en interjeter appel ; en effet, l'adoption par le juge des conclusions des parties équivaut de la part de celles-ci, qui ont obtenu tout ce qu'elles demandaient, à un acquiescement par anticipation [1]. Or, il est évident que les jugements auxquels il a été acquiescé obtiennent l'autorité de la chose jugée, et ne peuvent être légalement attaqués par voie d'appel [2].

3. — Si nous reconnaissons l'autorité de la chose jugée aux jugements d'expédient, à plus forte raison devons-nous reconnaître cette autorité aux jugements par défaut, car le défaut ne leur ôte pas leur qualité de jugements ordinaires, et l'article 453 du Code de procédure ne fait pas de distinction entre eux et les jugements rendus entre parties présentes. Ceci est d'autant plus juste que si l'absence du défaillant n'a pas permis de contradiction, la loi accorde à ce dernier, pour faire opposition, un délai raisonnable.

4. — Quant aux jugements *par défaut-congé*, il s'est élevé une controverse. On a dit que ce sont, suivant l'ancienne expression, de simples *relaxes* de l'assignation, et qu'ils n'ont pas l'autorité de la chose jugée.

---

[1] *Et quidem stultum est illud admonere.... appellare fas non esse quum ipse sit qui provocatur* (D. *A quib. appellari non licet.* L. 1, § 1).

[2] Cet effet de l'acquiescement ne se produit toutefois que si l'acquiescement est valable, et seulement contre les parties qui y ont adhéré.

Il y a, au contraire, dans une autre opinion, autant de raisons pour leur attribuer la force et les effets de la chose jugée qu'à ceux qui prononcent défaut contre le défendeur. Le Code de procédure, reproduisant le principe de l'ordonnance de 1667, paraît les assimiler (art. 19, 154, 424, 470 C. proc. civ.). La simple opposition ou l'appel suffisent toutefois pour les dépouiller de cette autorité.

Nous ne croyons pas, quant à nous, que la conséquence du défaut-congé soit de renvoyer le défendeur *absous*, absolument comme si, après un débat contradictoire, le demandeur avait échoué dans sa prétention. Il nous paraît plus conforme aux principes de ne voir dans le défaut-congé qu'un simple renvoi de l'assignation, qui, considérant cette assignation comme non avenue, laisse les parties en l'état, sans rien préjuger sur leurs droits respectifs. Telle était l'idée admise uniformément dans le droit antérieur à l'ordonnance de 1667 [1], et cette idée était juste, puisque la mission du tribunal n'est pas de prononcer en connaissance de cause sur le bien-fondé de la demande, mais de renvoyer le demandeur de l'assignation. Les termes de l'ordonnance de 1667, assez ambigus, ont fait se ranger plusieurs auteurs à l'opinion contraire; ils ont vu dans le défaut-congé un jugement au fond, contre lequel

---

1 Boitard et Colmet-Daâge, *Leçons de procédure civile*, tome 1er, p. 305.

l'opposition devait être formée dans la huitaine (art. 137 C. proc. civ.). Ni le texte de ce dernier article, ni celui de l'ordonnance ne nous paraissent assez concluants pour abandonner les principes équitables posés par l'ancien droit [1].

5. — La sentence arbitrale, revêtue de l'ordre d'exécution du président du tribunal, a l'autorité de la chose jugée.

6. — La jurisprudence est également bien établie dans le même sens par rapport aux jugements restrictifs d'hypothèque légale. La comparaison des articles 2143 et 2145 du Code civil prouve, du reste, que ces jugements sont rendus en matière contentieuse : « La demande sera formée contre le subrogé-tuteur (art. 2143). Les jugements sur les demandes des maris et tuteurs ne seront rendus qu'après avoir entendu le Procureur de la République et contradictoirement avec lui... (art. 2145). » Ces jugements sont donc bien certainement rendus après débats contradictoires et en matière contentieuse, et c'est un rôle actif que la loi donne au ministère public, le rôle de contradicteur, et non un simple droit de présence aux actes. Nous devons ajouter toutefois que cette doctrine a été contestée : appliquant aux espèces que nous examinons un raisonnement qui avait déjà été proposé par rapport à l'absent, on avait voulu dénier au

---

[1] V. chapitre III.

ministère public le droit d'*action directe* dans la demande en réduction d'hypothèque, en disant que la femme a dans son mari (ou le mineur dans son tuteur) un représentant légitime, que les parents peuvent inciter le ministère public à donner des conclusions contraires, et qu'il suffit à l'intérêt de la femme que la justice reçoive l'éveil sur les inconvénients de la réduction, mais que rien ne motive essentiellement le droit exceptionnel dont on veut investir le ministère public, en le posant comme adversaire du mari [1].

Cette opinion, que deux arrêts des Cours de Grenoble et de Rouen étaient venus confirmer, a été combattue très-vivement par M. Troplong, qui s'est fondé sur ces mots importants de l'article 2141 : « Contradictoirement avec le ministère public. » La Cour de Cassation a maintenant consacré par plusieurs arrêts l'opinion de M. Troplong.

Par application des mêmes principes, ce n'est point par un simple jugement d'homologation rendu sur requête qu'un tribunal doit statuer sur un avis du conseil de famille autorisant la réduction de l'hypothèque légale du mineur, mais par jugement rendu par la voie contentieuse, contradictoirement avec le subrogé-tuteur, et après appréciation de l'avis exprimé en la délibération.

---

[1] *Répertoire périodique* de Dalloz, 1845, première partie, p. 5, à la note.

Cette voie doit être suivie, encore que le subrogé-tuteur ait fait partie du conseil de famille, et ait été d'avis de la restriction demandée, et même si le ministère public a été entendu dans l'intérêt du mineur, car l'article 2145 ne distingue pas.

7. — Les jugements *provisoires de collocation ou de compétence* ont-ils le caractère de chose jugée ? Non évidemment : et la même chose doit être dite de tous les jugements provisoires que le seul changement de volonté du juge peut révoquer, et qui, dans l'intention de ce dernier, n'ont d'effet que jusqu'à la décision définitive sur le fond, qui n'est d'ailleurs préjugé en aucune façon [1]. L'autorité de la chose jugée ne peut appartenir, par l'essence même de cette prérogative, qu'à des jugements définitifs et dont les effets soient irrévocables.

On a contesté ces données, et l'on a fait remarquer qu'il ne fallait entendre par jugements provisoires que ceux qui ne sont que provisoirement exécutoires, et non pas ceux qui ont statué sur une question incidente ou préjudicielle : ceux-ci, en effet, tout en ne clôturant pas définitivement le procès, n'en sont pas moins le fondement d'un droit acquis à l'une des parties, et ne peuvent par conséquent être rétractés comme ceux de simple instruction. — Cette remarque, ajoute-t-on, était déjà contenue en germe dans

---

[1] Aubry et Rau, *Cours de droit Français*, t. VI, p. 479.

l'article 5, titre XVII de l'ordonnance de 1667.

Cette opinion a été repoussée par la jurisprudence, et avec raison, car les décisions rendues en
matière sommaire ne peuvent avoir été l'objet
que d'une instruction sommaire ; le juge ne peut
avoir réuni tous les renseignements dont il s'en-
toure pour prononcer les jugements définitifs ; il
statue donc en l'état, eu égard aux circonstances
alors présentes et au peu de lumière que produit
encore l'instruction.

En nous plaçant à ce point de vue, nous comprenons évidemment dans la qualification de
jugements *provisoires,* n'emportant pas, par
conséquent l'autorité de la chose jugée, les
jugements *préparatoires* et même *interlocutoires,* c'est-à-dire tous ceux qui sont compris
dans la dénomination générale *d'avant dire
droit.* — Il est souvent difficile de distinguer
dans un même jugement quelles parties du dispositif sont provisoires, préparatoires, interlocutoires ou définitives : ceci est du domaine de
la procédure, et nous devons, pour ne pas sortir
de notre sujet, supposer la difficulté de la distinction résolue.

Quant aux jugements préparatoires, il est certain qu'ils n'établissent aucun préjugé sur la
décision du litige ; ils sont donc révocables :
Art. 452 C. de proc. civ. « Sont réputés préparatoires les jugements rendus pour l'instruction
de la cause, et qui tendent à mettre le procès en

état de recevoir un jugement définitif. » C'est assez dire qu'il ne sont pas définitifs eux-mêmes.

Le même raisonnement s'applique, suivant nous, aux jugements interlocutoires. Reproduisant, du moins dans sa théorie, sinon dans ses termes, la règle romaine : *Judex ab interlocutorio discedere potest*, le même article 452 les définit « les jugements rendus lorsque le tribunal ordonne, *avant dire droit*, une preuve, une vérification, ou une instruction qui préjuge le fond »[1].

L'effet de ces jugements est donc, d'après la loi, de produire un simple préjugé ; on ne peut, par suite, en induire l'autorité de la chose jugée, et, par conséquent, le juge peut fonder sa sentence sur des motifs pris ailleurs, sans s'arrêter à la preuve fournie. Lorsque, par exemple, une partie a demandé à justifier son action par un fait qu'elle allègue, et que la vérification en a été consentie, les juges ne sont pas liés par l'interlocutoire, ils peuvent ne pas s'arrêter au fait allégué. Fît-elle même la preuve de la façon la plus complète, le juge n'en pourra pas moins la condamner, même tout en reconnaissant le fait

---

[1] Rappelons ici comme exemple d'interlocutoire, celui dont il est question dans quelques textes du Digeste, et par lequel le magistrat se bornait à promettre à la partie qui demandait la *restitutio in integrum*, qu'il accorderait ultérieurement, soit une exception, soit une action rescisoire. Ulp. l. 9 § 3 D. *Quod metus causâ : Et prætorem me assidente, interlocutum esse, ut sive actione vellet adversus Campanos experiri, esse propositam, sive exceptione adversus petentes, non deesse exceptionem... »*

allégué. La raison est que l'interlocutoire est
ordonné pour le juge, et non dans l'intérêt de la
partie, pour fournir des lumières à la décision
future, et non pour constituer lui-même un droit
acquis pour cette partie ou son adversaire. De
loin, les faits dont l'interlocutoire a ordonné
la preuve étaient quelque chose, et de près, ils
se sont trouvés réduits à rien; ils devaient avoir
une influence décisive, ils n'en ont aucune; les
idées du juge se sont modifiées au cours de l'instruction, et cela sans qu'il doive compte à personne du résultat ni des causes de ce changement.
Bien plus, les juges qui avaient rendu le jugement interlocutoire ont été remplacés par
d'autres, tant par suite de la longueur de certaines instructions que du roulement annuel.
Dans tous ces cas, le juge est libre de tenir
compte ou non du résultat de l'interlocutoire, de
s'appuyer sur les preuves qu'il a fournies, ou de
les négliger.

Nous devons toutefois reconnaître que la jurisprudence est loin d'être unanime dans le sens
que nous soutenons [1] et qu'un certain nombre
d'arrêts paraissent établir au contraire que l'effet
de lier le juge appartiendrait, sinon au résultat
de la mesure d'instruction qui a été ordonnée,
au moins à cette mesure elle-même, lorsqu'elle a
été l'objet d'une contestation entre les parties.

[1] Elle tend cependant à se fixer dans ce sens. V. Civ. Cass.
19 janvier 1874, D. P. I. 141; Req. 24 juin 1873, 1874, I. 55.

On peut faire, à l'appui de cette opinion que nous repoussons, le raisonnement suivant : le droit d'appel et l'autorité de la chose jugée sont unis dans la plupart des cas ; or, l'article 451 du Code de procédure autorise l'appel des jugements provisoires et interlocutoires (disposition introductive d'un droit nouveau et critiquée par certains auteurs) : donc ces jugements emportent l'autorité de la chose jugée. — Mais il est facile de voir que cela est loin d'être une conséquence nécessaire, et que si ces jugements sont, de par la loi, susceptibles d'appel, c'est que, tout en ne préjugeant pas le droit, ils peuvent, en fait, porter à la partie condamnée un tort considérable.

8. — On appelle jugements *comminatoires*, ceux qui fixent un délai de rigueur pour accomplir certains actes, comme produire des titres, faire des justifications. Il ne faut pas les confondre avec les jugements conditionnels, qui sont bien réellement définitifs, en ce sens qu'une deuxième décision n'aurait qu'un point à examiner : — la condition est-elle arrivée, ou non ? — Les condamnations intervenues par suite de non-exécution du dispositif des jugements comminatoires sont-elles irrévocables dans leurs effets ?

Il s'est élevé à ce sujet une controverse assez vive devant la Cour de cassation, entre M. le conseiller Lasagni (comme rapporteur) et M. Dalloz aîné (comme avocat de Leblanc de Serigny ; arrêt du 10 juin 1832). M. Lasagni a soutenu la négative par deux raisons : si l'omission de se conformer à ces jugements devait produire des effets irrévocables, la ruine d'une partie pourrait avoir lieu malgré les plus grandes chances de succès ; — et, secondement, les déchéances ne peuvent être suppléées à défaut d'expressions précises du juge. M. Dalloz a présenté à l'appui de l'affirmative les raisons suivantes : La doctrine adverse est contraire au principe de l'autorité de la chose jugée; elle établit une singulière distinction entre les jugements, réputant les uns sérieux, les autres fictifs : il n'est pas besoin pour qu'un jugement soit exécutoire que ses dispositions soient édictées à peine de déchéance.

Dans son *Répertoire* [1], M. Dalloz paraît abandonner le système qu'il a soutenu devant la Cour de Cassation, pour se ranger à une troisième opinion en ces termes : « Nous serions disposés à repousser, en principe, pour le cas qui nous occupe, l'initiative du juge, et il faudrait, suivant nous, que le germe de la mesure qu'il ordonne se trouvât dans les conclusions de l'une des parties, virtuellement ou expressément, pour que sa décision fût à l'abri du reproche d'excès de pouvoir. »

La jurisprudence semble bien s'être fixée dans le sens de l'opinion soutenue par M. Lasagni,

1 Vis *Chose jugée*, n° 284, *in fin.*

et avoir reconnu aux jugements comminatoires le caractère révocable qui exclut l'autorité de la chose jugée.

9. — Nous terminerons ce rapide examen en étudiant la nature, au point de vue qui nous occupe, des diverses ordonnances que rendent, soit les présidents des tribunaux civils ou de commerce. soit les juges par eux commis. Quel caractère faut-il attribuer à ces actes judiciaires ? La réponse devra venir avec les espèces, car, parmi les ordonnances, il en est qui sont des actes de simple instruction, dont le seul objet est l'avancement de la cause, et d'autres qui présentent les caractères d'un véritable jugement. Les premières rentrent dans la juridiction *gracieuse*, les deuxièmes dans la juridiction *contentieuse*, et nous pouvons en déduire dès à présent, nous appuyant sur les principes que nous avons posés par rapport aux jugements, la certitude que l'autorité de la chose jugée n'appartient qu'aux ordonnances rendues par le juge dans le cercle de ses attributions contentieuses. Toutefois, la loi étant muette à cet égard, il y a lieu d'examiner séparément à ce point de vue les ordonnances qui peuvent être formulées dans les diverses hypothèses.

Ordonnances sur requête. Ces ordonnances n'ont jamais qu'un caractère gracieux, soit qu'elles prescrivent des mesures exécutoires ou conservatoires, ou qu'elles autorisent certaines formalités. Elles n'emportent point l'autorité de la chose jugée. — Il y a lieu d'excepter toutefois les ordonnances de mise en liberté à défaut d'aliments, d'arrestation, et quelques autres[1].

Ordonnances de référé. Ces ordonnances, auxquelles le législateur a consacré tout le titre 16e, liv. v[e] de la 1re partie du Code de procédure, sont considérées en général comme de vrais jugements. Toute la doctrine et toute la jurisprudence sont d'accord sur ce point, se fondant sur le but de l'institution de la procédure de référé : la prompte expédition d'affaires qui requièrent célérité ; et cette raison de logique l'a emporté sur un argument de texte qu'on eût pu tirer d'un des articles du titre 16, l'art. 809, qui paraît mettre en opposition le mot *jugement* et le mot *ordonnance*. Cette opposition supposée ne peut être que le résultat d'un vice de rédaction, tel que nos Codes en offrent de nombreux exemples.

Le même raisonnement doit-il être tenu par rapport, non plus aux ordonnances de référé, mais à l'ordonnance qui statue qu'il n'y a lieu à référé? — Oui, car le juge prononce également dans ce cas un véritable jugement, et après débat contradictoire.

Ordonnances de règlement de qualités. — Ces ordonnances sont rendues par le président du

---

[1] V. Dalloz, V[is] *Dispositions testamentaires*, n° 3,664.

tribunal en cas d'opposition par un avoué aux qualités posées par l'avoué de la partie adverse (art. 145. C. proc. civ.). Elles doivent être considérées comme parties du jugement qu'elles précèdent, rendues comme lui en matière contentieuse et participant à son autorité [1].

Ordonnances d'envoi en possession. — Le caractère de ces ordonnances a donné lieu à une controverse.

Une première opinion soutient qu'on ne peut leur refuser le caractère contentieux. En effet, elles modifient les droits des parties, en conférant aux légataires l'investiture des biens légués, et en mettant la preuve à la charge des héritiers.

Ce ne serait pas, du reste, ainsi que nous l'avons dit plus haut, la seule ordonnance sur requête rendue en matière contentieuse. Le juge prononce en connaissance de cause et d'après l'examen du mérite de la demande ; c'est là un jugement en premier ressort, et non un visa de simple forme.

Une seconde opinion ne voit dans l'ordonnance d'envoi en possession qu'un acte de juridiction volontaire ou gracieuse. En effet, qu'un juge envoie un légataire en possession des biens légués, ni les tribunaux ni les parties ne sont liés par cette décision, *en ce sens* qu'elle laisse entier le litige, et que, ainsi que nous le faisions re-

[1] Dalloz, V^{is} *Appel civil,* 405 et suiv., et à la note, Bordeaux, 22 mai 1840.

marquer à propos d'une autre espèce, elle peut préjudicier à certains intérêts, mais sans entamer le fond du droit. Si l'envoi en possession attribue certains avantages au légataire au préjudice des héritiers, son effet principal est de faire cesser l'incertitude de la possession et les inconvénients qui résultent de cet état transitoire. Ce motif d'urgence ne suffit-il pas pour ranger ces ordonnances parmi les actes de la juridiction gracieuse ?

M. Dalloz s'est prononcé pour la deuxième opinion à l'article *Dispositions entre vifs et testamentaires*, n° 3665 *in fin.*, et à l'article *Jugement*, n°ˢ 706 et suiv., mais à l'article *Appel civil*, n° 392, il la déclare exorbitante, et pense qu'elle doit être rejetée. Il ne peut croire « qu'un acte, dont l'effet est de laisser provisoirement au testament toute sa force et, d'après la jurisprudence, de constituer les héritiers demandeurs sur l'action en nullité qu'ils voudraient intenter, puisse être considéré comme définitif et à l'abri de toute attaque de la part des parties intéressées ; » c'est-à-dire comme ayant le caractère gracieux, puisqu'il est de principe que les voies de recours sont réservées aux actes de juridiction contentieuse.

Nous croyons, au contraire, que les ordonnances d'envoi en possession, réglées par l'article 1008, sont des actes de juridiction gracieuse ; et nous fondons cette opinion non-seulement sur les motifs que nous avons exposés plus haut, mais aussi sur ce que leur caractère essentiel est de pouvoir être rendues en l'absence de tout contradicteur, et qu'enfin l'envoi en possession n'emporte pas, après tout, reconnaissance des droits litigieux.

Ordonnances des juges-commissaires.—Ces ordonnances n'ont, le plus souvent, pour but que le règlement de formalités de procédure, sauf dans deux hypothèses particulières, que nous allons examiner séparément.

Ordonnances rendues en matière d'ordre ou de distribution. — Ce sont ces procès-verbaux du juge-commissaire qui, au cours d'une instance d'ordre ou de distribution par contribution, arrête et liquide une créance, et établit la collocation sur cette somme. La procédure de *distribution par contribution* a pour but de distribuer le prix des ventes, après une saisie-arrêt, une saisie-exécution ou autre exercée sur des meubles, entre les créanciers saisissants. La procédure d'ordre règle la répartition du prix d'un immeuble hypothéqué entre les différentes catégories de créanciers. Ceci posé, les ordonnances de clôture ont-elles, dans les deux cas, l'autorité de la chose jugée ?

Nous le croyons, malgré la divergence d'opinions qui s'est produite à ce sujet, tant de la part de la jurisprudence que parmi les auteurs. Au lieu de charger le tribunal entier de la décision, il était plus commode et moins dispendieux de faire faire ce règlement par un seul juge, en réservant les droits d'appel et d'opposition : mais la nature de la décision n'a pas changé ; il y a eu jugement, affirmation ou négation de droits. C'est un jugement rendu par un délégué du tribunal, accepté par les parties comme leur juge : il doit donc jouir de l'autorité de la chose jugée.

C'est bien, au reste, parce qu'il jouit de cette autorité qu'il confère aux créanciers colloqués un droit irrévocable sur les sommes qu'ils ont touchées [1]. Pourquoi donc l'autorité du jugement serait-elle restreinte à ce droit, pourquoi les effets de la chose jugée ne seraient-ils pas attachés au règlement définitif, alors que le règlement provisoire a eu lieu contradictoirement ? Et si le règlement provisoire n'a pas été contredit dans les délais, pourquoi les effets de l'acquiescement, à peu près les mêmes que ceux de la chose jugée, ne lui seraient-ils pas attribués ? Tous les créanciers sont, en effet, dans ce deuxième cas, réputés avoir accepté ce règlement.

Cette opinion a prévalu dans la jurisprudence jusqu'en 1840 [2]. A partir de cette époque jus-

---

[1] Arrêt de la ch. des req. du 11 juillet 1853 ; — D. P. 1854, I. 309.

[2] V. Dalloz V<is> *Ordre entre créanciers*, art. 3, *Des effets attachés à l'ordonnance de clôture*, nᵒˢ 1113-1115, et les notes.

qu'en 1857, l'opinion contraire paraît avoir été adoptée [1].

La Cour de cassation était revenue en 1857, et avec raison selon nous, à l'ancienne jurisprudence, par deux arrêts des 20 avril et 21 juillet [2], quand est intervenue la loi du 21 mai 1858, qui a démontré formellement l'assimilation des ordonnances de clôture d'ordre aux jugements ordinaires, en permettant d'agir contre ces ordonnances, dans certains délais, par la voie de l'opposition.

§ III.

I.

Il résulte implicitement de ce que nous avons exposé jusqu'ici que, pour emporter l'autorité de la chose jugée, le jugement doit être *valable*. La logique, du reste, le prouve suffisamment.

Pour connaître avec certitude quels sont les jugements valables, nous n'avons qu'à étudier quels sont ceux qui sont entachés de nullité ; et comme il y a sous ce rapport une divergence profonde entre les principes du droit Romain et ceux de notre législation, un court exposé historique est nécessaire.

[1] V. Dall. P., 1850, 1, 49 ; 1854, II, 4, 233. V. surtout l'arrêt de la Cour de Paris du 13 novembre 1852, D. P., 1856, II, 17, et la note 3. — Voir aussi jurisp. générale, V^is *Chose jugée*, n₀ 37.

[2] D. P., 1857, I, 164 et 446.

Nous avons, dans le § 1er du chap. VIII, analysé les principaux cas de nullité des jugements en droit Romain exposés au Digeste dans le titre « *Quæ sententiæ sine appellatione rescinduntur.* » Nous aurions pu remarquer, avec le président Bonjean [1], que ce mot *rescinduntur* n'est même pas exact, car on ne peut rescinder le néant. Et c'est principalement en droit Romain que cette remarque est juste, car les Romains admettaient la nullité absolue des jugements qui ne réunissaient pas toutes les conditions essentielles à leur validité (*injusta, non jure facta*), et par suite le défaut d'appel dans les délais ordinaires ne leur faisait pas acquérir l'autorité de la chose jugée : *Condemnatum accipere debemus eum qui rite condemnatus est, ut sententia valeat. Cœterum, si aliquâ ratione sententia* NULLIUS MOMENTI *sit, dicendum est condemnationis verbum non tenere* [2]. Par suite de ces principes, il n'était pas utile de faire appel de ces sentences : tout juge devant lequel on excipait d'une sentence nulle pouvait en déclarer la nullité, quoiqu'il ne fût pas le supérieur de celui qui l'avait rendue. Lorsque la partie au profit de laquelle le jugement affecté de nullité avait été prononcé se présentait devant le magistrat pour en obtenir l'exécution, l'adversaire n'avait à répondre à l'action *judicati* qu'en

---

[1] *Traité des actions,* c. II, p. 530, à la note.
[2] Ulp., l. IV, § 6 D. *De re jud.*

opposant l'exception *non esse judicatum.* Dans ces circonstances, le magistrat avait à examiner si la voie de nullité se présentait comme une pure question de droit, ou comme une question de fait. Dans le premier cas, il prononçait lui-même ; dans la deuxième hypothèse, il renvoyait les parties devant un juge, qui avait à statuer sur le *præjudicium « si paret judicatum esse* [1].»

Les mêmes principes sont admis aujourd'hui, sauf en deux points, mais ces deux points sont tellement importants, qu'ils modifient entièrement la théorie. C'est d'abord que notre législation a établi une institution judiciaire spéciale pour prononcer sur les demandes en nullité de jugements ; et, en second lieu, que les sentences ne sont plus, comme sous la jurisprudence Romaine, attaquables par voie d'action principale, et ne peuvent être combattues que par le moyen des recours légaux. Expliquons ces données par la comparaison des deux législations.

Nous avons dit qu'à Rome les jugements entachés de nullité étaient nuls de plein droit : on leur opposait les jugements *iniques,* qui, pour ne

---

[1] Le président Bonjean rapproche avec raison de cette procédure celle en usage dans notre législation, pour attaquer les sentences arbitrales entachées de nullité. C. de proc. civ. art. 28 : « Il ne sera besoin de se pourvoir par appel ni requête civile dans les cas suivants, etc... Dans tous ces cas, les parties se pourvoieront par opposition à l'ordonnance d'exécution devant le tribunal qui l'aura rendue, et demanderont la nullité de l'acte qualifié jugement arbitral. » V. Bonjean, t. II, p. 532, à la note ; le nouveau Denizart, V° *Arbitrage,* n° 11 ; Dalloz, V^is *Arbitrage — Arbitré,* n°s 1129 et suivants.

pas acquérir l'autorité de la chose jugée, devaient être attaqués par les voies ordinaires. Les causes de nullité avaient été classées par Corvinus sous quatre chefs principaux : la personne des parties, celle du magistrat ou du juge, l'inobservation des formes, le fond même du procès [1]. On pourrait ranger dans le même ordre tous nos moyens de cassation ou de requête civile. Quant aux causes d'iniquité des jugements, on comprend qu'il n'en avait pas été tenté de classification.

Dans notre droit, ainsi que nous l'avons indiqué plus haut, le principe contraire à cette théorie a toujours été admis, tant sous la législation coutumière que de nos jours. Merlin, Loisel, Toullier, le nouveau Denizart, posent comme principe que « voies de nullité n'ont pas lieu en France…, » voies de nullité *principales,* bien entendu. Or, l'action principale en nullité, qui n'existait pas dans l'ancien droit Français, n'ayant pas été introduite par nos codes, nous ne pouvons la suppléer d'office, et nous devons reconnaître pour les seules voies de recours ouvertes aux parties par notre droit, l'appel, l'opposition, la cassation et la requête civile.

Toutefois, par dérogation à ces données incontestables, on admet généralement que les ju-

---

[1] Ces deux dernières classes n'en forment qu'une dans la division de Corvinus, où elles sont comprises sous ces mots : *Ex defectu processûs.*

gements qui n'auraient pas l'apparence de jugements, par suite de l'inobservation de formes
essentielles, ceux dont la condamnation est incertaine, ou contient une impossibilité physique
ou morale, des dispositions diamétralement contradictoires, par exemple [1], sont nuls de plein
droit, aussi bien dans notre législation qu'à
Rome ; il en serait de même des jugements provenant de juridictions spéciales non légalement
reconnues, ou auxquelles la loi ne reconnaît qu'un
caractère purement conservatoire. Dalloz accepte
cette opinion au mot *chose jugée*, n⁰ˢ 85, 96, 102,
et au mot *Droit maritime*, n⁰ 2078, mais il paraît
la rejeter au mot *Appel civil*, n⁰ˢ 146 et suivants.

On a été jusqu'à prétendre que les jugements
rendus contre les incapables étaient nuls de plein
droit, dans notre législation comme en droit
Romain. La jurisprudence s'est prononcée contre
cette doctrine, et avec raison [2].

II.

Enfin, on s'est demandé si les décisions affec-

[1] On pourrait objecter que le jugement qui contient des dispositions contradictoires donne ouverture au 7ᵉ cas de requête civile.
Art. 480, C. proc. civ., n⁰ 7: « Si dans un même jugement se
trouvent des dispositions contraires. » — Cela est certain, mais il
est certain aussi qu'au cas où il n'aurait pas été fait usage de la
requête civile, le jugement n'en serait pas moins nécessairement
nul, puisque ses dispositions se détruisent mutuellement.

[2] Dalloz, V⁰ˢ *Chose jugée*, n⁰ 97, *Appel civil*, n⁰ 1157, et la
note.

tées d'incompétence acquéraient l'autorité de la chose jugée.

L'affirmative sur ce point paraît résulter clairement des principes, mais elle a été cependant vivement contestée pour ce qui regarde l'incompétence *ratione materiæ*. Il semble cependant que l'autorité de la chose jugée est comprise au nombre des présomptions légales contre lesquelles aucune preuve n'est admise, aussi bien dans les matières où l'ordre public pourrait être intéressé que dans celles où il ne l'est pas, et que son but, qui est d'empêcher que les procès ne deviennent interminables, existe aussi bien dans ce cas que dans tous autres.

Ces solutions ont cela d'important et de délicat qu'elles se réfèrent à une question très-générale, celle de savoir si la *chose jugée* par l'autorité judiciaire peut-être opposée devant une autre autorité distincte, l'autorité administrative ou religieuse par exemple, ou réciproquement. L'indépendance et la séparation des diverses autorités est parfaitement reconnue en thèse générale, en théorie, mais en cas de contrariété de décisions, d'empiétement de l'une sur l'autre, à laquelle appartiendra la prépondérance ? Qu'admettre, lorsqu'il est advenu des deux côtés des décisions également passées en force de chose jugée ? — Voici les arguments qu'on a présentés à l'appui de l'opinion qui propose d'assimiler ces décisions à celles de personnes qui ne seraient saisies d'aucun pouvoir judiciaire :

On cite principalement le fameux arrêt de la Cour de cassation du 29 janvier 1839, dit arrêt de Rohan Rochefort, et qui établit en effet que la chose jugée par une autorité judiciaire incompétente ne peut prévaloir sur une décision administrative contraire. — Pour nous, cet arrêt n'a pas la force qu'on lui attribue : il se présente dans une espèce des plus compliquées, et l'arrêt de la Cour d'appel qu'il casse ne se trouve cassé en réalité que parce que, sous prétexte de maintenir la chose jugée par elle-même, la Cour avait violé la chose jugée par l'administration [1].

On produit aussi les conclusions prononcées dans la même affaire par M. l'avocat-général Tarbé, et dans lesquelles il est dit explicitement : « Cette décision d'une autorité *sans pouvoir à cet effet,* pouvait-elle par sa propre force dépouiller la commission des attributions que la loi lui confiait ?... L'autorité de la chose jugée ne peut être opposée entre les tribunaux administratifs et judiciaires, que s'ils ont statué sur des questions de leur compétence. » — Nous ne pouvons mieux répondre à ce qui n'est, après tout, que l'expression d'une opinion personnelle, qu'en citant une ordonnance du Conseil d'Etat, du 13 avril 1836, qui consacre l'opinion contraire

---

[1] Voir cet arrêt dans le *Recueil de Sirey*, année 1839, I, p. 231, et consulter les *réflexions* de Devilleneuve dont il est accompagné.

par ce motif remarquable : « ... considérant que l'arrêté du Préfet de la Charente du 19 janvier 1819, *quel que fût son mérite*, avait acquis l'autorité de la chose jugée... [1]. »

La logique veut qu'il en soit ainsi : des délais, des formes particulières, des conditions spéciales sont fixés pour l'usage des voies de recours, contre les jugements affectés d'incompétence même *ratione materiæ*. Lorsque les délais sont expirés, les formes ou les conditions des recours inobservées, ces recours ne peuvent avoir aucun effet contre la décision incompétemment rendue, il est vrai, mais passée en force de chose jugée. « Il faut qu'il y ait un terme, autrement il n'y aurait rien de stable, et celui qui a obtenu une décision favorable serait toujours dans l'anxiété de savoir si son adversaire ne le traduirait pas dans un temps plus ou moins éloigné devant une autre autorité que celle qui a prononcé [2]. »

Enfin, où se serait arrêté le législateur s'il avait eu à prévoir et à réglementer tous les cas de décisions incompétentes? Une fois la distinction et les attributions respectives des pouvoirs établies, il devait admettre que chacun d'eux se renfermerait dans les limites qu'il leur avait tracées.

---

[1] Dalloz, V^is *Chose jugée*, p. 250, n^le 1.

[2] Arrêt de la Cour de Rouen du 11 juin 1832, confirmé par la Cour de Cassation, malgré conclusions contraires, le 18 avril 1833. V. Dalloz, V^is *Chose jugée*, p. 250, n^te 2.

CHAPITRE II.

A QUELS ACTES JURIDIQUES APPARTIENT L'AUTO-
RITÉ DE LA CHOSE JUGÉE (SUITE). — QUELLES
DISPOSITIONS OU PARTIES DU JUGEMENT SONT
REVÊTUES DE CETTE AUTORITÉ.

I.

Nous n'avons pas cru devoir traiter en droit
Romain l'importante question qui fait l'objet de
ce chapitre : ainsi que nous le disions à la fin du
chapitre III, c'est surtout au point de vue du
droit Français qu'elle a été discutée par les commentateurs ; enfin la jurisprudence peut nous
être un utile auxiliaire. Mais si nous avons renvoyé l'examen de cette question, nous avons fait
pressentir néanmoins que notre opinion s'écarte-
rait jusqu'à un certain point de celle généralement reçue, et qui dénie toute autorité aux motifs
des jugements. Il nous reste à exposer dans ses
détails la théorie à laquelle nous croyons devoir
nous arrêter dans cette difficile question.

Le libellé d'un jugement contient trois parties
distinctes : les qualités, les motifs et le dispositif.
Les qualités, œuvre de l'avoué, renferment les
noms, professions et demeures des parties, leurs
conclusions, l'exposition sommaire des points de
fait et de droit, les motifs et le dispositif des
jugements (art. 141 C. proc. civ.). Cette partie

du jugement, on le comprend, n'emporte pas
l'autorité de la chose jugée ; en est-il de même
des motifs, sorte de dissertation préliminaire
faite par le juge sur les points de droit débattus
dans le procès ? — Quant au dispositif, cette
autorité lui appartient naturellement.

Il est évident que si les motifs seuls tranchent
l'objet du débat, le dispositif restant d'ailleurs
muet à l'égard de cet objet, cette manière implicite de trancher la question n'a aucune valeur.
Pourquoi ? C'est qu'un jugement sans dispositif
est un jugement sans valeur, comme n'ayant pas
d'existence légale, et que, comme nous l'avons
dit au chapitre précédent, un jugement inexistant
ne peut produire aucun effet. Ainsi, par exemple,
un jugement qui, dans son dispositif, se borne à
donner acte à une partie de simples réserves non
contestées, n'a pas l'autorité de la chose jugée
sur la question réservée, alors même que, dans
ses motifs, il aurait considéré comme existant le
droit qui fait l'objet de ces réserves [1].

II.

Mais la question est bien moins simple, lors
qu'elle examine la relation nécessaire qui existe
entre le dispositif et les considérants du jugement. Doit-on borner l'autorité de la chose jugée

[1] Cass. 7 nov. 1854, D. P. 1854, I, p. 437. V. les autres
arrêts cités par Dalloz à la note 4. V. aussi cass. 24 juillet 1867,
28 juin 1869, Sirey, 1867, I, 328, 1869, I, 422.   13

à ce qui constitue le dispositif, c'est-à-dire à la condamnation ou à l'absolution, doit-on étendre cette autorité aux déclarations, aux raisons qui indiquent la pensée du juge et en précisent l'étendue ? Dans quelles limites, en un mot, la déclaration du juge doit-elle être respectée comme la vraie et saine application de la loi ?

La cour de cassation, par de nombreux arrêts, que leur multiplicité même nous empêche de citer ici, a résolu la question dans ce sens, que l'autorité de la chose jugée ne s'attachait qu'au dispositif du jugement.

M. de Savigny [1] a paru soutenir l'opinion contraire dans les termes suivants : « Parmi les motifs qui déterminent la décision du juge, les uns sont objectifs, ce sont les parties constitutives des rapports de droit, les autres sont subjectifs, ce sont les mobiles qui influent sur l'esprit du juge, l'engagent à affirmer ou à nier l'existence de ces éléments... Les motifs objectifs ont l'autorité de la chose jugée, les motifs subjectifs n'ont pas l'autorité de la chose jugée. » Cette explication a elle-même grand besoin d'être expliquée.

M. de Savigny désigne par l'expression « motifs objectifs » du jugement les éléments mêmes de la décision, c'est-à-dire les rapports de droit en vertu desquels la condamnation est demandée,

[1] T. VI. p. 367.

et ceux que le défendeur oppose au demandeur
pour combattre et neutraliser les premiers. Il
attribue à ces motifs l'autorité de la chose jugée,
et il a raison. Mais il y a une autre classe de
motifs auxquels l'autorité de la chose jugée ne
peut appartenir, ce sont les éléments de conviction qui ne sont pas essentiels au procès : des
moyens, des arguments, des présomptions :
M. de Savigny les distingue des premiers par
l'expression « motifs subjectifs; » le juge émet-
trait-il même son opinion à leur égard, que cette
déclaration n'emporterait aucune autorité.

La raison pour laquelle cette opinion a été
combattue avec tant de force est, croyons nous,
qu'elle n'a été comprise qu'incomplétement. Il
résulte clairement de ce que nous venons de dire
que M. de Savigny donne au mot *motif*, dans
une des deux acceptions où il l'emploie, un sens
spécial, tout autre que celui dans lequel ce terme
est employé par les jurisconsultes français. Nous
allons chercher à exposer, en détail, cette
théorie telle que nous la comprenons, et le plus
complètement possible.

III.

A Rome, ainsi que nous l'avons dit, les sentences prononcées par le *judex*, simple citoyen,
n'étaient pas généralement motivées; seuls, les
censeurs étaient tenus d'énoncer les motifs dans

les décisions prononcées en matière pénale. En France, les lois qui ont établi la nécessité de motiver les décisions de la justice sont celles des 16-24 août 1790, la constitution de l'an III, le Code de procédure civile et la loi du 20 avril 1810. Donc, cette division du jugement en deux parties principales, le motif et le dispositif, est d'une date relativement récente ; elle n'existe même pas encore chez plusieurs nations étrangères. Si nous supposons que l'obligation d'émettre des motifs n'existe pas non plus dans notre droit, ou du moins que la division du jugement en parties distinctes n'ait pas été introduite, il y aura lieu néanmoins de résoudre fréquemment la question des limites de la chose jugée. D'après quels principes résoudrons-nous cette question?

Une simple condamnation ou une absolution dont la cause n'aurait point été exprimée ne sera pas de nature à donner satisfaction à la partie qui aura réussi dans sa prétention, car, si une nouvelle instance s'engage plus tard entre les mêmes parties, la comparaison de la seconde demande avec le texte du premier jugement ne permettra pas de constater l'identité de question entre les deux litiges.

Donc le juge du procès doit examiner dans leurs détails tous les rapports de droit allégués de part et d'autre, en tirer des conséquences qui seront analogues ou contraires à celles que chacune des parties prétend établir. Ce qu'il faut pour la satisfaction complète de la partie qui a obtenu gain de cause, c'est connaître dans toute son étendue la décision du juge sur les rapports de droit qui font l'objet du procès. Peu importe que cette décision soit contenue en germe ou en termes explicites, que les explications qui sont nécessaires à sa clarté se trouvent placées au milieu ou à la fin de la sentence. Ce rigorisme analogue à celui du système formulaire à Rome nous paraît contraire aux idées qui régissent notre législation; il arrive même aux conséquences les plus bizarres. Supposons qu'un débiteur, poursuivi en vertu d'un titre exécutoire, attaque la validité du titre et réussisse dans ce moyen de défense, le jugement pourra être libellé en ces termes : « Attendu que la nullité du titre résulte de... etc., par ces motifs, renvoyons le défendeur des fins de la poursuite, et condamnons le poursuivant aux dépens; » ou bien il pourra présenter cette autre rédaction : « Par ces motifs, déclarons nul le titre, renvoyons, etc. » Est-il possible d'admettre qu'il y aura chose jugée sur la nullité du titre dans le deuxième cas, et pas dans le premier ?

Les auteurs ont compris combien cette objection, que l'on pourrait présenter sous tant de formes, était grave, et ils y ont répondu en déclarant que les motifs pouvaient servir d'explication au dispositif. Aubry et Rau, tome VI,

page 480, nº 15 : « Les motifs d'un jugement...
peuvent et doivent être pris en considération
pour l'intelligence et l'interprétation du dispositif du jugement, lorsque les termes dans lesquels
ce dispositif est conçu présentent quelque obscurité. » Si les motifs peuvent quelquefois être
consultés, dit aussi Marcadé [1], c'est uniforme-
ment pour expliquer le véritable sens d'un dispositif qui serait rédigé d'une manière obscure.

Il est facile de voir que cette dérogation que
l'on est forcé d'admettre au système en est la
destruction, car ne conférer l'autorité de la
chose jugée qu'au dispositif, mais la conférer au
dispositif tel que les motifs l'expliquent, en indiquent la portée et la signification, qu'est-ce autre
chose que d'accorder cette autorité aux motifs
eux-mêmes? Il s'agit ici, bien entendu, des motifs
essentiels, constants, et non de simples énonciations, d'après la distinction importante que nous
avons formulée plus haut.

M. Dalloz [2], tout en se déclarant partisan du
système de la Cour de cassation, va plus loin dans
notre sens que MM. Aubry et Rau et Marcadé; il
paraît se ranger implicitement à l'opinion que
nous soutenons, en ces termes : « Le dispositif *ne
doit point être séparé des motifs* qui lui servent
de base, lorsque ces motifs concourent à manifester la volonté du juge. »

[1] T. v, p. 164.
[2] Vis *Chose jugée*, nº 22.

Il faut reconnaître même que la Cour de cassation a, dans un certain nombre d'arrêts, entièrement renoncé au système qui n'attribue qu'au dispositif seul l'autorité de la chose jugée. C'est ainsi qu'elle a déclaré, par arrêt du 16 août 1821, que, « le dispositif d'un jugement étant lié avec les considérants, l'omission d'une circonstance dans le dispositif se trouve régularisée par son énonciation expresse dans les considérants. » Un autre arrêt du 1er février 1828 n'est pas moins explicite: « Attendu que le considérant de l'arrêt attaqué déclare d'une manière expresse et positive la culpabilité du fait imputé; que, dès lors, en s'abstenant de répéter cette déclaration dans son dispositif, etc. [1].» Nous citerons encore les deux arrêts du 26 juillet 1865 (affaire Mirès), qui ont décidé que la juridiction civile est liée, non-seulement par le dispositif des décisions rendues au criminel, mais encore par ceux de leurs motifs où sont examinées et appréciées les qualifications pénales servant de base à ce dispositif [2].

Nous pourrions citer également de nombreux arrêts de Cours d'appel rendus dans le même sens. Un arrêt de la Cour de Besançon, du 3 août 1861, décide que le jugement qui n'a pas été frappé d'appel dans les délais de la loi a force de chose jugée, même à l'égard d'une question sur

---

[1] Dalloz, Vo *jugement*, nos 1,067 et 1,068.
[2] D. P. 1865. I. 460 et 492.

laquelle ce jugement ne s'est formellement exprimé que dans ses motifs, si la solution de cette question se trouve *virtuellement* dans le dispositif. « Considérant, en droit, que la loi n'a pas prescrit de formule sacramentelle pour les jugements, et qu'il suffit que l'admission des moyens proposés soit la conséquence nécessaire et indispensable du dispositif pour que l'on doive décider que ce dispositif a jugé la difficulté que les motifs avaient déjà appréciée [1]. » — Un arrêt de Rouen du 10 mai 1821, remarquablement motivé, déclare que si, en thèse générale, les motifs ne constituent pas le jugement, en ce sens que des motifs ne peuvent faire confirmer un jugement illégal, il est cependant vrai de dire que les motifs font partie intégrante de ce jugement, et concourent à manifester la pensée du juge ; qu'ainsi, dans les motifs comme dans le dispositif, les juges peuvent réserver les moyens des parties, et conserver tous leurs droits [2].

Nous disions tout-à-l'heure que le système que nous combattons nous reportait au rigorisme de l'époque formulaire. On sait qu'avant la constitution de Zénon, la *plus petitio tempore* entraînait la déchéance définitive de la créance (V. p. 49) ; il en serait de même en droit Français si l'autorité de la chose jugée ne s'attachait qu'au

---

[1] D. P. 1862. II, p. 12. — V. aussi Rouen, 26 février 1816, V^is *Chose jugée* n° 215-4° et la note.

[2] Dalloz, V^is *Chose jugée*, n° 87-3°.

dispositif seul. Un défendeur répond à une action en réclamation d'une dette en excipant d'un terme non encore écoulé. — Se fondant sur ce motif, le juge prononce le démis de la demande : quand le terme sera échu et la dette devenue exigible, l'action pourra-t-elle être de nouveau intentée? Oui, évidemment, si on a égard aux motifs qui ont fait rejeter la première demande ; non, au contraire, si dans la chose jugée on ne considère que le dispositif, le rejet de l'action.

On répond, il est vrai, comme dans l'arrêt de la cour de Besançon que nous avons cité plus haut, que si les motifs jouent un rôle si important pour l'explication et l'interprétation du dispositif, c'est parce qu'il y a dans le dispositif une solution *virtuelle* de la question. Ceci est un étrange abus de mots, et la raison ne veut point d'un pareil raisonnement : la décision n'est pas virtuelle, elle existe bien réellement, mais elle est renfermée tant dans les motifs que dans le dispositif, celui-ci étant suppléé par ceux-là.

Si, par exemple, un demandeur, ayant vainement réclamé une quantité moindre ou une partie de la chose, n'est plus admis à prétendre à la quantité totale ou à la totalité de la même chose, comment justifier ce résultat, application directe de la règle « *est pars in toto* » que nous avons étudiée en droit Romain? En admettant que lee motifs de la première décision ont autorité de chose jugée par rapport au dispositif de la se-

conde, nous ne voyons pas, pour notre part,
moyen de résoudre autrement ce point. On répond que, en niant le droit au moins ou à la partie, le juge a nié le droit au plus ou à la totalité :
ce sont des droits implicitement jugés. Mais
pourquoi, encore une fois, ces droits sont-ils ré-
solus implicitement, virtuellement ? Parce qu'ils
se réfèrent évidemment à quelque explication explicite, réelle, et qui serait contenue dans le dispositif, si une raison d'ordre et de méthode ne faisait placer l'explication en tête de la disposition
expliquée. On accorde l'autorité de la chose jugée
à la partie qui s'appuie sur une autre, et on refuse cette autorité à cette dernière !

Nous arrivons donc à cette conclusion que
l'autorité de la chose jugée appartient dans certains cas aux motifs, mais dans quels cas, et est-
il possible, dans un sujet aussi délicat, de poser
une règle précise et qui embrasse toutes les
especes ? Nous allons essayer de le faire.

IV.

Le demandeur réclame un droit qu'il prétend
lui appartenir : il demande au juge de déclarer
que ce droit est bien à lui, avec toutes ses conséquences possibles, prévues ou non prévues. Le
défendeur peut combattre la prétention de son
adversaire par différents moyens, soit en
essayant de prouver l'inanité du droit réclamé,

soit en opposant à ce droit un droit rival, dont il demande à son tour au juge de reconnaître l'existence, soit en prétendant que le droit affirmé par le demandeur existe bien en réalité, mais n'est point de nature à produire les conséquences sur lesquelles doit porter également la réponse du juge. Le juge a répondu à toutes les prétentions des deux parties, examinant les raisons, s'appuyant sur celles qui lui paraissent constituer la véritable source du droit, rejetant les autres, en suppléant, au besoin, denouvelles, et déduisant de cet examen la certitude de l'existence de toutes les conditions essentielles au bien-fondé de la prétention du demandeur, ou de l'exception ou demande reconventionnelle du défendeur. Une seule de ces conditions essentielles peut suffire pour faire triompher l'une des prétentions rivales ; l'absence d'une seule peut entraîner la perte de la cause. Le juge a à prononcer ainsi sur tous les points sans exception qui se trouvent influer d'une manière quelconque sur l'issue du litige ; il importe à l'intérêt des parties que chacune d'elles soit édifiée sur les moindres détails de la décision, et que la clarté des termes, résultat d'explications suffisantes, vienne couper court, par la suite, à de nouveaux procès sur l'interprétation du premier jugement. Donc, l'autorité de la chose jugée doit s'attacher à tout ce qui est essentiel à l'issue du procès : non pas à des énonciations faites en passant et sans caractère affirmatif, non pas aux arguments d'analogie, aux probabilités, aux hypothèses, alors même que le juge aurait fait connaître son opinion personnelle sur ces points secondaires : *non omnis vox judicis judicati continet auctoritatem*. L'autorité de la chose jugée appartient à tous les éléments du jugement essentiels et nécessaires, alors même qu'ils n'auraient pas été l'objet direct et principal du jugement ; elle doit être rigoureusement refusée à toutes les énonciations contenues dans la décision, qui ne présentent qu'un caractère contingent et n'étaient pas spécialement soumises à l'examen du juge.

Voici, selon nous, la véritable théorie, et, après examen sérieux, la seule qui nous paraisse résoudre équitablement la difficile question qui nous occupe. Comme nous l'avons dit au début, nous laissons de côté la distinction entre les motifs et le dispositif : cette division, pure question de forme, ne doit pas nous préoccuper. Puis, examinant individuellement tous les éléments du jugement, nous attribuons l'autorité de la chose jugée à ceux qui sont essentiels à la solution du procès, et sans l'autorité desquels cette solution serait incomplète, ou inefficace, ou inexistante : nous refusons cette autorité aux autres.

Si, par exemple, Primus revendique contre Secundus un objet que celui-ci possède, dit Primus, comme l'ayant recueilli dans la succession d'un de ses parents ; si, de son côté, Secundus

prouve qu'il ne possède et n'a jamais, à aucun
titre, possédé l'objet litigieux, le juge, appréciant les raisons opposées par le défendeur, dé-
clarera le demandeur mal fondé dans sa demande, l'en déboutera et le condamnera aux
dépens. L'autorité de la chose jugée doit de toute
nécessité s'attacher à tous ces éléments du jugement. Mais si le juge apprécie en outre la question d'hérédité sur laquelle le demandeur avait à
tort appuyé sa prétention ; s'il prononce ensuite,
qu'à son avis, l'objet litigieux est bien la propriété de Primus, et pour quelles raisons, l'autorité de la chose jugée n'appartiendra pas à ces
énonciations inutiles, et qui ne sont pas nécessaires à la clarté et à la stabilité de la décision,
quelque rapport qu'elles aient d'ailleurs avec
l'objet de la disposition. Nous admettons l'inanité, au point de vue de la chose jugée, de ces
affirmations inutiles du juge, même si elles sont
comprises dans le dispositif du jugement, de
même que nous avons attribué cette autorité aux
dispositions et points essentiels de la sentence,
dans quelque partie du libellé qu'elles se trou-
vassent exister [1].

[1] En tenant compte des différences qui existent nécessairement
entre les contrats et le compromis judiciaire, nous pouvons rapprocher cette théorie des termes de l'article 1320, C. civ. :
« L'acte, soit authentique, soit sous seing-privé, fait foi entre les
parties même de ce qui n'est exprimé qu'en termes énonciatifs,
pourvu que l'énonciation ait un rapport direct à la disposition.
Les énonciations étrangères à la disposition ne peuvent servir que
d'un commencement de preuve. »

C'est par application de ce principe que la cour de cassation a admis que la chose jugée par la décision qui attribue à un individu la qualité d'ouvrier d'un autre, n'est pas violée par le jugement qui déclare qu'il n'est ni domestique ni salarié [1].

On pourrait faire une objection à la théorie que nous avons exposée : c'est que, poussée dans ses conséquences extrêmes, elle est contraire au principe de l'identité d'objet. Nous reconnaissons ce fait, mais la doctrine que nous avons exposée ne contredit l'identité d'objet que dans les cas où cette identité même n'est pas nécessaire pour procurer l'identité de question de droit. Nous ne pouvons entrer ici dans une discussion que nous avons amplement exposée en droit Romain, et sur laquelle nous aurons à revenir à propos de l'identité objective considérée en droit Français ; mais nous avons déjà établi qu'il fallait rechercher seulement , avant tout, l'identité de question de droit : la théorie que nous avons exposée dans ce chapitre ne fait que confirmer cette proposition. Ajoutons que l'objection que nous discutons pourrait, à bien plus forte raison, être faite à la théorie qui n'accorde l'autorité de la chose jugée qu'au dispositif seul.

Enfin, on a tiré d'autres objections contre l'attribution aux motifs de l'autorité de la chose

---

[1] Dalloz, V^is *compétence commerciale*, 13 mars 1834, *affaire Villa.*

jugée, de différents textes du Digeste[1]. Nous ne discuterons pas ces lois, dont Merlin seul, du reste, a cherché à tirer argument[2]. M. de Savigny, en examinant la question qui nous occupe, a longuement réfuté les arguments de Merlin ; nous ne pourrions, sans étendre outre mesure ce sujet, les suivre dans cette controverse[3].

V.

Comme question connexe à celle que nous venons de résoudre, il nous reste à étudier si l'on peut appeler des motifs des jugements ; si l'appel sera recevable, alors qu'il se fonde plutôt sur des considérants qui ont déterminé le dispositif, que sur le dispositif lui-même.

Sur ce point, nous devons le reconnaître, la doctrine et la jurisprudence paraissent unanimes pour refuser l'appel fondé uniquement sur les motifs. Cette opinion est juste en soi, en ce sens qu'il n'y aurait pas de limites à la durée des procès s'il était permis d'appeler de chacun des considérants sur lesquels le dispositif s'appuie. Mais dans cette question comme dans la précédente, prenons garde que le formalisme d'une règle invariable et appliquée à tort à toutes les hypothèses, sans exception, ne se trouve en opposition

---

[1] L. 15, § 4 *de re jud.* ; l. 5 *de agnoscend. lib.*
[2] *Repert.* au mot *questions d'état*, § 2.
[3] De Savigny, § 298.

avec la logique. Un arrêt de la cour de cassation
du 2 décembre 1863 nous paraît donner la mesure dans laquelle doit être entendue cette théorie : « Attendu, dit cet arrêt, que la voie d'appel contre les jugements de première instance
est ouverte à *toute partie qui éprouve grief
de la décision qu'elle attaque*, lorsque cette décision excède le taux du dernier ressort, et que
l'appel est interjeté dans les délais et avec les
formalités prescrites.... [1] » Il n'est question
dans ce considérant ni de motifs, ni de dispositif;
l'arrêt recherche uniquement si les dispositions
que contenait le jugement attaqué peuvent avoir
lésé l'appelant, car ce préjudice suffit pour que
l'appel soit légitime et recevable. Dans l'espèce,
le jugement du tribunal de Vitry-le-François,
dont était appel, n'avait pas statué sur les conclusions du demandeur ; il s'était borné à les déclarer non recevables *dans les motifs de son jugement*, et son dispositif ne contenait d'autres
dispositions qu'une simple condamnation du demandeur aux dépens. La cour d'appel de Paris
avait rejeté l'appel du demandeur, comme fondé sur les motifs et non sur le dispositif. La cour
suprême a cassé cet arrêt, s'appuyant sur le considérant remarquable que nous avons rapporté,
et qui peut se résumer en cette maxime, qui nous
paraît le dernier mot de cette matière : « l'intérêt

---

[1] D. P. 1864, I, 124, texte et notes 2 et 3.

est la mesure des actions. » Dès que l'on reconnaît que la rédaction du jugement, quelque soit le sens dans lequel il est conçu, peut avoir une influence ultérieure sur les droits des parties, il faut accorder l'appel à toute partie qui, dans les motifs essentiels, ou dans le dispositif, *éprouve grief de la décision* [1].

[1] Mais nous sommes loin d'aller jusqu'à partager la doctrine émise par la cour de Colmar (Dalloz, *appel civil*, n° 144) dans un arrêt du 5 mai 1812, qui décide que celui qui a acquiescé à un jugement peut en appeler pour le faire réformer dans un de ses motifs, quand d'ailleurs ce motif est inutile à la justification du dispositif. — Si, en effet, ce motif était inutile, surabondant, il ne formait qu'une simple énonciation sans portée au point de vue de l'autorité de la chose jugée, et ne pouvait, par conséquent, contrairement à ce qui a été soutenu, former un préjugé contre l'appelant et lui nuire dans des procès identiques qu'il aurait à soutenir.

CHAPiTRE III.

Nous avons déjà vu quels étaient les jugements que protégeait cette présomption invincible qui fait l'objet de notre étude; nous avons
vu ensuite, et c'était l'ordre naturel à suivre, à
quelle partie du texte de ces décisions appartenait l'autorité protectrice de ces jugements; il
nous reste à étudier cette autorité dans le temps,
c'est-à-dire à examiner à partir de quel moment
précis les jugements en sont investis, à quel
moment ils la possèdent au degré le plus éminent. Nous ne pouvons résoudre cette question
sans exposer préliminairement quelles sont les
voies ouvertes pour attaquer les jugements.

I.

Les voies de recours contre un jugement sont
divisées par les commentateurs en voies de *rétractation* et voies de *réformation*, suivant qu'elles
ont pour objet de demander au juge même qui a
prononcé la sentence de revenir sur son jugement, ou à un juge supérieur d'en prononcer
l'annulation.

Les voies de réformation sont l'appel, la cassation et la prise à partie.

L'appel est proprement le recours à un juge supérieur contre le jugement rendu par le tribunal ou le juge inférieur. Il s'applique aux matières civiles comme aux matières criminelles. Il est principal ou incident, suivant qu'il est interjeté le premier, ou qu'il est formé contre le même jugement par la partie intimée sur l'appel principal.

Le pourvoi en cassation est un recours ouvert devant une juridiction unique et spéciale contre les jugements rendus en dernier ressort. Les causes de cassation peuvent être rangées sous deux chefs distincts : violation de la loi, omission de formes prescrites à peine de nullité. C'est seulement après une double cassation que la cour suprême impose sa doctrine au tribunal de renvoi.

La prise à partie est une voie de recours extraordinaire que la loi accorde en toute matière contre le juge qui a abusé de son autorité, pour le rendre responsable du mal-jugé et de tous dommages-intérêts. C'est un remède violent mais nécessaire, lorsque le juge a eu le malheur de se mettre dans un cas où la loi permet de l'employer. D'après l'opinion générale, le résultat de cette action n'annule pas le jugement directement, mais de nouveaux délais partent du jour du jugement sur la prise à partie, pendant lesquels le plaideur victorieux recouvre le droit de faire appel ou de former requête civile. Elle est donc loin de produire un effet aussi radical que l'action que nous avons vu appartenir en droit Romain au plaideur malheureux contre le juge « *qui litem suam fecit.* »

Les voies de rétractation sont l'opposition, lorsque le jugement a été rendu par défaut, la tierce-opposition et la requête civile.

L'opposition est, ainsi que nous venons de le dire, spéciale aux jugements par défaut. Tant que cette voie de recours reste recevable et ouverte, les autres ne peuvent être abordées. On peut la définir une voie par laquelle la partie défaillante s'oppose à l'exécution des jugements prononcés contre elle, et porte de nouveau l'examen du litige devant les mêmes juges qui en ont connu une première fois, en leur demandant la réformation de cette sentence comme ayant été surprise à leur religion [1]. C'est une application du droit de défense, « *ne inauditus condemnetur.* » En droit Romain et sous l'ordonnance de 1667, le droit d'opposition pouvait être exercé avant la fin de l'audience : il ne peut plus l'être maintenant que dans les délais légaux et sous l'emploi de certaines formes.

La tierce-opposition, fondée sur le même principe *ne inauditus comdemnetur,* est une

_____
[1] Dalloz, Vᵢˢ *jugements par défaut,* nₒˢ 163, 168 et suiv.

voie extraordinaire de recours ouverte à une tierce personne qui n'a pas été partie au jugement, soit par elle-même, soit par ceux qu'elle représente, et aux droits de laquelle ce jugement préjudicie. L'appréciation des caractères essentiels de la tierce-opposition est un point délicat, fort controversé ; nous aurons l'occasion de résumer cette question en traitant de l'identité de personnes [1].

La requête civile est définie par Pigeau, l'un des commissaires rédacteurs du Code de procédure, [2] une voie extraordinaire, qu'une personne peut, en certains cas, obtenir contre un jugement en dernier ressort non susceptible d'opposition, et dans lequel elle a été partie, pour le faire rétracter par le tribunal même qui l'a rendu, à l'effet de faire procéder de nouveau à l'examen et au jugement de l'affaire. Si la requête civile est admise, et elle ne peut l'être que dans les deux cas déterminés par l'article 480 C. de proc. civ., le jugement est rescindé. Il n'existe plus, et la cause revient une seconde fois devant le juge.

Enfin, deux autres voies de recours, qui tiennent un peu de la nature des mesures disciplinaires, et qui se rapportent plutôt à l'organisation judiciaire qu'à la théorie des jugements et de leur autorité, sont ouvertes contre les juge-

---

[1] V. chap. VI, art. 1er.
[2] Tome Ier, *hoc verb.*

ments civils par la loi du 27 ventôse an VIII, articles 80 et 88.

D'après le dernier de ces articles, le procureur général près la Cour de cassation a le droit de déférer à cette Cour les jugements en dernier ressort et contre lesquels les délais de recours sont expirés, lorsqu'il ont été rendus contrairement aux lois et aux formes de procédure. Le jugement n'en conserve pas moins ses effets et son autorité, mais il est publiquement censuré par la Cour de cassation, dans l'intérêt de la loi.

D'après l'art. 80, au contraire, « le gouvernement, par l'organe de son commissaire, et sans préjudice du droit des parties intéressées, doit dénoncer au Tribunal de cassation, chambre des requêtes, les actes par lesquels les juges auraient excédé leurs pouvoirs ou les délits commis par eux relativement à leurs fonctions. La section des requêtes annulera ces actes, s'il y a lieu, et dénoncera les juges à la chambre civile. » Ces deux articles de loi sont encore en vigueur, puisqu'ils n'ont été ni reproduits, ni contredits, ni supprimés par nos Codes. Toutefois, le dernier de ces articles a été reproduit, en matière criminelle, par l'article 441 du Code d'intruction criminelle. Le texte de l'art. 80 a, du reste, été étendu par la jurisprudence, qui admet qu'en matière civile (cette conséquence est au contraire niée au criminel), le pourvoi en annulation pour excès de pouvoir ne donne pas ouverture à une simple cassation dans le seul intérêt de la loi, mais à l'annulation des jugements *erga omnes*. Le procureur général Dupin le définit « une haute action gouvernementale, sans discussion étrangère, sans complication d'intérêts particuliers, introduite pour l'utilité générale, placée dans la sphère élevée qui est assignée à l'autorité suprême pour la limitation légitime des pouvoirs et la répression des perturbations judiciaires [1]. »

II.

Ces notions sommaires de procédure exposées, nous pouvons entrer maintenant dans l'examen de la question qui fait l'objet de ce chapitre : Que faut-il entendre par cette expression : chose jugée? Quand peut-on dire qu'un jugement est investi de l'autorité de la chose jugée?

Le silence de nos codes sur cette question nous force à nous reporter aux documents antérieurs de notre législation, et en particulier à l'ordonnance de 1667, qui porte dans l'article 5 de son titre VII : « les sentences et jugements qui doivent passer en force de chose jugée sont ceux rendus en dernier ressort et dont il n'y a appel, ou dont l'appel n'est pas recevable, soit que les parties y eussent formellement acquiescé, soit

[1] D. P. 1846, I. 176.

qu'elles n'en eussent interjeté appel dans le temps, ou que l'appel ait été déclaré péri. » Cet article formule donc trois classes de jugements emportant autorité de chose-jugée, les jugements rendus en dernier ressort, mais dont l'appel n'est plus recevable, et ceux dont l'appel n'a point été interjeté.

Cette doctrine a cependant été combattue, et deux systèmes contraires ont été successivement présentés.

Un système préconisé par M. Bonnier, soutient que l'autorité de la chose jugée n'existe véritablement, avec toutes ses conséquences, qu'après épuisement de toutes les voies de recours, tant ordinaires qu'extraordinaires, que nous avons énumérées au commencement de ce chapitre. Il serait donc nécessaire dans cette opinion que le jugement, pour être investi de cette autorité, fût à l'abri, non-seulement de l'appel ou de l'opposition, mais encore de la tierce-opposition et de la requête civile. Ainsi, l'autorité de la chose jugée est déniée à la grande majorité des jugements, à presque tous, et cette présomption si importante, établie pour affermir et assurer le maintien des décisions judiciaires, tombe à l'état de lettre morte, et devient une institution judiciaire sans utilité et sans emploi. Nous ne pouvons croire qu'il ait été dans la pensée du législateur de resserrer dans un cercle aussi étroit cette règle protectrice. Que l'on soutienne que lorsqu'un jugement a épuisé toutes les voies de recours, lorsqu'aucune de celles-ci ne peut plus être mise en jeu avec chance de succès, l'autorité de la chose jugée existe à un degré plus éminent, plus indiscutable que dans les jugements encore exposés aux voies de recours, ceci est juste, mais il y a une grande différence entre discerner plusieurs degrés dans la chose jugée, et ne la faire exister qu'à son degré le plus éminent.

Une autre doctrine plus généralement reçue et adoptée par de savants jurisconsultes, tels que Duranton et Zachariæ, enseigne que les jugements rendus en premier ressort, tant que l'appel n'a pas été interjeté et que l'on est encore, d'ailleurs, dans les délais pour le faire, et les jugements par défaut, même avant toute opposition, ne sont pas investis de l'autorité de la chose jugée.

Cette erreur, moins grave que la précédente, produirait aussi cependant les conséquences les plus fâcheuses, puisqu'elle ôterait toute leur puissance à des décisions qui cependant peuvent être mises à exécution. Elle est facile à réfuter, tant en invoquant les principes et l'opinion de la grande majorité des auteurs, qu'en examinant la jurisprudence sur ce sujet.

Pour que les jugements en premier ressort auxquels cette doctrine refuse l'autorité, ne jouissent pas, en effet, de cette prérogative, il faudrait qu'ils n'eussent aucune influence légale au point de vue du droit, qu'ils n'eussent pas résolu une question, prononcé sur les conclusions des parties. Les actes judiciaires de cette dernière sorte, ainsi que nous l'avons déjà dit, ne sont pas, en effet, investis de l'autorité de la chose jugée, et ils n'ont du reste pas besoin de cette protection, puisqu'ils ne contiennent aucune décision juridique à protéger.

Mais dans l'hypothèse où nous nous plaçons, nous considérons les décisions judiciaires définitives, ayant résolu, soit par une condamnation, soit par un congé de demande, le point de droit contenu dans les conclusions du demandeur [1]. Ces jugements emportent évidemment la présomption de vérité qui constitue l'autorité de la chose jugée, ou alors il faudrait soutenir, ce qui serait un non-sens, qu'un jugement n'existe pas, comme jugement, tant qu'il est susceptible d'appel ou d'opposition. La preuve évidente qu'il existe dès lors une autorité de chose jugée, provisoire il est vrai, mais très-réelle, c'est que le jugement passera même en force de chose irrévocablement jugée si ni l'appel ni l'opposition n'ont été formés dans les délais. En attendant cet état définitif, le provisoire atteste évidemment l'existence de l'état qu'il qualifie. Que s'il faut

---

[1] C'est assez dire que les jugements par défaut dont nous nous occupons sont ceux rendus par défaut contre le défendeur, et non ceux de défaut-congé.

bien reconnaître que ces recours, dès qu'ils sont exercés, dépouillent le jugement de toute influence de chose jugée, et par une sorte d'anéantissement rétroactif, détruisent la présomption qui existait jusque-là; il faut de toute nécessité, pour que ce résultat se produise, qu'il y ait appel ou opposition. « Il y a plus, il faut que le recours soit régulier; car, si un jugement qui doit être attaqué par opposition, en ce qu'il est rendu par défaut, avait été à tort frappé d'appel dans le délai de l'opposition, contrairement à l'article 443 du Code de procédure, par la partie condamnée, cet appel serait sans effet, et par suite n'empêcherait pas le jugement d'acquérir force de chose jugée [1]. »

Cette démonstration est confirmée par l'opinion des auteurs et des monuments de notre ancien droit. Nous n'avons qu'à nous reporter à l'article de l'ordonnance de 1667 que nous citions plus haut, pour voir que l'autorité de la chose jugée était comme l'attribut nécessaire de tous les jugements. Nous pouvons joindre à ce texte le commentaire que Pothier a présenté à son occasion : il a d'autant plus d'importance que c'est à Pothier lui-même, comme nous savons, que les rédacteurs du Code ont emprunté la théorie de la chose jugée. « Tant qu'il n'y a pas d'appel, ces jugements (les jugements contra-

---

[1] Tiré des motifs d'un arrêt de la Cour de cassation du 30 avril 1812. — Dalloz, *Chose jugée*, n° 17.

dictoires de première instance) ont , de même que ceux rendus en dernier ressort , une espèce d'autorité de chose jugée qui donne le droit d'en poursuivre l'exécution , et forme une espèce de présomption *juris et de jure* qui exclut de pouvoir rien proposer contre , tant qu'il n'y a point d'appel interjeté ; seulement, cette autorité et la présomption qui en résulte ne sont que momentanées , et sont détruites aussitôt qu'il y a un appel [2] ».

III.

Nous donnerons à cette démonstration, qui est si évidente au point de vue des jugements contradictoires qu'elle n'a point besoin d'être poussée plus loin, une autorité plus grande en ce qui regarde les jugements par défaut, en examinant en détail les circonstances de l'exécution de ces derniers jugements ; nous ne parlons , bien entendu, que du défaut prononcé contre le défendeur.

L'article 155 du Code de procédure s'exprime ainsi : « Les jugements par défaut ne seront pas exécutés avant l'échéance de la huitaine de la signification à avoué , s'il y a eu constitution d'avoué , et de la notification à personne ou à domicile, s'il n'y a pas eu constitution d'avoué ; à moins qu'en cas d'urgence l'exécution n'en ait

[2] *Des obligations* , n° 852.

été ordonnée avant l'expiration de ce délai, dans les cas prévus par l'article 135. — Pourront aussi les juges , dans les cas où il y aurait péril en la demeure, ordonner l'exécution nonobstant l'opposition avec ou sans caution , ce qui ne pourra se faire que par le même jugement. »

La présomption de chose jugée qui appartient aux jugements par défaut est affirmée explicitement par cet article, mais comme il reconnaît que cette présomption est légère, il la corrobore par une autre présomption, c'est qu'après un silence prolongé pendant un certain délai, la partie condamnée aura été censée acquiescer au jugement rendu contre elle absente. Ce délai de huitaine franche, propre aux jugements par défaut, puisqu'en matière de jugements contradictoires, vingt-quatre heures suffisent en principe entre la signification du titre et la réalisation de la saisie, a évidemment pour objet de mettre la partie défaillante en état de critiquer le jugement qu'on viendrait exécuter contre elle.

Mais nous remarquons que l'article ne prohibe que l'exécution du jugement par défaut, et ne prétend pas que ce jugement n'ait conféré un droit très-réel, un avantage actuel au demandeur qui l'a obtenu. Ainsi, en vertu de ce jugement, et même avant la huitaine de la signification, le demandeur pourra prendre une inscription hypothécaire sur les biens de son débiteur aux termes de l'article 2123 du Code civil, faire opposition à la levée des scellés aux termes de l'article 926 du Code de procédure, s'opposer, conformément à l'article 882 du Code civil, à ce que le partage d'une succession échue à son débiteur soit fait en son absence ou sans qu'il y ait été appelé, et faire, en un mot, tous les actes conservatoires que l'article 125 du Code de procédure lui permet, nonobstant le délai d'opposition.

Cette considération montre assez que l'autorité de la chose jugée s'attache aux jugements par défaut dès le moment où ils sont prononcés, mais la dernière partie de l'article 155 prouve ce principe d'une manière plus frappante encore en permettant aux tribunaux :

1° D'autoriser dans certains cas l'exécution immédiate pendant le délai de l'opposition ;

2° D'autoriser l'exécution du même jugement, non-seulement malgré l'éventualité d'une opposition, mais même malgré le fait d'une opposition existante et déjà notifiée.

L'exercice de ce pouvoir par le tribunal est, il est vrai, subordonné à l'existence du péril que ce retard ferait courir aux droits du créancier ; mais cette faculté d'exécution implique tellement l'autorité du jugement, que le tribunal jouit, à quelques égards, en condamnant par défaut, d'un pouvoir plus large, quant à l'exécution provisoire, que quand il condamne contradictoirement (art. 135).

IV.

Pour résumer la théorie exposée dans ce chapitre, nous poserons comme principe que tout jugement qui tranche un débat acquiert, dès le moment où il est prononcé, l'autorité de la chose jugée. « *Omnis res judicata pro veritate habetur.* » Mais nous distinguerons à cette présomption trois significations et trois degrés divers, suivant qu'elle peut être plus ou moins facilement détruite.

Au degré le plus éminent, le plus rigoureux, elle s'applique aux jugements qui ne peuvent être l'objet d'aucune espèce de recours, même extraordinaire.

Au second degré, cette expression se rapporte aux jugements qui sont à l'abri des voies ordinaires de recours, l'opposition et l'appel. C'est ce qu'on entend d'habitude lorsque l'on parle d'un jugement passé en force de chose jugée.

Enfin, au troisième et dernier degré, on désigne comme chose jugée le résultat d'un jugement susceptible d'être attaqué par un mode de recours ordinaire, mais qui ne l'a pas encore été.

La différence entre ces diverses classes de jugements consiste dans la plus ou moins grande solidité de la présomption sur laquelle s'appuie leur autorité.

CHAPITRE IV.

L'article 1351, siége de la matière qui nous occupe, base de la présomption qui fait l'objet de cette étude, est ainsi conçu : « L'autorité de la chose jugée n'a lieu qu'à l'égard de ce qui fait l'objet du jugement. — Il faut que la chose demandée soit la même, que la demande soit fondée sur la même cause, que la demande soit entre les mêmes parties, et formée par elles et contre elles en la même qualité. »

C'est, nous le savons, la traduction des lois 11, 12 et 13 du titre *de exceptione rei judicatæ*, et cette traduction est empruntée à Pothier. Pothier n'avait pas, comme Julien, borné les conditions de l'identité de chose jugée à la nécessité de l'identité de question de droit, il avait poussé plus loin son analyse, et, comme Ulpien, Paul et Nératius, avait décomposé cette identité générale en identité d'objet, de cause et de personnes [1]. Nous ne reviendrons pas sur les considérations assez étendues dans lesquelles nous sommes entrés en droit Romain, et desquelles il résulte que l'identité d'objet n'est pas toujours indispensable pour

---

[1] Voir ci-dessus, droit Romain, chapitre IV.

procurer l'identité de chose jugée, quand d'ailleurs concourent l'identité de cause et celle de personnes.

D'un autre côté, notre législation présente des cas où la condamnation demandée paraît n'être ni l'objet du droit ni son estimation. Que le droit, en effet, soit mis en cause à l'occasion d'une de ses conséquences, devra-t-on considérer la condamnation à laquelle tend l'instance, comme l'objet de la demande, ou devra-t-on, dès que cette condamnation sera différente, reconnaître qu'il n'y a pas identité de chose jugée? Mais le droit, répond-on, a été jugé : c'est ce droit sur lequel il a été prononcé à propos d'une de ses conséquences qui est l'objet de la demande. Alors, où réside la cause de cette demande ? — Nous avons déjà répondu à cette difficulté en faisant observer avec quel soin il fallait distinguer entre eux l'objet, la cause prochaine, et les causes éloignées ou moyens d'un droit, surtout dans les cas où ces divers éléments paraissent presque se confondre. L'inutilité pratique, dans bien des cas, de la subdivision de l'identité de question de droit n'a pas besoin d'être plus longuement démontrée[1].

---

[1] Aux exemples que nous avons produits en droit Romain pour prouver le danger de cette subdivision, il conviendrait d'en ajouter quelques-uns tirés du droit Français. Nous nous bornerons à deux espèces.

Une personne a intenté une action en résiliation de vente pour éviction partielle, se fondant sur l'article 1636 du Code civil ; elle a échoué, faute d'avoir prouvé sa qualité d'acheteur. Elle demande

Nous continuerons cependant à adopter cette classification des conditions de l'autorité de la chose jugée, à l'exemple de tous les jurisconsultes, car elle est juste et utile dans la grande majorité des hypothèses, et elle présente cet avantage de donner un cadre clair et facile, où les explications trouvent aisément leur place logique, suivant qu'elles se rattachent plus particulièrement à l'objet, à la cause, ou au sujet.

De l'identité d'objet.

L'étude de cette première condition de l'autorité de la chose jugée va se trouver d'autant plus simplifiée que la plupart des principes que nous aurions eu à exposer ici ont été présentés en droit Romain. Ce que, dans le chapitre IV, nous avons dit sur les cas où l'identité d'objet ne paraissait pas une condition rigoureuse de l'identité de question, sur la légitimation de la demande, sur les deux grandes règles du rapport du tout à la partie, doit être, à titre de principes, et quoique les conséquences en aient souvent varié avec la législation, accepté en droit Français. Mais la place naturelle de ces règles théoriques était

alors, par une seconde instance, une diminution de prix : il y aura lieu d'opposer l'exception.

De même, si une personne après avoir réussi en demandant des aliments à sa mère, par exemple, se voit contester plus tard par ses cohéritiers le droit de prendre part à la succession de celle-ci, il y aura lieu de leur opposer l'exception.

dans l'étude du droit Romain, puisque ce sont les textes des jurisconsultes qui en ont transporté l'application dans la législation positive.

Nous allons donc avoir en ce moment moins à établir des principes qu'à appliquer, à mesure que nous allons nous avancer dans l'étude de notre sujet, les principes que nous connaissons déjà. Nous le ferons avec discernement, et en tenant compte des changements qu'ont subis les formes de la procédure. Nous profiterons des règles formulées dans les textes du Digeste, sans nous y asservir : c'est, en effet, en regardant de très-près aux espèces prévues par les lois Romaines que l'on parvient à en reconnaître l'esprit.

I.

Sans entrer de nouveau dans les discussions que nous avons résumées à propos des deux principes *est pars in toto,* — *non in parte totum,* et en les admettant dans la juste mesure que nous avons posée en droit Romain, nous devons faire remarquer que le juge doit, dans notre droit moderne, se guider beaucoup plus par les considérations d'équité que le *judex* Romain, emprisonné dans le cercle étroit de la formule. Notre droit a fait justice du mécanisme gênant et restrictif des instructions écrites du magistrat. Le pouvoir du juge se meut, chez nous, à sa volonté, n'ayant d'autres limites que les conclusions du demandeur. Pourvu qu'il ne statue pas au-delà des limites de la demande, toute latitude d'appréciation des faits et du droit, toute faculté d'interprétation des droits ou de la volonté des parties lui est laissée.

Résumons en un mot les principes généraux que nous avons adoptés. Les deux axiômes du rapport du tout à ses parties sont fort justes quand on veut bien, pour les appliquer, ne prendre conseil que des lumières du bon sens, sans fausser les idées par des raisonnements de doctrine. Ils se réduisent à cette proposition que le jugement qui a prononcé sur la totalité du droit ou de l'objet réclamé a prévu le plus souvent la question qui pourrait se présenter par rapport à chacune des parties de ce droit, ou des fractions de cet objet, que, par conséquent, il y aura identité de chose jugée, au lieu que cette identité ne se présentera pas ordinairement dans le cas où le juge, ne prononçant que sur une fraction d'un objet, une partie d'un droit, n'aurait pas à résoudre la question plus générale qui gouverne le rapport de droit au regard de la totalité de l'objet ou du droit réclamé. Il faut, pour que l'axiôme *est pars in toto* puisse trouver son application, que la contestation ait porté, non pas seulement d'une manière nominale, *nomine tenùs*, mais réellement, sur la totalité de la chose ; — pour que la formule *non est in parte totum* soit juste, il est nécessaire que le jugement n'évoque pas au fond la question de droit générale qui s'applique à l'objet entier. En d'autres termes, il faut examiner si les solutions des deux procès peuvent coexister ou sont inconciliables entre elles : s'il y a conflit, nous retombons, sans cesser de nous conformer à nos axiômes, dans l'application des règles ordinaires.

C'est ici le lieu de parler de l'arrêt Sœhnée (Cass. 30 mars 1837) qui contient une remarquable application des principes posés. Marcadé [1] l'invoque à l'appui de son opinion ; mais comme, dans les développements dont il le fait précéder, il nous paraît confondre des hypothèses qui ne rentrent pas toutes dans le même ordre d'idées, il se sert de cet arrêt pour corroborer des déductions que nous trouvons très-fausses. Aubry et Rau [2] approuvent cet arrêt, en critiquant la doctrine de Marcadé, et en faisant remarquer que, dans l'espèce que prévoit l'arrêt, la règle *in toto et pars continetur* n'est pas en jeu. Larombière [3] et Sirey [4] rapportent l'arrêté et en admettent la solution ; Dalloz l'approuve également et critique avec force la théorie de Marcadé.

Le point de droit consacré par cette décision est cependant fort simple, et nous l'avons déjà exposé en droit Romain en posant la distinction entre l'*usufructus formalis* et l'*usufructus cau-*

[1] P. 172, note 1.
[2] T. VI, p. 1495, note 63.
[3] Sur l'art. 1351.
[4] 837, 1, 980.

salis, entre l'*actus* et l'*actus sine itinere* : nous avons dit que c'étaient soit des démembrements *distincts* du droit de propriété, soit, dans un cas, une fraction du droit de propriété, et dans l'autre, une servitude. L'arrêt fait la même distinction :

La veuve Sœhnée était propriétaire d'un terrain grevé de la servitude *non œdificandi.* Par une première demande, elle cherche à faire déclarer que, par suite d'une modification dans l'état des lieux (le passage d'une rue entre le fonds grevé et celui jouissant de la servitude), elle est affranchie de toute servitude et libre d'user de son fonds à son gré, même en élevant des constructions autres que le mur de clôture qui existait. Repoussée dans cette prétention par le tribunal de la Seine, la demanderesse éleva des boutiques dans la hauteur de l'ancien mur de clôture. Les propriétaires de la servitude l'actionèrent alors devant le tribunal, pour violation de la chose jugée par la première décision, mais leur action, leur appel et leur pourvoi en cassation furent successivement rejetés par le motif que si la demande en déclaration de non existence de la servitude *non œdificandi* avait été rejetée, cela ne faisait pas obstacle à ce qu'on pût demander le droit distinct d'exploiter utilement le mur de clôture, en lui donnant de la profondeur, et en y pratiquant des ouvertures et des boutiques accédant sur la voie publique. Le conseiller Lasagni fait remarquer dans son rapport de l'affaire que l'espèce, en ne rentrant pas dans la règle *est pars in toto,* la confirme par *a contrario :* « Il est incontestable que la généralité, le tout, l'*universum jus* indéfiniment écarté, toutes ses parties essentiellement intégrales formant elles-mêmes au temps du premier procès cette même généralité, ce même tout, ce même *universum jus,* demeurent aussi écartées, sans qu'il soit besoin d'un rejet spécial à chacune d'elles ; mais il n'en est pas ainsi lorsqu'il s'agit d'un droit généralissime avec lequel ont un rapport direct plusieurs espèces qui, loin d'être parties intégrantes du même genre et en former le tout, en sont au contraire très-séparées et très-distinctes, dont on peut jouir de manière que l'un ne soit pas compris dans l'autre ; c'est alors que le jugement rendu sur l'un, et notamment sur le droit généralissime, ne juge pas toutes ces espèces différentes dont il n'a pas été question lors du même jugement. »

On a peine à se figurer comment un arrêt, intervenant dans une espèce aussi simple, précédé d'un commentaire aussi clair que le rapport dont nous venons de reproduire un extrait, a pu être invoqué par Marcadé pour soutenir la théorie suivante : la première demande de la dame Sœhnée était à fin de construire sur la rue tant en hauteur qu'en profondeur ; la deuxième tendait à construire en profondeur seulement, deux choses qui, dit-il, ne forment pas un même objet : donc il n'y avait pas lieu en effet à l'exception de chose jugée, et l'axiôme *est pars in toto* se trouvait en défaut ; — mais il semble pourtant bien incontestable que construire en profondeur est compris dans la faculté de construire tant en hauteur qu'en profondeur, comme la partie intégrale est comprise dans l'objet : *est pars in toto*. Marcadé triomphe de ne pas pouvoir faire rentrer l'un dans l'autre deux objets absolument distincts et divisés : l'erreur du savant professeur vient confirmer les principes que nous avons posés.

Après avoir demandé l'usage d'un fonds, peut-on demander l'usufruit de ce fonds ? Duranton ne le pense pas, car il y a, dit-il, chose jugée pour tout ce qui représente l'émolument du droit d'usage : si l'usufruit était un droit divisible, on pourrait en théorie avoir tout le surplus de cet émolument, mais ce raisonnement est sans portée en présence de l'indivisibilité de cette servitude[1]. Nous croyons, au contraire, que dans cette hypothèse on pourrait réclamer le droit d'usufruit sur un immeuble après avoir succombé sur la question d'usage, attendu que l'usage et l'usufruit sont deux droits distincts, et que le jugement qui a prononcé sur l'un n'a par rapport à l'autre rien préjugé. — Nous appliquerons le même raisonnement à l'hypothèse inverse[2].

---

[1] Duranton, t. XIII. no 467.
[2] V. cass. 9 juillet 1817. Dalloz, *chose jugée*, no 110-5o.

Ferons-nous le même raisonnement dans le cas où, après avoir demandé l'usufruit d'un immeuble, on en réclame la toute-propriété? Oui, répond-on dans une première opinion, car demander l'usufruit est bien reconnaître qu'on n'a aucun droit à la pleine propriété. Dalloz [1] réfute ce système en faisant remarquer que lors du débat sur l'usufruit, l'ignorance du demandeur sur la question de toute propriété était tout-à-fait présumable. La véritable raison qui nous fait partager cette dernière opinion est celle que nous avons présentée en droit Romain, chapitre IV § 7, la différence doctrinale entre l'usufruit *causalis* qui est demandé dans la deuxième instance, et l'usufruit *formalis* réclamé par la première, deux objets absolument distincts, puisque l'un appartient au propriétaire *jure dominii*, et l'autre *jure servitutis* [2].

Nous ne pouvons décider en droit Français, comme nous l'avons fait en droit Romain (même chapitre, §. 6), que le rejet d'une demande d'intérêts donne habituellement lieu à l'exception de chose jugée pour la demande du capital lui-même. En droit Romain, en l'absence des motifs des jugements, il eût été difficile de connaître la raison du rejet de la de-

---

[1] *Chose jugée*, n₀ 116.

[2] C'est en appliquant les mêmes principes que nous admettrons qu'on peut revendiquer un fonds après avoir échoué dans la réclamation d'une servitude sur ce fonds.

mande : en droit Français, au contraire, nous ne saurions admettre, en principe, cette distinction, l'incertitude sur le motif qui fait repousser la demande n'étant plus guère possible.

Si au contraire le demandeur avait obtenu des intérêts dans la première instance, il ne serait plus possible de soulever un nouveau débat sur l'existence de la dette ; car l'identité d'objet, pour être virtuelle, n'en existe pas moins, dès qu'il est certain que le juge a dû examiner la question au fond, lors du premier procès.—Nous ferons le même raisonnement dans le cas de jugement rendu sur la totalité des arrérages d'une rente viagère : en principe, le jugement ne prononce pas sur le fond, mais seulement sur les arrérages, et si le fond peut être l'objet de la décision, ce n'est qu'accessoirement, et non nécessairement, comme paraissent l'établir l'arrêt de Rohan-Guéménée (Cass. 27 avril 1807) et les conclusions que Merlin a prononcées, comme procureur général, dans cette affaire, et qu'il a insérées ensuite, comme jurisconsulte, dans son répertoire au mot *chose jugée*, n° 17.

Il n'y a pas lieu d'appliquer l'exception de chose jugée par cela seul que celui qui agit au pétitoire a succombé dans une action préalable au possessoire [1]. En effet, la chose demandée dans les deux actions n'est pas la même, puisque,

---

[1] L. 14 § 3 D. *de except. rei jud.*

par l'action possessoire, le demandeur conclut
simplement à être maintenu ou réintégré dans un
droit de *possession*, tandis qu'au pétitoire, il
tend simplement à faire reconnaître un droit de
propriété. Sans doute, les actions possessoires et
les actions pétitoires se rapprochent par leur
objet apparent, en ce que, dans l'action possessoire comme dans l'action pétitoire, on conclut
en général à obtenir la détention physique, matérielle de la chose. Mais ce n'est là qu'un premier aspect, et la différence sensible qui les
sépare est dans la cause, le principe de l'une et
l'autre action. Dans l'action pétitoire, le but est la
possession, mais c'est le droit de propriété prétendu qui est la cause. Dans l'action possessoire, la possession est à la fois le but et la cause
du titre, en ce que l'on déduit de la détention
physique antérieure le droit constant à la possession, de la possession de fait la possession de
droit. — Il est vrai que le juge du possessoire et
celui du pétitoire peuvent se rencontrer dans
l'appréciation des moyens invoqués à l'appui de
l'une et de l'autre action, mais nous avons vu en
droit Romain, et dans notre chapitre II de droit
Français, que la chose jugée ne peut résulter
uniquement des moyens sans qu'il y ait identité
de question [1].

[1] V. Cass., 30 Juin 1856 (D. P. 1858, 1. 93) ; 28 décembre
1857 (1858 1.113) ; Caen, 21 mai 1856 (1857. ii. 80) ; Pau (id.
189) et les notes. — V. aussi Cass. 11 avril 1865. (Dev. i. 224).

En sens inverse, l'article 26 du Code de procédure est ainsi conçu : « Le demandeur au pétitoire ne sera plus recevable à agir au possessoire. » En effet, celui qui se charge de faire la preuve compliquée de la propriété, qui se constitue demandeur au pétitoire, paraît tacitement reconnaître que l'adversaire est le véritable possesseur de la chose, puisque l'intérêt principal de l'action possessoire est de donner à celui qui triomphera sur cette action l'avantage du rôle de défendeur dans les procès pétitoires qui pourraient s'élever dans la suite. Donc, renoncer au rôle de défendeur, c'est renoncer tacitement à l'action possessoire. La disposition de l'article 26 n'est pas fondée sur ce que le jugement rendu sur l'action pétitoire a l'autorité de la chose jugée, quant à l'action possessoire, mais seulement sur la présomption de renonciation à l'avantage de la possession, qu'on a cru devoir attacher à l'introduction d'une action pétitoire.

Le droit romain n'admettait pas cette théorie, ainsi qu'il résulte des deux textes suivants : *Nec possessio et proprietas misceri debent; namque impediri possessionem, si alius fruatur ; neque alterius fructum computari si alter possideat* [1]. — *Nihil commune habet proprietas cum possessione ; et ideo, non denegatur ei interdictum uti possedetis, qui cœpit rem vin-*

---

[1] L. 52 pr. D. *De acquirendâ vel amittendâ rerum possessione.*

dicare, non enim videtur possessioni renun-
tiasse qui rem vindicavit[1].— De ces deux présomptions contraires, celle du droit Romain et
celle du droit Français, laquelle doit être préférée? Nous croyons, contrairement à l'opinion
de MM. Aubry et Rau[2], que celle du droit
Français est plus équitable. Sans doute, elle
pourra se trouver en défaut, mais c'est là le
sort de toutes les présomptions, qui ne doivent s'attacher qu'à la plus ou moins grande probabilité, *id quod plerumque fit.*

Les questions dans lesquelles le droit Romain,
en cette matière, est le plus en divergence avec
le droit Français, sont celles qui se rapportent
aux interdits *adipiscendæ possessionis.* Nous
devons entrer, à ce propos, dans quelques détails
que nous n'avons pas indiqués dans notre partie
Romaine, parce qu'ils tirent principalement leur
intérêt de la comparaison avec notre législation.

Le demandeur de l'action possessoire, dans
notre droit, fonde sa réclamation sur une possession antérieurement acquise. Il en était de
même en droit Romain dans les interdits *reti-*
nendæ ou *recuperandæ possessionis,* qui ten-
daient soit à recouvrer, soit à retenir une possession antérieure que le demandeur soutenait lui
appartenir. Mais dans les interdits *adipiscendæ*

[1] L. 12 § 1er, Cod.

[2] T. VI, p. 500, n^te 80, *in fin.*

possessionis, où le demandeur cherchait à acquérir la possession, et reconnaissait, par suite, qu'elle ne lui avait jamais appartenu, la demande ne se fondait pas originairement sur la possession, mais sur les titres que le demandeur produisait pour justifier de sa qualité à l'encontre de celui qui possédait *pro herede vel pro possessore*. Dans ce cas, il paraissait difficile que la question de possession ne s'identifiât pas avec celle de propriété, du moins jusqu'à un certain point, et que l'appréciation portée sur les titres, lors de la première demande, ne revêtît l'autorité de la chose jugée par rapport à la deuxième. C'est ce qui a fait soutenir à M. de Savigny que ces interdits n'étaient en réalité pas possessoires, puisque la demande n'avait pas pour fondement le droit de possession, mais un droit absolument distinct de ce dernier, de même que la revendication, l'action hypothécaire n'avaient jamais été considérées comme des moyens de droit possessoires [1].

Un arrêt de la Cour de cassation du 27 octobre 1812 [2] applique les principes du droit Romain, et décide que dans les interdits *adipiscendæ possessionis* la décision du juge au possessoire sur la validité du titre devait servir de règle au juge du pétitoire. Les faits se passaient à

---

[1] De Savigny, *Traité de la possession*, § 35. — Bonjean, *Traité des actions*, t. II, p. 368.

[2] Dalloz, *Chose jugée*, n° 128.

Gênes en 1793, époque où l'interdit possessoire était encore en usage en Italie.

On a critiqué cette application du droit Romain faite par la Cour de cassation, par le motif que la Cour ne ferait probablement pas l'application de la même théorie aux cas analogues d'actions possessoires que présente notre droit, dans lesquels l'examen du titre est également nécessaire ; cela est possible, mais ne prouve rien, car la Cour n'aurait plus alors à appliquer les principes du droit Romain. Dalloz [1] attaque ce motif, et en présente un autre qui ne nous paraît pas plus probant. — Nous ne saurions cependant adopter la doctrine de l'arrêt que nous venons de citer ; la véritable règle à suivre consiste à considérer s'il y a ou non identité de question de droit entre les deux actions, et il est incontestable que d'ordinaire cette identité entre l'action possessoire et l'action pétitoire fera défaut [2].

II.

Nous ne pousserons pas plus loin cette énumération, qui ne doit comprendre que les cas pouvant présenter quelque difficulté. Les autres espèces que nous aurions à exposer sont faciles et se résolvent par une simple application des prin-

---

[1] *Chose jugée*, n₀ 19.

[2] V. Chauveau et Carré, *Procédure Civile*, t. Ier, question 101 bis.

cipes, suivant qu'il y a ou non identité d'objet, ou, plus généralement, identité de question de droit.

L'identité d'objet paraît souvent exister, tout en n'étant pas réelle, entre deux jugements dont le deuxième ne fait que régler le mode d'exécution du premier. Nous n'avons pas besoin de prouver que cette identité n'est qu'apparente puisque le deuxième reconnaît implicitement que la question a été tranchée par la première décision, en réglant le mode d'interprétation et d'exécution de celle-ci. Mais la chose jugée pourrait être attaquée si la seconde décision, sous prétexte de réglementer le mode d'exécution de la première, présentait des dispositions qui ne fussent pas conformes à l'esprit de celle-ci et en empêchassent les effets et le but.

CHAPITRE V.

———

I.

Pour la définition de la cause d'un droit litigieux, du *cur petitur*, nous nous en référons à ce
que nous avons dit dans le chapitre V du droit
Romain. La distinction entre les *causæ remotæ*
et *proximæ* et tout ce qui se rapporte aux principes devrait également trouver sa place ici, si ce
n'était entrer dans d'inutiles redites.

La seule différence considérable que nous
ayons à noter entre les deux législations est relative à la distinction qui existait en droit Romain
entre les actions réelles et personnelles. Cette
distinction a été abolie dans notre droit par l'article 61 § 3 du Code de procédure, qui exige
que l'exploit d'ajournement contienne « l'objet
de la demande, l'exposé sommaire des moyens. »
Déjà, au reste, la doctrine adoptée dans notre
ancien droit Français n'admettait plus le principe
romain en matière d'actions réelles « *omnes
causæ uná petitione adprehenduntur,* » et le
Code ne s'en fût-il pas explicitement expliqué,
qu'il eût consacré implicitement cette opinion en

exigeant l'identité de cause comme condition de la chose jugée, aussi bien pour les actions réelles que pour les actions personnelles. D'où il faut conclure que, dans notre législation, le demandeur de l'action réelle est libre de ne déduire en justice que celui de ses titres qu'il lui plaira d'invoquer, puisqu'aucun texte ne le force à faire valoir simultanément à l'appui de son droit tous les titres qu'il pourrait avoir en sa possession. Il pouvait ne pas connaître ses titres, les avoir perdus, égarés, ou en ignorer l'importance. La loi n'a jamais considéré l'erreur ou l'ignorance comme une cause de déchéance ou d'exclusion. — Que si l'on répond à cette théorie en transportant en droit Français le texte de Paul que nous avons cité en droit Romain à l'appui de l'opinion contraire « *neque enim amplius quam semel res mea esse potest, sæpius autem deberi potest,* » nous répliquerons en renvoyant à l'explication que nous avons donnée de ce texte : nous ajouterons que si celui qui a revendiqué un droit réel, sans désignation de titre, n'est pas recevable à reproduire sa demande, comme nous allons le prouver tout-à-l'heure, il ne faut pas en conclure que celui qui, en réclamant un droit réel, avait produit par erreur un titre spécial qui a été écarté par le juge comme nul ou insuffisant, ne puisse en vertu d'une autre cause, réclamer le même droit, malgré le jugement précédemment intervenu. — On caractérise très-bien la différence existant entre les deux législations par rapport à la cause des actions réelles, en disant qu'en droit Romain, la cause de l'action réelle était le droit réel prétendu, et qu'en droit Français, c'est le titre d'acquisition de ce droit.

En supposant, éventualité bien rare et difficile à admettre, que la cause de la revendication ne se trouvât pas indiquée dans l'exploit introductif d'instance, et que le défendeur n'eût pas excipé de la nullité de cet exploit, nous pensons, avec M. Bonnier [1] et Marcadé [2], qu'il suffira de l'indication que les motifs du premier jugement auront donnée de la première cause, pour que la deuxième demande fondée sur une autre cause doive être reçue : la bonne foi, qui dans notre droit a pris presque partout le pas sur le droit strict, exige qu'il en soit ainsi.

Bien plus improbable encore serait le cas où ni dans l'exploit, ni dans les pièces du procès, ni dans le jugement (passé en force de chose jugée) les causes de revendication ne se trouveraient indiquées : c'est même, on peut le dire, une hypothèse absolument théorique. Nous croyons que le Code, en excluant presque la possibilité de cette hypothèse, a clairement indiqué, par suite, qu'il ne présentait aucune solution, même implicite pour le cas où elle se présenterait malgré la disposition de l'article 61. Nous serions donc

[1] Nº 687.
[2] Nº IX, p. 182.

disposé à adopter, avec Dalloz [1] et la jurisprudence, la théorie Romaine pour ce cas particulier.

II.

Nous venons d'indiquer et de résoudre incidemment une question fort importante, et sur laquelle nous devons revenir. Il est de principe qu'un fait nouveau, une cause nouvelle permettent de former à nouveau une demande sur laquelle il a été prononcé par un précédent jugement [2], mais faut-il considérer comme un fait nouveau, un fait nouvellement produit, mais antérieur par sa date à une précédente instance?

En droit Français, comme nous l'avons dit, cette question peut se présenter en matière d'actions réelles aussi bien que dans les actions personnelles. C'est toute fois spécialement à propos de cette dernière classe d'actions que nous raisonnerons, parce que nous nous proposons de suivre la jurisprudence consacrée tout récemment par l'arrêt de la Cour d'appel de Paris du 1er août

[1] No 383.

[2] C'est par application de ce principe que la Cour de Rouen a décidé, le 20 août 1873, que la décision passée en force de chose jugée qui a écarté la demande d'un propriétaire tendant à faire reconnaître à son profit l'existence d'une servitude d'écoulement des eaux sur le fonds d'un de ses voisins en vertu d'une convention privée, ne fait pas obstacle à ce que ce propriétaire réclame plus tard l'établissement d'une servitude identique par application de la loi des 29 avril-1er mai 1845 sur les irrigations. V. D. P. 1874, II, 116.

1874 (Affaire de Bauffremont) confirmé par l'arrêt de la Cour de cassation du 3 février dernier (1875).

Renfermant la question dans une hypothèse spéciale, mais à l'aide de laquelle nous pourrons, à juste titre, raisonner par analogie, nous nous demanderons si, en matière de séparation de corps, l'exception de chose jugée tirée de ce que la demande en séparation aurait déjà été repoussée par décisions judiciaires postérieures à des faits articulés comme nouveaux, ne fait pas obstacle à la production de ces faits, malgré leur antériorité en date. Même en supposant la deuxième demande fondée, serait-elle recevable ?

Nous devons faire une distinction : ou bien, en effet, les faits antérieurs à la première demande, et qui forment la cause de la demande nouvelle, ont été connus du demandeur lors de la première instance, mais il a refusé de les invoquer, par des raisons graves et particulières, ou bien il n'en a eu connaissance que postérieurement au premier jugement.

Dans cette seconde hypothèse, lorsque le fait était inconnu à l'époque de la première demande, il doit être admis comme preuve nouvelle ; en effet, ce grief n'a pas encore été soumis à l'appréciation de la justice, et la décision déjà rendue, pas plus qu'aucune circonstance antérieure, ne peut défendre au tribunal d'en examiner la

valeur et la portée. Ce n'est que par la connaissance de l'injure qui lui est adressée que
l'époux est atteint dans ses sentiments d'affec-
tion et de dignité ; il importe peu, dès lors, de
rechercher si le fait constitutif de ces injures s'est
produit antérieurement à de précédentes décisions ou depuis, lorsqu'il n'a été porté à sa connaissance que postérieurement à de précédentes
décisions. L'arrêt de la cour de Paris, dont nous
parlions plus haut, a consacré cette doctrine par
les motifs suivants :

« Attendu qu'il suffit, pour la recevabilité de
l'instance, que les faits, en tout ou en partie,
soient autres ou nouveaux ;

« En ce qui touche les faits antérieurs au premier et au deuxième procès, mais qui ne seraient
arrivés que postérieurement à la connaissance
de l'intimée :

« Considérant que ces faits ou causes ne seraient couverts au profit du défendeur par aucune
exception tirée de la chose jugée, de la réconci-
liation, du pardon, ou d'une renonciation à les
invoquer dans une précédente instance ;

« Qu'on ne peut admettre que le demandeur
en séparation devienne la victime de sa propre
ignorance ou de l'habileté de l'auteur des faits à
les tenir dans l'ombre, et qu'il se voie repousser
par la justice au moment même où se révèle à
lui l'existence d'un grief peut-être impardonnable
et rendant la vie commune à jamais impossible ;

« Considérant qu'il faut ici tenir que la cause nouvellement révélée est à considérer comme nouvellement survenue, dans les termes de l'article 273 du code Civil, que la chose reste encore à juger, en ce qui la concerne, et qu'elle sert légitimement de base et d'élément à la demande, concurremment avec les anciennes causes dont il peut être fait usage pour l'appuyer ;

« Considérant, d'ailleurs, que cette restitution du demandeur contre sa propre ignorance, dictée par les principes de l'équité stricte, a été consacrée par la loi, en matière de dol, par l'article 1304, en matière de délais de procédure et de requête civile par les articles 448, 480, 488 du Code de procédure civile ;

« Qu'il y a même raison de décider par analogie, et même droit. »

Mais, dans l'hypothèse que nous avons posée en premier lieu, celle où le demandeur, connaissant d'ailleurs les faits lors de la première instance, n'a pas consenti à les invoquer, doit-on les considérer comme une cause nouvelle de la seconde action, par cela seul que c'est la première fois qu'ils sont produits ?

Nous ne savons quelle aurait été, sur cette autre partie de la question, l'opinion de la cour de Paris, qui a considéré que, par suite de la surabondance des autres preuves, « il devenait inutile de vérifier s'il existait au procès des griefs anciens que l'intimée aurait connus, mais qu'elle n'aurait pas voulu révéler au cours des précédentes instances [1]. » La Cour de cassation n'a pas eu, par suite, à se prononcer sur la question.

Mais nous croyons qu'il est logique de résoudre cette difficulté par une distinction. Ou le fait a été pardonné et n'a pas été invoqué dans la première instance par suite de ce pardon, ou il n'a pas été rappelé, quoique non pardonné, parce que l'appointement de preuves avait paru suffisant sans cette nouvelle révélation. Ce sera aux juges d'apprécier si le fait connu lors du premier procès a fait ou non l'objet d'un pardon, a été simplement omis ou volontairement oublié, et si l'époux qui connaissait l'injure, et qui l'a volontairement dissimulée, n'a pas gardé le ressentiment. Cette opinion est celle du rapporteur dans un précédent procès de Bauffremont (en 1872), M. le conseiller Dagallier : « Ne comprendrait-on pas que la femme, par exemple, doive hésiter devant la nécessité de certaines révélations? Elle avait des griefs nombreux et graves ; dans l'intérêt même du mari, elle a fait un choix : elle n'a produit que ceux qu'elle peut articuler avec le moins de honte pour l'un et pour l'autre : elle croyait dire assez, elle s'est trompée, et sa demande est écartée ; faudra-t-il la punir de cette erreur généreuse, et la condamner, par application de la chose jugée, à subir la continuation d'une vie

---

[1] V. *Gazette des Tribunaux* du 2 août 1874.

commune qu'on jugerait cependant insuppor-
table [1] ? »

La Cour de cassation a, par arrêt du 3 février
1875, rejeté le pourvoi du prince de Bauffremont
contre l'arrêt de la Cour de Paris que nous com-
mentons dans ce chapitre. Cet arrêt de rejet confirme la doctrine de la Cour de Paris par les motifs suivants : « Attendu qu'aux termes de l'article
1351 du Code civil, l'autorité de la chose jugée
n'a lieu qu'autant que la demande est fondée sur
la même cause ; que, par suite, un jugement antérieur ne fait pas obstacle à ce que la partie
contre laquelle il a été rendu puisse se soustraire
à son exécution, en fondant une nouvelle demande sur une cause autre que celle qui a fait
l'objet du premier litige ; qu'il en est ainsi *alors
même que l'action nouvelle est l'exercice d'un
droit tirant son origine de faits existant* déjà
lors du premier procès et qui auraient pu y être
invoqués. »

Quoique, en matière de séparation de corps,
l'exception de la chose jugée se caractérise plus
spécialement par la règle contenue dans les articles 273 et 274 du Code civil, nous croyons
pouvoir généraliser les considérations qui précèdent, et les appliquer à tous les cas où, à l'appui
d'une deuxième instance, le demandeur invoque
des faits antérieurs à une action précédente, et

[1] Cité par M. l'avocat-général Chevrier, *Gaz. des Tribunaux*
du 30 juillet 1874.

connus à l'époque de celle-ci. Dès que la première demande s'est appuyée sur un seul titre, la prétention du demandeur s'est renfermée dans la reconnaissance ou la mise à exécution de ce titre : c'est là son but, et étendre l'effet de la décision à d'autres titres qui n'ont pas été soumis à l'appréciation, est manifestement contraire à l'autorité de la chose jugée. Ce serait remplacer l'équité de notre législation par le formalisme de la consommation de l'action en droit Romain.

Notre proposition pourrait être formulée de la manière suivante : « Tout fait qui n'a pas été jugé lors d'une demande précédemment rejetée, lors même qu'il était connu au moment de cette demande, et pourvu qu'il soit certain qu'il n'a été ni pardonné ni volontairement oublié, peut-être attaqué comme cause d'une instance nouvelle. »

Merlin [1] a soutenu l'opinion contraire, s'appuyant sur les lois Romaines et l'ordonnance de 1667. Il ne s'est pas, il est vrai, placé dans une hypothèse analogue, mais dans celle-ci, qui comporte les mêmes principes : Le défendeur a-t-il perdu le droit d'invoquer après le jugement (et par voie d'action principale) toutes les exceptions qu'il peut avoir, et constituant des causes différentes de celles sur lesquelles il s'était fondé pendant l'instance ? Nous disons

---

[1] *Répertoire* V^{is} *Chose jugée*, § 1er bis.

que les considérations qui précèdent réfutent l'opinion de Merlin, et ceci est évident, car invoquer après le jugement le fait qui aurait pu servir à défendre à l'action intentée, ou produire plus tard une cause nouvelle à l'appui d'une seconde demande, ceci, malgré la différence dans le but du demandeur, paraît impliquer la même solution. Ajoutons, pour répondre à l'argument que Merlin prétend tirer du droit Romain, que le texte le plus explicite que nous ayons pu trouver sur cette question nous semble être l'extrait d'un rescrit de Dioclétien et Maximin qui forme la loi 2ᵉ au Code, *sententiam rescindi non posse: Peremptorias exceptiones omissas in initio, antequam sententia feratur, opponi posse perpetuum edictum manifeste declarat. Quod si aliter actum fuerit,* IN INTEGRUM RESTITUTIO PERMITTITUR. » Ce texte, qui ne se place, il est vrai, qu'au point de vue du défendeur, est bien contraire à l'opinion de Merlin, et conforme à celle que nous avons soutenue [1].

Nous avons recherché la jurisprudence sur la question qui nous occupe. Seul un arrêt de la Cour de cassation du 18 novembre 1845 paraît l'avoir résolue, en matière d'actions réelles, et la solution qu'il présente est contraire à celle que nous avons admise, car il semble décider que le

[1] Conf. 1. 130, D. *De re jud.* : *Nunquam actiones, præsertim pœnales, alia aliam consumit.* —V. aussi l. 60, D. *De obl. et act.*

jugement qui rejette une demande fondée sur certains faits met obstacle à ce que la même demande soit reproduite pour d'autres faits déjà existants et omis lors de la réclamation primitive. Mais il suffit de lire le texte de l'arrêt pour voir que cette décision n'a pas l'importance doctrinale que l'arrêtiste lui prête [1] ; voici en effet les motifs sur lesquels elle s'appuie : « Attendu... qu'un jugement passé en force de chose jugée qui, d'après l'appréciation des titres respectifs, a sanctionné la jouissance du propriétaire supérieur, forme obstacle à ce que cette même jouissance, n'ayant éprouvé aucune modification, soit attaquée de nouveau par le même propriétaire inférieur agissant *dans la même qualité en vertu des mêmes causes...* » Il ne s'agit donc pas, comme on voit, d'une deuxième demande fondée sur une cause différente, mais sur des moyens divers, et nous allons faire observer, dans la suite de ce chapitre, qu'il ne peut être permis de recommencer un procès sur le simple prétexte de moyens nouveaux, soit de fait, soit de droit ; sans quoi on éterniserait les contestations en n'attribuant jamais aux décisions judiciaires qu'un caractère provisoire.

Donc, en résumé, une cause nouvelle, et nous comprenons dans la généralité de cette expression toute cause non invoquée à l'appui de la

---

[1] D. P. 1845, 1re partie.

première instance, permet de recommencer, sans craindre l'exception de chose jugée, l'action déjà intentée ; de même qu'il est possible de défendre à une seconde action à l'aide d'une exception tirée d'un fait antérieur à un précédent procès. Il n'y a pas, pour le sujet qui nous occupe, de distinction à introduire entre le demandeur et le défendeur. Mais il y a lieu d'observer avec le plus grand soin la différence profonde qui sépare la cause des moyens, la *causa proxima* des *causæ remotæ*, car il arrive souvent que les faits produits ne s'analysent pas en des causes différentes, mais constituent simplement des moyens divers dont l'identité ne donne pas occasion d'appliquer l'exception [1].

III.

Sans insister sur cette distinction, que nous avons longuement exposée en droit Romain, il est nécessaire d'en faire l'application en droit Français. Nous prendrons un exemple dans l'espèce résolue par l'arrêt de la cour de Paris du 1er août 1874 et l'arrêt de la Cour de cassation

---

[1] Cette distinction entre la cause et les moyens n'est pas seulement du domaine de la science juridique, elle trouve, même en dehors de l'étude du droit, des applications importantes. C'est ainsi que la physiologie, en analysant les manifestations organiques de la vie, distingue la *cause vivante* des moyens qui sont le mouvement communiqué, la chaleur, la composition et la décomposition des corps, etc. C'est la confusion volontaire entre la cause et les moyens qui forme l'erreur de l'école matérialiste.

du 3 février suivant que nous avons cités plus haut. Les faits articulés à l'appui d'une demande en séparation de corps sont-ils les causes de cette demande, ou les moyens invoqués ? Telle est une des questions qu'avait à résoudre la cour.

L'appelant soutenait que les faits articulés ne constituaient que les moyens et raisonnait ainsi : Il faut trois conditions pour qu'il y ait identité de question de droit : identité de parties, ce sont les époux ; identité d'objet, c'est la séparation ; identité de cause, c'est l'impossibilité de continuer la vie conjugale. Les faits articulés sont les moyens et non les causes de la demande en séparation de corps ; la nouveauté des moyens n'altère pas l'identité de cause.

L'intimé s'est élevé contre de pareilles conséquences, et M. l'avocat général Chevrier, en réfutant également cette doctrine, a établi, avec beaucoup de clarté et de logique, la confusion que faisait le raisonnement de l'appelant entre la cause et les moyens : « Qu'est-ce que la cause d'une demande en séparation de corps ? Est-ce l'impossibilité de continuer la vie conjugale ?... Sans qu'il soit besoin de pénétrer, à l'aide d'arguments plus ou moins subtils, dans les profondeurs quelquefois un peu obscures de la distinction à faire entre la cause et les moyens d'une demande, je dirai simplement que si l'impossibilité de continuer la vie commune était la cause unique et nécessaire dans les termes de l'article 1351 du Code civil, par quelle contradiction étrange et inexplicable le pourvoi est-il obligé de reconnaître que, s'il survient des faits nouveaux, l'échec d'une demande antérieure ne pourra être opposé, comme constituant la chose jugée, à une nouvelle demande en séparation de corps? Et cependant la seconde demande reposerait sur la même cause que la première, à savoir : l'impossibilité de continuer la vie conjugale, qui est en effet la raison déterminante de toute demande en séparation ; mais si cette raison est toujours la même, les motifs qui la constituent peuvent être différents, et les motifs définis par la loi sont, aux yeux de l'époux demandeur, la cause impulsive et déterminante de son action. »

Telle est également la doctrine de la Cour de cassation dans son arrêt du 3 février 1875 précité : « Attendu que la *cause* d'une demande en séparation consiste dans les faits présentés par l'époux demandeur comme lui donnant le droit d'obtenir le relâchement du lien conjugal. »

En d'autres termes, ce n'est pas l'impossibilité de continuer la vie conjugale qui est la cause de la demande, parce que cette expression est trop vaste dans sa portée, trop générale dans son objet pour avoir une signification précise. Il faut spécialiser cette impossibilité, rechercher en quoi elle consiste, ou plutôt ce qui la constitue, et dire que c'est l'impossibilité de continuer la vie con-

jugale *par suite* d'injures graves (par exemple).
Et la preuve que la cause n'est pas l'impossibilité
vague qu'on oppose, mais bien cette impossibilité ainsi spécialisée, c'est que, nous l'avons
montré plus haut, on peut, après avoir été repoussé dans une première demande en séparation
de corps, dans laquelle on avait allégué pour démontrer l'impossibilité morale de cohabitation,
certains faits particuliers, intenter une deuxième
instance, fondée sur d'autres faits, mais qui ne
tendent pas moins, comme les precédents invoqués, à démontrer l'impossibilité de continuer la
vie commune. C'est donc bien le résultat prétendu
de ces faits d'appointement, ou ces faits eux-
mêmes considérés dans leurs conséquences, qui
forment la *causa proxima actionis*, car la Cour
de Paris aurait été forcée de prononcer qu'il y
avait identité de chose jugée, si la cause de l'une
et l'autre action s'était rencontrée dans l'impossibilité vague qu'on allègue dans l'opinion opposée.

Le même raisonnement se retrouve dans un
arrêt de la Cour de cassation du 5 avril 1831[1],
qui établit qu'on doit considérer comme des causes
parfaitement distinctes deux demandes tendant
l'une et l'autre à collocation dans un ordre en
vertu d'hypothèques différentes. L'opinion contraire à la nôtre, ne voyant dans les hypothèques

---

[1] Dalloz, *chose jugée*, n° 202-2°.

que des moyens, et envisageant, comme cause,
la collocation en général, arrive à la conclusion
opposée à celle de l'arrêt de la Cour de cassation.
Cette dernière opinion était soutenue, dans l'espèce que nous citons, par un arrêt de la Cour
d'Amiens qui a été cassé par la Cour suprême.

Toullier [1] a soutenu, d'après la loi Romaine,
et contrairement aux principes que nous venons
de développer, la non-recevabilité d'une seconde
demande quand les deux causes de demande qui
sont successivement invoquées existaient déjà
l'une et l'autre sur la tête du demandeur lors de
la première action. Il s'est placé dans l'hypothèse
où une personne aurait vendu deux fois le même
immeuble, la première fois au père, la deuxième
fois au fils : ce dernier peut-il, après avoir échoué
dans une première action dans laquelle il s'appuyait sur la vente à lui faite, en intenter valablement une seconde, fondée sur la vente consentie à son père, dont il est héritier ? Toullier se
range à la négative, parce que, dit-il, les droits
et actions du père s'étant réunis à ceux du fils
pour constituer un seul patrimoine, les deux
actions n'en forment plus qu'une seule : « *Electâ
unâ viâ, non datur recursus ad alteram.* » Réfuter ce raisonnement serait redire ce que nous
avons déjà exposé : la réunion des deux actions
dans un même patrimoine empêche-t-elle qu'elles

[1] X, 189.

diffèrent par la cause, et que, par conséquent, la chose jugée par la première décision ne soit différente de la seconde ? Marcadé qui traite cette question avec de grands développements [1] ajoute cet argument topique : on n'aurait sans doute pas accueilli cette idée d'absorption d'une action par l'autre, si au lieu de supposer deux titres d'acquisition semblables, on en avait supposé deux différents : une donation et une vente ; il est clair que l'action *ex empto* et l'action *ex donato* ne peuvent devenir une seule et même action. « Et si cette idée était vraie, conclue-t-il, il faudrait également aller jusqu'à dire que, au cas où les deux ventes auraient été déclarées nulles, et les deux prix payés comptant, on n'aurait, au lieu de deux actions en répétition, qu'une seule et même action, ne donnant moyen de répéter qu'un seul des deux prix payés [2]. »

Telle est, appliquée à diverses hypothèses spéciales prises à titre d'exemple, la doctrine véritable. Et cette doctrine doit être appliquée dans tous les cas, en quelque matière qu'ils se présentent, où se rencontre une question de chose jugée. Nous allons l'appliquer spécialement à une

[1] Sur l'art. 1351, IX.

[2] Ce qu'il y a de bizarre, c'est que Marcadé, qui soutient, dans cette espèce, que la cause de la répétition du prix n'est pas l'annulation de la vente, mais l'annulation de la vente *pour tel motif*, pose en principe, à quelques pages de distance, que lorsqu'on demande la nullité de la vente pour cause de violence, ce vice, loin de constituer une cause, ne forme qu'un moyen.

classe importante d'actions, les actions en nullité.

IV.

Quelles sont les causes dans les actions en
nullité ? Question grave et complexe, dans laquelle la lumière est d'autant moins faite, — et
d'autant moins facile à faire, — que les principaux jurisconsultes, Toullier [1], Duranton [2], Bonnier [3], Marcadé [4], etc., paraissent avoir soutenu
chacun une opinion différente. Sans entrer dans
les longs développements que présenterait l'énumération des opinions de chaque auteur, nous
nous contenterons de rechercher, à l'aide des
principes que nous avons posés, quel est le fait
juridique sur le fondement duquel se base immédiatement la demande en nullité.

Nous ferons observer d'abord qu'il est de
principe et de jurisprudence que, dans les actions
en nullité, tous les faits constitutifs de la nullité
dont on se plaint doivent être groupés et réunis
dans la même instance. Un intérêt d'ordre public
est là pour empêcher qu'on ne recommence indéfiniment les actions en nullité. Cette remarque ne
nous écarte pas des principes généraux, qui
obligent à rechercher la cause dernière de l'ac-

[1] 165.
[2] Sur l'art. 1351.
[3] 874.
[4] § VIII de l'art. 1351.

tion, sans nous arrêter aux causes précédentes,
médiates.

Par exemple, pourra-t-on intenter deux demandes en nullité pour vice de forme, lorsque
l'irrégularité sur laquelle s'appuie la seconde
n'aura pas été articulée dans la première demande ? Nous le croyons, contrairement à l'opinion de MM. Aubry et Rau ; ainsi que le prouve
une jurisprudence bien établie, la véritable cause,
la *causa proxima* de la nullité d'un acte instru-
mentaire est la cause qui lui enlève la forme légale, sans avoir d'ailleurs à analyser les diverses
particularités de cette inobservation des formalités, et qui ne constituent que des *causæ remotæ*, des moyens [1].

Si nous disions que la cause de la demande est
la *nullité*, ce serait une proposition trop vague
et trop générale, analogue sous ce rapport à cette
« impossibilité de continuer la vie conjugale, »
dont nous critiquions plus haut la généralité
comme cause d'une demande en séparation de
corps. Il faut aller plus loin : la cause de la
demande est la nullité *pour vice de forme* :
voilà qui est clair et facile à comprendre, mais
à une condition, c'est que cet autre degré de
généralité sera, lui aussi, franchi, et que,
puisqu'on allègue un vice de forme, on dira
lequel. Pour prouver la nécessité de cet établis-

---

[1] Aubry et Rau, p. 498, note 71.

sement complet de la cause, nous n'avons qu'à renvoyer au passage des conclusions de M. l'avocat général Chevrier que nous citions plus haut.

Marcadé prend comme exemple, pour la question qui nous occupe, le cas où une personne veut faire annuler pour violence la vente qu'elle a consentie de sa maison. Quelle est la cause de l'action ? Elle peut être soit la violence dont le vendeur a été l'objet, soit l'imperfection du consentement que cette violence a produite. La première opinion est celle de Toullier, qui considère chacun des vices du consentement comme une cause spéciale de l'action en nullité. Bien plus, on pourrait trouver d'autres causes encore : l'imperfection du consentement est la cause de l'annulation de la vente, cette annulation est la cause de la reprise du bien, — et ainsi de suite.

De ces éléments multiples, qui sont tous, en réalité, la cause du fait juridique qui suit chacun d'eux, lequel constitue la cause véritable de l'action en annulation ? Le dernier; mais quel est ce dernier ? C'est, suivant Marcadé, la nullité de la convention intervenue entre les parties : les causes d'incapacité, tous les vices du consentement sont des moyens différents qui se réunissent à l'appui d'une même cause; et il ajoute avec esprit : Ces principes générateurs « ne sont pas

plus la cause que mon aïeul et mon bisaïeul ne sont mon père. »

Jamais nous ne pourrons admettre, sur la question qui nous occupe, l'opinion de Marcadé. Le savant jurisconsulte voit-il à quelles conséquences injustes il arrive ? En faisant de la cause immédiate une abstraction sans caractère précis, il va jusqu'à empêcher d'intenter une action, en la fondant sur un point qui n'a point été soumis au juge. Il empêche celui qui a succombé en alléguant la violence dont il prétendait avoir été victime, de faire valoir un dol dont il n'a pas été question dans sa première demande, un dol qui, nous le supposons, n'a été connu de lui que postérieurement, et qui, par conséquent, n'a existé à ses yeux que depuis qu'il en a eu connaissance. N'est-ce pas de la dernière injustice ? — Qu'on se reporte aux motifs des arrêts de la Cour de cassation, et de celle de Paris cités ci-dessus, et l'on verra qu'ils proscrivent cette doctrine, devant les conséquences de laquelle nous avons reculé, malgré les imposantes autorités qui l'appuient. Ajoutons que Marcadé paraît lui-même reconnaître l'injustice de sa théorie, puisqu'il est forcé de l'expliquer par un sacrifice de l'intérêt particulier à l'intérêt général.

Nous pourrions citer, à l'appui de l'opinion que nous soutenons, de nombreux monuments de jurisprudence : nous nous bornerons à renvoyer à un arrêt de la Cour de cassation du 15 juin

1837 [1], qui établit que l'annulation d'un acte de partage, en ce qu'il contenait aliénation par le mari de l'immeuble dotal, n'est pas une violation de la chose jugée par un arrêt qui maintenait ce partage sur une demande en nullité pour cause de lésion.

Le même raisonnement s'applique à deux demandes successives en annulation d'une convention pour défaut de consentement, si les deux actions ne sont pas fondées sur le même vice du consentement.

Suivant Marcadé, si, après avoir demandé la nullité d'un testament en alléguant la minorité d'un témoin , on la demande de nouveau en alléguant son extranéité, cette différence ne porte que sur les moyens, et n'empêche pas qu'il n'y ait identité de chose jugée, l'idée générale d'identité de forme étant seule la cause. Telle est aussi l'opinion de Toullier [2] et de M. Bonnier [3]. — Il nous paraît impossible de partager cet avis, qui assimile à un vice de forme la nullité résultant de l'incapacité ou de la non-idonéité des témoins. Dalloz [4] est bien plus dans le vrai, selon nous, en faisant remarquer qu'on doit considérer comme intrinsèque, beaucoup plus que comme extérieure, la nullité dont il s'agit.

[1] Affaire Justamont, Dalloz, V_{is} *Contrat de Mariage.*
[2] *T.* x. 166.
[3] *N°* 690.
[4] *Chose jugée,* n° 199.

En cas de non-paiement du prix en matière de
vente d'immeubles, le vendeur a deux actions :
l'une en résolution du contrat, et l'autre en paiement du prix qui conduit à l'expropriation de
l'immeuble et à la vente sur saisie immobilière
de l'immeuble saisi. Si le vendeur poursuit en
résolution de la vente et qu'il succombe, il ne
saurait être admis à provoquer l'expropriation.
La cause prochaine des deux demandes est en
effet la même, à savoir l'exécution du contrat.
Nous trouverions une application de principes
identiques dans la garantie des vices rédhibitoires, pour l'exercice de laquelle l'acheteur a
deux actions : l'action résolutoire et l'action *quanti
minoris* [1]. Nous avons fait, en droit Romain, les
mêmes remarques en parcourant les espèces
analogues.

L'exception de chose jugée n'est pas opposable,
les actions en nullité étant fondées sur des causes
différentes, par exemple dans les cas suivants :

Si, de deux demandes en annulation d'une
convention, l'une est fondée sur l'absence de
consentement, l'autre sur l'absence d'objet.

Si, après s'être appuyé sur la prescription pour
obtenir la propriété exclusive d'un immeuble, on
invoque ultérieurement un contrat.

De même, les donations sont soumises à trois
causes principales de révocation : la survenance

---

[1] Duranton, t. XIII, n⁰ 480. — Proudhon, III, 1276.

d'enfants au donateur, l'inexécution des conditions et l'ingratitude de la part du donataire. Le
rejet de l'une de ces trois causes de révocation
n'implique en aucune façon le rejet de l'autre ;
elles reposent sur des droits parfaitement distincts, aucun lien n'existe entre elles. Ce serait
par une extension inconsidérée de l'objet qu'on
soutiendrait qu'en statuant sur une demande en
révocation pour cause de survenance d'enfants,
le juge aurait prétendu statuer implicitement et
virtuellement sur l'exécution des conditions ou
sur des faits d'ingratitude.

Une différence de cause analogue doit être
signalée entre la demande en révocation de la
donation pour un de ces motifs, et la demande en
réduction de cette même donation. Le point de
départ de ces deux demandes est bien distinct ;
elles sont mêmes incompatibles, puisque la réduction ne peut avoir lieu qu'en supposant à la
donation une validité que la demande en révocation lui conteste.

Comme conclusion et résumé de ce qui précède,
nous dirons que la règle est, pour trouver la
cause, de considérer la base immédiate de l'action ; et, toutes les fois que cette base restera la
même, les autres conditions nécessaires à l'identité de question existant d'ailleurs, il sera vrai
de dire que la question est jugée. Mais cette
base n'a pas été entendue de la même manière
par tous les auteurs qui se sont occupés de la

question. Nous croyons, quant à nous, que, sans descendre dans les moyens, elle doit être exacte et définie en fait, et ne pas rester dans cette abstraction vague qui ouvre la porte à l'injustice, en comprenant dans sa généralité des droits sur lesquels le juge n'a pas statué.

En particulier dans les questions relatives aux actions en nullité, c'est le vice, considéré dans la nullité qu'il produit, qui nous paraît la cause de la demande. Et nous concluons qu'il n'y a pas lieu à l'exception de chose jugée toutes les fois que le même vice n'est pas allégué [1].

V.

L'absence d'importance des moyens au point de vue de la question de chose jugée indique suffisamment que la déclaration du juge n'est pas restreinte aux moyens proposés. La mission du juge est, en effet, de statuer sur les droits des parties, sur les rapports de droits prétendus. D'ailleurs, en supposant que le demandeur pût ne provoquer une déclaration que sur le moyen qu'il propose, le défendeur est là pour conclure à une négation entière et sans restriction du droit invoqué contre lui. Les seuls moyens que le juge n'a pas le droit de suppléer sont ceux auxquels les parties sont censées renoncer, quand elles ne

[1] V. Cass. 2 juillet 1851. D. P. tab. 1852; 19 janvier 1864. I, 922; 15 décembre 1856. D. P. 1857. I. 97.

les invoquent pas, ou même quand elles n'en font
pas l'allégation *in limine litis*.

Le plus souvent, le juge, par cela même qu'il
a à prononcer sur le droit, et d'une manière absolue, supplée implicitement des moyens qui
sont nécessairement renfermés dans sa décision.
Nous expliquerons ce que cette proposition a
d'un peu obscur par l'espèce suivante : Après un
jugement qui, postérieurement à la loi du 17
juillet 1793, avait condamné au paiement d'une
rente ancienne, on ne pouvait attaquer cette rente
comme entachée de féodalité (Cass. 13 thermi-
dor an VII [1]). Pourquoi? Parce que le juge n'a
pu condamner au paiement de cette rente qu'a-
près en avoir vérifié l'existence et après avoir
acquis la conviction qu'elle n'a pas été éteinte par
quelque cause générale, ce qui impliquait, de
toute nécessité, l'examen de la question.

Mais la difficulté consiste encore ici à distinguer quelle est la véritable et dernière cause et
quels sont les moyens. Peut-on, après une
décision intervenue sur une dette et contenant
condamnation au paiement, opposer des causes
de libération prouvant que la dette a été antérieurement éteinte ? Quelle que soit la controverse qui se soit élevée à ce sujet, l'affirmative
ne nous parait faire aucun doute : le jugement
ne peut, en effet, avoir un effet rétroactif sur un

[1] V. Dalloz, *Chose jugée*, n° 165.

fait accompli ou un jugement précédent que le juge ne connaissait même pas, — et, très-vraisemblablement, le demandeur non plus. — C'est assez dire que nous ne nous occupons pas en ce moment des causes générales que le juge est censé connaître, telles que la féodalité d'une rente, que nous présentions plus haut comme exemple. Peut-être la Cour de cassation a-t-elle statué d'une manière un peu trop générale en jugeant « que les questions relatives à l'existence et à la cause d'une dette sont autres que celles qui concernent son extinction par une remise ou un paiement, et que la chose jugée sur les premières n'entraîne pas chose jugée sur les secondes » [1] : il est certain que lorsque la question de l'existence d'une dette est soumise à l'appréciation du juge, celui-ci a à examiner s'il ne résulte pas des pièces qu'il a aux mains un paiement antérieur ou une remise par le créancier. Mais nous adoptons pleinement la doctrine de la Cour, en ce sens qu'une décision ne peut avoir tranché que ce que le juge a connu, et qu'elle ne peut logiquement avoir d'influence sur un fait ignoré, à propos duquel il n'a point été statué, et que la partie qui en bénéficierait ne pouvait produire avant de le connaître.

L'exception de paiement n'a pas fait l'objet de l'instance, ce point est acquis ; donc le second

---

[1] 2 juillet 1861. — D. P. 1861, I. 473.

jugement peut déclarer l'obligation éteinte antérieurement sans se mettre en opposition avec celui qui décide seulement que cette obligation s'est formée.

Le débiteur a été condamné parce que, dans l'opinion du juge, la dette existait encore au moment de la condamnation. Donc il n'a pas prononcé sur la cause d'extinction [1]. Telle est la doctrine du dernier arrêt rendu par la Cour de cassation sur cette matière [2].

Nous avons précédemment posé en principe qu'on ne peut revenir sur la chose jugée pour de nouveaux moyens. N'y a-t-il pas exception toutefois à ce principe dans deux cas ?

PREMIER CAS.—Lorsqu'un défendeur, qui prétend avoir acquitté une dette, est condamné, puis découvre après une quittance, peut-il revenir sur la chose jugée ? Oui, de l'aveu de tous, si la quittance a été retenue par le dol de l'adversaire : il y a lieu, dans ce cas, à requête civile. Mais supposons que la quittance n'a pas été retenue. Il y a sur cette hypothèse deux systèmes :

____

[1] Aubry et Rau, p. 512. « La règle *res judicata pro veritate habetur* ne s'oppose pas à ce que celui qui a été condamné au paiement d'une créance sans avoir opposé l'exception de paiement, puisse se prévaloir ultérieurement d'une quittance constatant la libération, soit pour s'opposer aux poursuites dirigées contre lui, soit pour exercer l'action en répétition de l'indû. » V. Duranton, t. XIII, n° 476, la note de Carette dans le recueil de Sirey, 1851, I, 577 et les arrêts qu'il cite.

[2] Req. 5 août 1873, D. P. 1874, I. 470.

Premier système. — Non, l'article 1351 est tout à fait applicable : nous avons là *eadem res,* la dette, le capital dû, *eadem causa petendi,* le paiement allégué dans le premier jugement, et *eædem personæ.*

Deuxième système. — De deux choses l'une : ou bien le jugement a été exécuté, ou il ne l'a pas été encore. S'il a été exécuté, nous avons eu deux paiements, dont l'un a été fait sans cause. Le débiteur intentera donc la *condictio indebiti.* Si le jugement n'a pas encore été exécuté, alors, au lieu de payer en deniers, il paiera en quittance, en reproduisant la quittance qui lui a été donnée. Nous ajoutons un argument historique : les théories admises dans notre ancien droit Français confirment cette idée : ainsi Duparc-Poulain disait : « Ce n'est pas attaquer le jugement, mais prouver qu'on l'a exécuté d'avance. Car les condamnations au paiement s'entendent toujours par argent ou quittances. » [1] Enfin, la bonne foi et l'équité viennent encore à l'appui de cette solution en protestant énergiquement contre la prétention d'un créancier qui veut recevoir deux fois ce qui lui est dû.

DEUXIÈME CAS. — Dans le cas de délit d'usure. Primus a fait prononcer un jugement contre Secundus qui condamne ce dernier à payer une somme de 10,000 fr. Secundus ne

---

[1] X, p. 260.

s'est pas défendu et a laissé passer le jugement
en force de chose jugée, comptant sur l'indul-
gence de son créancier. C'est seulement lors de
l'exécution du jugement et sous l'aiguillon de la
poursuite qu'il se redresse et demande à prouver
devant le Tribunal que son créancier est un usu-
rier, qu'il n'a reçu en réalité que 8,000 fr., que
les 2,000 fr. d'exécédant sont des intérêts usu-
raires. Cette question a également donné lieu à
deux systèmes.

Le premier système enseigne que l'article
1351 est applicable. Il y a en effet chose jugée.
— De plus, si nécessaire que soit la répression
de l'usure, l'autorité de la chose jugée, qui est
d'ordre public, doit passer la première.

Deuxième système. — Le débiteur peut revenir contre la chose jugée par ce nouveau moyen.

Premier argument. Quand la loi défend de
revenir sur la chose jugée par des moyens nouveaux, c'est qu'elle présume qu'on y a renoncé
en ne les invoquant pas dans la première instance. Or, précisément ici, le débiteur ne pouvait renoncer à se prévaloir de l'usure.

Deuxième argument. Si l'on émettait la théorie contraire, les lois sur l'usure seraient lettre-
morte. On n'arriverait jamais à démasquer l'u-
sure ; car, dans la pratique de tous les jours ,
elle se cache sous des prêts de ce genre, et c'est
seulement sous l'aiguillon de la pour suite en exécution du jugement que le débiteur se retourne

contre son créancier pour dévoiler l'usure. Décider autrement serait assurer à ce délit l'impunité.

CHAPITRE VI.

CONDITIONS D'IDENTITÉ NÉCESSAIRES A L'EXISTENCE
DE LA CHOSE JUGÉE (SUITE). — III. DE L'IDEN-
TITÉ DES PERSONNES ; DES EXTENSIONS NATU-
RELLES DE CETTE IDENTITÉ.

Il n'est question ici, comme nous l'avons exposé en droit Romain, que de l'identité juridique
et non de l'identité physique, et les personnes
auxquelles la chose jugée peut être valablement
opposée sont celles qui ont figuré dans le premier
débat, soit personnellement, soit comme représentées par d'autres. Nous renvoyons à ce sujet aux
développements dans lesquels nous sommes entrés dans le chapitre VI du droit Romain, et nous
n'allons faire que rappeler d'un mot les principes.

On entend par parties, dans un débat judiciaire,
les personnes qui y ont pris part, soit principalement, soit par intervention, soit par assignation
en déclaration de jugement commun, tous ceux,
en un mot, qui, figurant dans l'instance comme
demandeurs ou comme défendeurs, ont eu le droit
d'y conclure, soit au fond, soit sur des exceptions.

Les mots de l'article 1351 « en la même qualité » ne doivent pas être entendus dans un sens
restrictif, car, comme en droit Romain, l'inter-

version des rôles du demandeur et du défendeur
n'empêcherait pas l'autorité de la chose jugée.

I.

Avant d'entrer dans l'étude intime du sujet de
ce chapitre, nous devons examiner une question
importante, et dont la solution se rattache à la
théorie de l'identité des parties, comme sur un
même sujet les questions de procédure sont
jointes aux questions de droit civil. — Existe-t-il
une antinomie entre l'article 1351 du Code civil,
que nous connaissons, et l'article 474 du Code de
procédure civile, ainsi conçu :

« Une partie peut former tierce-opposition à
un jugement qui préjudicie à ses droits, et lors
duquel ni elle, ni ceux qu'elle représente n'ont été
appelés. »

Précisons la difficulté. Le tempérament qui
atténue les effets de la fiction de chose jugée en
décidant que cette présomption n'aurait lieu
qu'entre les parties qui ont figuré dans l'instance,
est essentiel comme le principe lui-même, qu'il
complète en le corrigeant ; dès lors, puisque, d'a-
près l'article 1351, les décisions de la justice
n'ont pas d'effet à l'égard des tiers, comment l'article 474 peut-il prévoir un pareil préjudice et
chercher à lui porter remède ? Comment et pour
quelle raison une personne pourrait-elle chercher
à se soustraire aux conséquences d'un jugement
auquel elle est étrangère ?

Une controverse célèbre s'est élevée entre les auteurs qui ont essayé de concilier ces deux dispositions de loi [1]. — Nous allons résumer brièvement les divers systèmes :

Premier système. — L'article 1351 pose le principe, l'article 474 règle l'exécution ; la voie de la tierce-opposition est la mise en œuvre indispensable de l'article 1351, et toute personne qui cherche à attaquer un jugement parce qu'elle n'y a pas été partie, ne peut agir que par tierce-opposition. La présomption de chose jugée sans la tierce-opposition, c'est, au point de vue des tiers, la théorie sans la pratique.

Ce système s'appuie sur cette idée, que les droits des tiers ont été, jusqu'à un certain point, défendus devant la justice par l'intimé ou le défendeur, et que, par suite de cette sorte de représentation virtuelle, ces droits ont une certaine existence même au point de vue des tiers et ne peuvent être attaqués, par suite, qu'à l'aide de cette voie spéciale. De même que les jugements par défaut sont opposables aux défaillants tant que l'opposition ne les a pas fait tomber, de même les jugements qui donnent ouverture à la tierce-opposition seront opposables aux tiers tant qu'ils n'auront pas employé à l'encontre de ces dé-

---

[1] Merlin, *Rép.* et *Quest.* V° *Opposition (tierce)* ; Chauveau sur Carré, *Quest.* 1709 ; Proudhon, *Traité de l'usufruit*, 1284 et suiv. Marcadé, Boitard et Colmet-Daâge, *locis infra cit.*, Dalloz, V^is *Tierce-Opposition*, chap. 1er.

cisions cette voie extraordinaire de recours.

Tel est le système soutenu par Proudhon, dans son *Traité de l'usufruit*, et qui fait de la tierce-opposition un mode de recours nécessaire, et non pas seulement facultatif. Ce système n'est pas admissible ; il contredit, en effet, toutes les idées reçues en matière de preuve. C'est bien, d'après les principes généraux, à celui qui poursuit l'exécution d'un jugement à prouver que la partie contre laquelle il intente son action a été véritablement et réellement condamnée, et l'on ne peut obliger cette partie à courir les dangers d'une action qui peut tourner à son préjudice pour démontrer qu'elle est étrangère au jugement. L'article 1315 dit : « Celui qui réclame l'exécution d'une obligation doit la prouver ; » c'est assez dire que le défendeur n'a pas besoin de se porter demandeur en tierce-opposition, puisqu'alors, d'après la maxime *« reus excipiendo fit actor,* » ce serait à lui de faire la preuve.

Qu'est-ce que la tierce-opposition ? C'est, d'après la loi elle-même, une voie de réformation ou de rétractation des jugements. Le système de Proudhon en fait une voie d'interprétation, puisqu'il lui donne pour but de faire décider si la sentence est ou non opposable à une personne déterminée. Or, les articles 475 et 476 du Code de procédure, qui règlent la compétence en matière de tierce-opposition sont manifestement contraires à cette idée, puisque le premier de ces articles permet de la porter devant un tribunal différent de celui qui a rendu le premier jugement, et *égal* à celui-ci : il est bien certain, par suite, qu'il n'est pas question d'interprétation.

Quant à la comparaison entre l'opposition et la tierce-opposition, elle est au moins hasardée. Les défaillants qui font opposition s'appuient sur la citation qui les a touchés, sur l'appel de leurs noms qui a été fait à l'audience : rien de pareil pour les tiers ; et leur position est tellement différente que le premier de ces deux moyens de recours ne peut être invoqué que pendant huit jours, au lieu que le second peut être mis en œuvre pendant trente ans.

Deuxième système. — La tierce-opposition est une voie purement facultative. Le tiers envers lequel le jugement n'a aucun effet et contre lequel cependant on en poursuit l'exécution, a le choix entre deux moyens : employer contre ce jugement la voie de la tierce-opposition, ou se borner à opposer l'exception de l'article 1351. Ce système s'appuie sur les premiers mots de l'article 474 : « une partie *peut* former appel à un jugement qui préjudicie à ses droits.... »

Rien de plus inutile que cette institution de la tierce-opposition, si elle ne remplit que le rôle que lui assigne ce système, qui est celui de Merlin. A côté de la voie de l'exception, tracée par l'article 1351, vient se placer une autre voie qui, loin de présenter des avantages de nature à la

faire préférer à la voie ordinaire, expose à plusieurs dangers, la charge de la preuve, des règles
de compétence assez restrictives, et même, d'a-
près l'article 479, une amende qui ne peut être
moindre de 50 francs. Ce système fait donc de
cette voie spéciale de recours une dangereuse inutilité. Comment admettre que la partie qui peut se
contenter de remplir le rôle peu dangereux de
défendeur s'engage dans cette voie périlleuse,
où elle s'expose à une amende beaucoup plus considérable que celle de fol appel, à être forcée de
porter son action devant le juge du second degré, etc. ?

Nous ne nous arrêtons pas au système de
M. Chauveau, système cité par Dalloz, V^{is} *Tierce-
opposition*, n° 9, et qui se rattache à celui de
Merlin, mais avec un caractère plus absolu encore. M. Chauveau déclare ne pas rencontrer
l'utilité de la tierce-opposition, parce que, dans
toutes les espèces où les auteurs pensent qu'elle
doit être employée, il croit que le défendeur pourra réussir par les moyens légaux ordinaires. Cependant, comme il est difficile de supprimer d'un
seul coup un titre entier du Code de procédure,
M. Chauveau admet la tierce-opposition, et encore simplement comme facultative, dans un seul
cas (il est vrai que ce cas ne se présentera jamais),
c'est lorsqu'une partie a été personnellement
condamnée par un jugement auquel elle n'a pas
été appelée. — Il suffit d'exposer ce système

pour le réfuter. Les critiques que nous avons adressées à celui de Merlin s'appliquent du reste avec plus de force encore à celui-ci, et nous verrons dans la suite de cette exposition qu'il est au moins un cas où la tierce-opposition est seule admissible, c'est lorsqu'un créancier attaque le jugement rendu en fraude de ses droits par collusion du débiteur.

Troisième système. — Le système que nous allons résumer et qui est le plus généralement adopté a été exposé en grands détails par Boitard [1] ; il a été depuis adopté et développé par Marcadé [2], Thomine-Desmazures [3], Aubry et Rau [4].

En thèse générale, un jugement auquel je n'ai pas été partie ne peut m'être opposé, mais son exécution peut me nuire : alors naît aussitôt pour moi le droit d'y former tierce-opposition. Ce sera donc au préjudice réel qui pourrait malgré la loi résulter, pour la partie étrangère au jugement, de l'exécution de ce jugement, que l'on reconnaîtra quand doit être formée la tierce-opposition.

Par exemple, Primus détient un meuble que je lui ai prêté ; Secundus revendique ce meuble et réussit dans sa demande. Le jugement me sera indifférent en droit, mais ne me portera-t-il pas

---

[1] T. ii, p. 85 et suiv.
[2] Art. 1351, xiv, p. 200 et suiv.
[3] I. 525.
[4] § 756, n⁰ 53.

préjudice en fait? Sans aucun doute, principalement si le jugement est exécuté, si la délivrance
a lieu entre les parties, car, dans ce cas, il pourra
m'être fort difficile, même une fois mon droit de
propriété reconnu, de me faire délivrer le meuble.
— La tierce-opposition remédie à ce danger : je
déclarerai par cette voie que j'entends soutenir
l'injustice de la sentence obtenue par Secundus
contre Primus, et le tribunal pourra surseoir à
l'exécution du jugement ainsi attaqué, en vertu
du § 2ᵉ de l'article 478 du Code de procédure.

Cette hypothèse prévoit une question de meubles ; M. Boitard montre que la tierce-opposition
peut présenter un intérêt plus fréquent encore en
matière d'immeubles :

Secundus a revendiqué contre Primus, mon
fermier, un immeuble dont il se prétend propriétaire. Primus, au lieu de me dénoncer la demande
en revendication, a lui-même soutenu le procès,
et s'est vu condamner à délaisser l'immeuble. —
Si j'intente une revendication contre Secundus,
me fondant sur mon droit de propriété et ma qualité de tiers par rapport au jugement, je laisserai
le jugement s'exécuter et la propriété passer
entre les mains de Secundus, ce qui mettra la
preuve à ma charge, par suite de la qualité de
possesseur de ce dernier. Au contraire, si je me
porte tiers-opposant, je ferai réformer le jugement, restituer l'immeuble à Primus, et si Se-

cundus revendique, la charge de la preuve pèsera sur lui.

Voici, à titre d'exemples, deux cas dans lesquels la tierce-opposition est facultative, le tiers ayant à sa disposition d'autres moyens, moins efficaces, il est vrai. Dans l'espèce suivante, résolue par l'article 873 du Code de procédure, l'emploi de la tierce-opposition est au contraire obligatoire.

Les formalités de séparation de biens remplies, les créanciers du mari n'ont qu'un an pour se pourvoir par tierce-opposition contre le jugement de séparation. Dans le cas contraire, ils ont trente ans, délai habituel des actions. Or, si les créanciers du mari s'appuient sur l'article 1166, ils sont liés par le jugement, comme ayant été représentés dans l'instance par leur débiteur; mais s'ils peuvent, en vertu de l'article 1167, attaquer en leur nom personnel le jugement comme rendu en fraude de leurs droits, l'exception tirée de l'article 1351 ne suffirait pas pour mettre les tiers à l'abri, car la femme, créancière privilégiée, n'a pas besoin de mettre en cause les créanciers du mari pour faire exécuter le jugement sur les biens de ce dernier; et de cette exécution qui ne nuit pas en droit aux créanciers, naîtra pour eux un préjudice certain, qu'ils ne pourront éviter qu'en employant, de toute nécessité, la tierce-opposition.

Tel est, résumé dans les espèces mêmes, ou

peu s'en faut, que Boitard a proposées, ce troisième système. Malgré l'autorité dont il jouit, malgré la science et la réputation des auteurs qui l'ont adopté et enseigné, nous croyons que ce système est loin d'être satisfaisant. Reprenons les exemples ci-dessus développés.

Dans l'espèce où la tierce-opposition est appliquée aux meubles, remarquons l'injuste résultat que présente en droit ce procédé : le jugement est sans aucun effet à l'égard du tiers ; celui-ci est même censé ne pas le connaître, et cependant, pour attaquer ce jugement, on le fait recourir à un moyen dangereux et incertain. N'est-il donc pas possible, en fait, de trouver des voies plus sûres et remplissant le même but ? Il y a deux moyens qui paraissent répondre parfaitement aux nécessités de la même situation, ce sont la saisie-revendication et la mise en séquestre de l'objet mobilier.

Dans l'hypothèse où l'objet de la tierce-opposition est un immeuble, la conclusion nous paraît très-contestable. Est-il juste de soutenir que le tiers revendiquant aura par la tierce-opposition l'avantage du rôle de défendeur dans la question de propriété ? Mais remarquons bien que c'est un principe parfaitement reconnu et admis sans discussion que, toutes les fois qu'une question de propriété est en jeu, le rôle des parties se détermine par la possession, la position de défendeur appartenant à celui qui jouit de la possession. Le système que nous venons d'exposer met obstacle à l'application de ce principe ; il suppose, ce qui n'est rien moins que prouvé, que la tierce-opposition intervertit les rôles, et réduit à néant la maxime : « *Onus probationis incumbit ei qui dicit, non ei qui negat.* » Admettant au contraire et appliquant cette maxime, nous dirons : Quel est celui qui est en possession actuelle par la perception des fermages ? Est-ce le demandeur à la revendication ? Il devra, même en face d'une tierce-opposition, conserver son rôle de défendeur. Quant au tiers-propriétaire, il remplira, il est vrai, le rôle de demandeur, mais il aura contre son fermier une action en dommages-intérêts pour le quasi-délit que celui-ci aura commis en n'appelant pas le bailleur en garantie lorsqu'il était lui-même cité en justice pour se voir condamner au délaissement de la chose. Le preneur, s'il est condamné au paiement de dommages-intérêts subira une peine juste, pour la négligence avec laquelle il a payé ses fermages à celui qui n'était pas le véritable propriétaire ; et, d'un autre côté, si c'est le bailleur qui succombe, il devra imputer à sa propre négligence sa non-réussite : il devait, ou choisir un locataire plus diligent ou plus scrupuleux, ou surveiller son fermier.

Il nous paraît impossible d'admettre que cette distinction très-importante entre les cas où la tierce-opposition est obligatoire, *doit* être employée, et ceux où elle n'est que facultative, c'est-à-dire *peut* être employée ou ne l'être pas, soit véritable, alors qu'elle n'est pas écrite dans le titre entier consacré par le Code de procédure à cette matière. Nous savons, puisqu'un texte l'établit explicitement, qu'il y a un cas où elle est obligatoire, mais ce n'est que par une induction hypothétique qu'on en admet dans d'autres cas l'usage facultatif : quel est en effet, dans ces dernières espèces, le principal objet, sinon le seul, de la tierce-opposition ? C'est d'empêcher l'exécution d'une sentence qui préjudicierait, en fait, au tiers-opposant, quoique celui-ci n'y ait pas été partie : or, aux termes de l'article 478, la suspension de l'exécution d'un jugement est toujours facultative de la part du tribunal saisi de la tierce-opposition, elle est même impossible dans un cas, celui où les jugements, passés en force de chose jugée, portent condamnation à délaisser la possession d'un héritage. Le texte de la loi contredit donc ce système en propres termes.

Il y a cependant, nous l'avons dit, un point incontestable, c'est que l'article 873 du Code de procédure mentionne expressément la tierce-opposition comme le seul moyen qui soit en la possession des créanciers du mari pour attaquer la séparation de biens prononcée à leur préjudice. Ceci posé, nous ferons trois observations :

La tierce-opposition n'est pas un droit, c'est un

moyen de procédure, une forme légale et définie qui permet au droit de se manifester. On a cherché à la définir comme si elle était un droit, alors qu'il eût été plus sage de chercher les cas d'application de cette voie de recours.

Le droit que l'article 873 reconnaît aux créanciers du mari n'est pas un droit spécial et particulier, posé par la loi dans cette seule circonstance, c'est la consécration, l'application à ce cas particulier du principe de l'action Paulienne, reproduit par l'article 1167 du Code civil. L'article 873 ne fait que réglementer et renfermer dans de sages limites un droit acquis aux créanciers qui peuvent prouver la fraude du mari et la collusion de la femme.

M. Boitard étend l'application de la tierce-opposition à l'hypothèse suivante : Primus a vendu, le premier juin, un immeuble à Tertius ; le quinze juin, c'est-à-dire postérieurement à la vente, il est jugé entre Primus et Secundus que celui-ci était propriétaire de l'immeuble. Le jugement ne peut, sans aucun doute, être opposé à Tertius, qui avait avant le procès un droit désormais indépendant de la volonté de son auteur ; il devra donc, pour faire tomber le jugement à son égard, agir par la tierce-opposition. — Il n'est besoin, pour répondre à cette prétendue extension de la tierce-opposition, que d'examiner sur quel fondement elle s'appuierait en droit. Or, non-seulement il est impossible de lui trouver un fondement juridique, mais cette solution est contraire au principe de la relativité des jugements, car si l'article 1351 pose ce dernier principe, ce n'est pas évidemment pour les cas où il n'aurait pas d'utilité, où il ne s'exercerait pas, mais au contraire pour le cas où un tiers peut prétendre un droit quelconque sur l'immeuble, et soutenir que le jugement intervenu entre les parties blesse plus ou moins son intérêt. Donc, soutenir que Tertius, dans l'espèce que nous venons de citer, sera obligé de recourir à la tierce-opposition pour combattre les effets du jugement que Secundus a obtenu contre Primus, c'est violer le principe posé par l'article 1351, en privant Tertius du moyen plus simple et moins périlleux qui lui est fourni par cet article.

Il résulte de ces observations que nous ne rencontrons un véritable cas d'application de la tierce-opposition que dans l'espèce de l'article 873 du Code de procédure. Mais cette espèce résout en fait une question de droit, et, à ce titre, elle doit être étendue par voie de généralisation aux espèces analogues. Nous entendons par là que cet article, qui ne parle d'ailleurs de la tierce-opposition qu'en passant et pour en déterminer le délai, n'a pas pour but d'accorder aux créanciers du mari, dans le cas particulier où il se place, et qui prend son point de départ dans l'article 1167 du Code civil, une voie exceptionnelle qui n'appartiendrait pas à tout créancier dans le cas de fraude de son débiteur.

Nous admettrons donc que toutes les fois que le tiers sera le créancier du défendeur qui a échoué dans sa défense, ce créancier pourra, après avoir prouvé le droit de propriété de son débiteur et établi la fraude, faire tomber, du moins dans la mesure de son préjudice, dans la mesure nécessaire pour satisfaire son intérêt [1], l'autorité du jugement. La tierce-opposition sera une voie nécessaire, puisqu'elle est la forme désignée par le Code de procédure pour assurer, par application de l'article 1167, la réformation du jugement.

II.

L'étude de ce point difficile de procédure nous a montré quelle importance il convenait d'attacher à la distinction entre les personnes qui avaient été ou qui n'avaient pas été représentées dans l'instance [2]. Nous allons étudier maintenant ce principe dans ses conséquences. C'est, en effet, le principe de la représentation d'une personne par une autre qui donne naissance à certaines extensions de l'identité de personnes qu'on appelle extensions naturelles, par opposi-

---

[1] Toullier, 232 ; Proudhon, 1335 ; Merlin, *quest.* V^{is} *Opposition (tierce)*, § 2, *Rep.* iisd. V^{is}, § 3 ; Dalloz, V^{is}, *tierce-opposition*, et l'arrêt de cassation qui y est rapporté.

[2] V. Civ. cass.; 8 décembre 1873, D. P. 1874, I, 149.

tion aux extensions positives, qui sont établies par la législation positive. Nous étudierons les extensions naturelles de l'identité de parties dans l'ordre que nous avons déjà suivi en droit Romain, examinant, en premier lieu, celles basées sur le principe de succession ; en second lieu, celles qui trouvent leur principe dans un mandat légal (ou judiciaire) ou conventionnel, et, enfin, celles qui reposent sur le principe de la gestion d'affaires.

Nous passerons ensuite en revue les extensions positives, et nous le ferons d'une manière beaucoup plus complète qu'en droit Romain, cette matière ayant, sous notre législation, une importance et une extension bien plus considérables.

§ 1er. Des ayants-cause en vertu du principe
de succession.

Nous ne ferons que rappeler ici les observations que nous avons faites en droit Romain pour justifier les deux sortes de transmission de droits à titre universel et à titre particulier. La représentation, dans le premier cas, ne souffre aucune difficulté ; dans le second cas, l'équité de cette transmission résulte de ce raisonnement que, de même que les ayants-cause sont subrogés aux droits et obligations résultant de la convention conclue par leur auteur (1122), de même doivent-ils succéder à toutes les conséquences résultant pour ou contre leur auteur du compromis judiciaire. Il faut, bien entendu, que l'auteur ne se soit pas, avant le jugement, dépouillé des droits qu'il avait sur la chose ; à moins qu'il ne résulte des principes de la législation positive que cette aliénation des droits, entière et irrévocable au regard du contractant, ne soit opposable aux tiers qu'à partir d'un certain délai qui n'est point écoulé. Cette restriction s'applique principalement aux cas prévus par l'article 1328, par l'article 2279, aux ventes et cessions qui, en vertu de la loi de 1845, sont soumises à la formalité de la transcription, ou, en vertu de l'article 1690, à celle de la notification ou de l'acceptation par le débiteur.

Mais s'il est acquis que la chose jugée est opposable aux successeurs et aux ayants-cause lorsque leurs droits ne sont venus en leur possession que postérieurement au jugement définitif, et ne peut au contraire leur être opposée dans le cas inverse, la question suivante se présente : lorsque la transmission des droits a eu lieu entre la demande introductive d'instance et la décision définitive, l'exception de chose jugée est-elle opposable au successeur ?

La majorité des auteurs veulent que l'on considère le moment de la demande, et que, par conséquent, l'exception de chose jugée soit opposable. Cette opinion s'appuie sur l'effet rétroactif des décisions judiciaires, effet incontestable,

19

auquel, en engageant un procès, on est censé se
soumettre d'avance et que l'on a nommé, par
une expression peut-être plus frappante que juste,
la *servitude du litige*. Celui à qui un droit est
concédé prend ce droit dans l'état où il était au
moment de la concession ; or, à ce moment, l'instance était liée, donc l'acquéreur en avait implicitement accepté les conséquences. Donc, deux
arguments à l'appui de ce système : rétroactivité
des jugements, et impossibilité de la part du vendeur de transmettre plus de droits qu'il n'en possède lui-même au moment du contrat [1].

Ces raisons n'ont pas convaincu la jurisprudence qui, par de nombreux arrêts, s'est prononcée dans le sens opposé [2]. Elle s'appuie sur les
considérations suivantes : d'abord, on ne peut
admettre, en l'absence d'aucun texte, cette idée
que l'objet est transmis, chargé de la servitude
du litige ; c'est là une idée purement hypothétique,
car le compromis judiciaire n'affecte pas essentiellement l'objet litigieux, il crée une obligation
de faire ou de ne pas faire, obligation personnelle
dont l'inexécution se résoudra en dommages-intérêts : on ne peut donc dire que l'auteur a res-

[1] Marcadé (art. 1351 XI), Aubry et Rau, (texte et note 23), se
sont prononcés pour cette opinion. Elle est également adoptée par
M. Valette. (Dissertation insérée dans la *Revue de droit français*, 1844, p. 28).

[2] Cass. 8 mai 1810, D. *Chose jugée*, 247 ; Cass. 14 juin 1815, 26
mars 1838. Dall. V^is *tierce-opposition*, n° 150 ; Cass. 30 mars
1858, D. P. I. 164.

treint ses droits sur l'objet : on ne saurait, en
l'absence de textes, attribuer au compromis judiciaire la nature et le caractère de droit réel, car
la loi ordonne des mesures de publicité assez
étendues pour porter à la connaissance des tiers
les droits réels et même les droits personnels
qui sont transmissibles aux ayants-cause [1], elle
n'en prescrit aucune pour le compromis judiciaire,
dont même elle ne parle pas. Ce serait donc une
exception aux principes généraux, et, en outre,
la contradiction de cet autre principe qui défend
de prononcer une condamnation contre celui qui
n'a pas été entendu. — Ajoutons, pour répondre
à l'argument tiré de la rétroactivité de l'effet des
jugements, que cette rétroactivité n'a lieu au
préjudice des tiers que dans certains cas particuliers, dont le nombre est restreint, et que dans
toutes ces hypothèses, ceux-ci sont avertis par
certaines mesures de publicité.

Nous adoptons sur ce point l'avis de la jurisprudence, et nous croyons que pour qu'un jugement rendu contre l'auteur soit opposable
aux ayants-cause, il faut que le titre de ceux-ci
soit postérieur à la décision finale. La Cour de
cassation a admis cette doctrine, même pour le
cas où la transmission était postérieure à la citation en conciliation, mais non à l'ajournement,
et pour celui où l'acte de vente avait été conclu

[1] V. l'article 11 de la loi du 23 mars 1855.

entre le jugement de première instance et l'arrêt qui le confirmait [1].

L'instance terminée ne pourra donc jamais, selon nous, être reprise par les ayants-cause dont le titre est postérieur au jugement définitif. Tel est l'avis de Dalloz, au mot *tierce-opposition*, *n° cit.*, mais il paraît avoir apporté à cette opinion, au mot *chose jugée*, n° 358, un correctif assez malheureux, en ajoutant qu'il en serait autrement « si la cause avait été complètement en état d'être jugée au moment où l'un des contendants avait transmis ses droits à un tiers. »

Il n'entre pas dans notre plan de faire l'énumération des différents successeurs à titre particulier, citons cependant les espèces qui peuvent donner lieu à des difficultés.

On peut diviser les ayants-cause en deux classes: ceux qui tiennent tous leurs droits de leur auteur, à raison des liens qui les unissent à celui-ci, et ceux qui ont au contraire, par eux-mêmes, un droit personnel et exclusif sur la chose qui fait l'objet du procès. Dans cette dernière classe sont les cohéritiers, les légataires, qui ne se représentent pas mutuellement dans les jugements rendus avec l'un d'eux sur les affaires de la succession.

Dans la première classe, nous rangerons les

[1] Arrêt du 19 aout 1818, Dall. *Chose jugée* n° 247, et du 25 mars 1828, *Ibid*. 151.

créanciers considérés dans leurs rapport avec le débiteur (art. 1166).

Les créanciers chirographaires deviennent ayants-cause de leur débiteur quand ils veulent exercer ses droits et se mettre en possession de ses biens. Par conséquent tous les jugements rendus jusqu'à cette époque contre leur débiteur leur deviennent communs. Leur gage tacite et général ne prive pas celui-ci du droit d'administrer son patrimoine.

Que décider à l'égard des créanciers hypothécaires? Nous adopterons, en l'adaptant au droit Français, la solution que nous avons indiquée en droit Romain, mais il convient de préciser auparavant la discussion qui s'est élevée sur ce point. Il est incontesté qu'avant l'inscription de leur hypothèque les créanciers hypothécaires sont censés représentés par leur débiteur, mais en est-il ainsi quand c'est avant l'introduction de l'instance que leur droit est devenu efficace?

On soutient dans une première opinion que le débiteur restant investi de tous les droits inhérents à la propriété a seul qualité pour la réclamer et la défendre en justice ; que l'existence de l'hypothèque subordonnée au droit de propriété du constituant doit s'évanouir avec lui ; que s'il en était autrement, il faudrait, pour faire juger avec sécurité une question de propriété contre une personne chargée de dettes, mettre en cause tous ceux de ses créanciers qui auraient acquis hypothèque sur l'immeuble litigieux ; c'est même cette dernière considération pratique qui paraît avoir déterminé la Cour de cassation à se prononcer plusieurs fois pour cette opinion [1] soutenue par Merlin [2], Proudhon [3], Larombière [4] et par M. Bugnet, dans son commentaire sur Pothier [5].

Ces arguments sont loin de nous convaincre. L'hypothèque n'est pas un démembrement du droit de propriété, c'est possible, mais c'est un droit réel, et de nature à modifier considérablement dans ses effets le droit de propriété du débiteur. De plus, nous avons posé plus haut ce principe que personne ne peut déduire en justice que les droits qu'il a encore sur l'objet litigieux : cela résulte, avons nous dit, du compromis judiciaire. Or, la théorie que nous combattons repousse ce principe, et la Cour de cassation, qui admet le principe dans sa généralité, le repousse dans ce seul cas, par une contradiction des plus bizarres.

Que l'hypothèque doive tomber avec le droit de propriété du constituant, cela est certain,

---

[1] Arrêts du 16 juillet 1811, 11 juin 1822, Dalloz, V^{is} *tierce-opposition*, n° 193 ; Cass. 21 août 1826, D. P. 1827, p. 5 ; 5 janvier 1828, D. P. 1828. I. 91 ; 3 juillet 1832, D. P. 1832, I, 360, 26 mai 1841, D. P. 1841, I, 232. (Tous ces arrêts sont pris dans la 1re édition du *répertoire périodique*) 6 décembre 1859, D. P. 1860, I, 17.— Une seule fois, la Cour de cassation a varié et jugé dans le sens opposé, c'est dans l'arrêt du 28 août 1849, D. P. 1850, I 157.

[2] *Quest. V° opposition (tierce)* § 1er.

[3] *De l'usufruit*, III, n° 1300.

[4] Art. 1351, n° 115.

[5] *Des obligations*, n° 905, note 1re.

mais pour parvenir à la résolution des droits du constituant, et par suite du créancier, il faut en faire la preuve, et cette preuve ne peut être faite que contre l'adversaire au procès.

Le créancier hypothécaire est, dit-on, l'ayant-cause du débiteur, mais l'acquéreur n'est pas moins l'ayant-cause du vendeur, et cependant le jugement rendu contre le vendeur postérieurement à la transcription de l'acte a bien l'autorité de la chose jugée au regard de l'acquéreur. Ajoutons que le système contraire à celui que nous soutenons présente l'inconvénient bien plus grave de faire dépendre le sort du créancier de l'indifférence et du défaut d'intérêt d'un débiteur obéré. Comment admettre, sans porter une grave atteinte à la sûreté des hypothèques, qu'un tel jugement ait son effet contre des créanciers, seuls intéressés, et qui l'ignoraient entièrement ? [1]. Notre théorie, qui, ainsi que nous le savons, était celle du droit Romain, est également celle de Pothier, et nous trouvons là une raison de plus de croire qu'elle est celle des rédacteurs du Code.

Nous ne pouvons terminer ce paragraphe sans indiquer deux questions fort graves :

1. — Les jugements rendus contre l'héritier apparent ont-ils l'autorité de la chose jugée à l'égard de l'héritier véritable ?

---

[1] Marcadé, art. 1351 § XII ; Aubry et Rau, § 769, note 28 ; Dalloz, *Chose jugée*, nº 251 ; — rapprocher la théorie analogue admise par Paul Pont dans un cas semblable, celui de l'art. 2125.

L'affirmative est généralement enseignée. On considère l'héritier apparent comme ayant été le mandataire légal ou le *negotiorum gestor* de l'héritier véritable. La raison de douter est qu'il n'existe pas, en ce qui concerne les jugements ou arrêts, de disposition semblable à l'art. 1240, relatif à la validité du paiement fait de bonne foi au créancier apparent, et que, dès lors, l'héritier apparent n'ayant pas été représenté dans l'instance, devrait pouvoir former tierce-opposition (474 C. proc. civ.).

Mais le doute ne subsiste pas, à moins qu'on ne se place dans l'hypothèse d'une collusion entre l'héritier apparent et son prétendu adversaire, quand on réfléchit que l'héritier apparent n'a fait en plaidant que gérer et administrer la succession, et que seul il avait qualité pour interrompre la prescription « qui court contre toute personne, à moins qu'elle ne soit dans quelque exception établie par une loi » (art. 2251 C. civ.), ce qui n'est pas le fait de l'héritier apparent. Enfin, les droits des tiers exigent pareillement que le possesseur ait qualité pour agir [1].

2. — Le jugement passé en force de chose jugée rendu entre un successible et un créancier, qui condamne le successible en qualité d'héritier pur et simple, profite-t-il aux autres créanciers qui n'ont pas été parties au procès, en sorte que le

---

[1] M. Demolombe, *De l'absence*, n° 238, p. 284. — Dalloz, V° *Succession*, n° 544.

successible soit déchu à l'égard de tous de la faculté, soit de renoncer, soit d'accepter sous bénéfice d'inventaire?

Cette question se subdivise en deux hypothèses, et, disons-le dès à présent, la différence qui les sépare tient à ce que, dans la première, le jugement a porté directement sur la question d'hérédité, et sur celle d'hérédité pure et simple ou bénéficiaire, tandis que cette question n'est que l'objet indirect de la seconde.

Première hypothèse. — Le jugement statuant sur la validité de la renonciation ou de l'acceptation bénéficiaire faite par un successible, ou sur la déchéance encourue par le successible de la faculté d'accepter bénéficiairement, a-t-il force de chose jugée pour ou contre tous les autres créanciers de la succession?

Si nous n'appliquons à ce sujet que la règle générale contenue dans l'article 1351, la solution sera bien simple : le jugement par lequel le successible sera déclaré avoir fait acte d'héritier n'étant rendu qu'entre le successible et le créancier qui l'a actionné, sera par rapport aux autres créanciers *res inter alios acta*. Mais le projet primitif du Code civil, s'appliquant spécialement à la répudiation de l'hérédité, s'était prononcé en sens contraire, en spécifiant qu'il ne prévoyait pas l'effet que pouvait avoir sur cette répudiation le jugement condamnant le successible, *sans débat sur sa qualité*, à payer une dette héréditaire :

« Celui contre lequel un créancier de la succession a obtenu un jugement contradictoire, passé en force de chose jugée, qui le condamne comme héritier, est réputé avoir accepté la succession; si le jugement passé en force de chose jugée n'a été rendu que par défaut, la condamnation obtenue par un créancier seul ne profite pas aux autres. » C'est dans cette première rédaction qu'un grand nombre d'auteurs, cherchant la pensée de la loi dans les travaux préparatoires à son élaboration, ont cru pouvoir trouver le germe d'opinions opposées à la nôtre. Nous pensons, au contraire, que les travaux préparatoires du Code confirment bien l'opinion que nous adoptons, et en effet cet article (l'article 87 du projet) ayant été remplacé, dans la séance de la section de législation, par un autre conçu dans un sens absolument opposé à celui du projet primitif et qui ne faisait qu'appliquer explicitement au cas qui nous occupe la règle générale de l'article 1351, ce dernier article fut retranché en séance générale, après observation du conseiller d'Etat Berlier, qu'il était inutile.

C'est Malleville lui-même, qui, tout opposé qu'il était à la doctrine qui a prévalu, s'exprime ainsi : « sur ces observations, l'article fut retranché, et le 1351e, auquel on faisait allusion, fut adopté, de manière que...... c'est au principe qu'il pose qu'il paraîtrait qu'on doit se tenir. »

Deuxième hypothèse. — Le successible con-

damné sur la poursuite d'un créancier au paiement d'une dette héréditaire doit-il être réputé
héritier à l'égard de tous, et, par suite, déchu de
la faculté de renoncer? Ou encore le même successible, condamné sans avoir excipé des délais
accordés par l'article 174, ou après l'expiration
de ces délais, s'il n'avait pas auparavant effectué
son acceptation bénéficiaire, est-il réputé héritier
pur et simple?

Nous avons dit que les articles sur lesquels
avait porté la discussion de la commission n'é-
taient pas applicables à cette seconde hypothèse.
Il suffit de lire la discussion au Conseil d'Etat
pour s'en convaincre, et en particulier les paroles
de Malleville: « Celui dont la qualité a été jugée
d'après une plaidoirie contradicioire..... qu'un
jugement solennel *déclare positivement l'héritier
d'un tel.* »

Nous répondrons donc affirmativement, car,
dans les différentes branches de cette hypothèse,
le successible paraît bien avoir agi en qualité d'héritier, *quasi rerum hereditariarum dominus.* Et,
en effet, il n'a pas fait un acte conservatoire,
puisqu'il n'y avait pas d'utilité pressante à ce qu'il
acceptât le débat; c'est encore moins un acte
d'administration provisoire, puisque rien n'est plus
définitif : mais si cet acte ne rentre pas dans les
catégories de l'article 759, il paraît rentrer parfaitement dans la définition de l'article 778 : « l'acte
qui suppose l'intention d'accepter, et que le suc-

cessible n'aurait pu faire qu'en sa qualité d'héritier. »—L'article 800 confirme explicitement cette démonstration. Il ne s'applique dans ses termes, il est vrai, qu'au cas d'acceptation bénéficiaire, mais la parité de question doit le faire appliquer aussi par analogie à l'autre espèce :

« L'héritier conserve néanmoins, après l'expiration des délais accordés par l'article 795, mêmes de ceux admis par le juge, conformément à l'article 798, la faculté de faire encore inventaire et de se porter héritier bénéficiaire, s'il n'a pas fait d'ailleurs acte d'héritier, ou s'il n'existe pas contre lui de jugement passé en force de chose jugée qui le condamne en qualité d'héritier pur et simple. »

On a dit, il est vrai, que cet article voulait parler des jugements par lesquels un créancier a fait annuler l'acceptation bénéficiaire du successible pour avoir fait auparavant acte d'héritier pur et simple (notre première hypothèse). Mais, outre que la rédaction actuelle de l'article 800 nous paraît répugner à cette interprétation, sa rédaction primitive, alors qu'il portait le n° 104 : « l'héritier conserve néanmoins... la faculté de faire encore inventaire et de se porter héritier bénéficiaire, s'il n'a pas d'ailleurs fait acte d'héritier... » prouve bien qu'il n'y avait pas eu d'acceptation bénéficiaire antérieure.

M. Demolombe, en admettant l'opinion que nous venons d'indiquer, y apporte une exception fort juste, c'est dans le cas où le procès « devrait être considéré comme un acte d'administration nécessaire ou même purement conservatoire. »

Nous passons volontairement sous silence les six ou sept systèmes qui ont été présentés sur la question que nous venons de traiter. Il faudrait, même pour les résumer, un travail spécial, et des plus longs, et ce serait excéder considérablement les bornes de cette étude. Cette exposition des différents systèmes a été faite d'une manière aussi complète qu'intéressante dans la dissertation de M. Valette sur ce sujet [1].

Nous remarquerons en terminant que cette discussion, bien qu'elle ait sa place ici, roule bien moins sur les principes de la chose jugée que sur ceux de l'acceptation d'hérédité : nous avons en effet considéré le jugement comme fait et non dans son contenu.

§ 2. *Des mandataires légaux ou conventionnels. — Extensions fondées sur le principe de mandat.*

Notre droit n'a rien conservé des subtilités romaines en pareille matière. On peut opposer au mandant le jugement rendu avec le mandataire, soit conventionnel, soit légal.

Nous citerons, comme mandataires légaux :

Les tuteurs des mineurs et des interdits ;

---

[1] *Revue étrangère et française, 1849.*

Le mari, dans les cas où la loi lui donne le droit d'agir pour sa femme ;

Les représentants des personnes morales ;

Les curateurs à succession vacante ;

Les syndics de faillite, etc.

Les tuteurs sont soumis à certaines formalités. Ils ne peuvent intenter des actions immobilières ou en partage sans une autorisation préalable du conseil de famille. Que si cette autorisation n'est pas obtenue, l'adversaire pourra refuser le débat ; mais si l'instance suit son cours, la chose jugée sera opposable au pupille, sauf exercice, par le subrogé-tuteur, de l'appel ou du pourvoi en cassation. C'est, il est vrai, une règle générale que tout mandataire qui a excédé ses pouvoirs sera censé déchu de son mandat, mais l'opinion contraire n'en doit pas moins, selon nous, être adoptée dans l'espèce, la loi n'ayant pas prescri ces formalités au tuteur à peine de déchéance.

Dans les sociétés en commandite, les associés en nom sont mandataires légaux vis-à-vis des associés commanditaires. Dans les autres sociétés commerciales, la chose jugée n'existe généralement que pour les parties qui ont figuré dans l'instance.

L'époux d'un absent qui a opté pour la continuation de la communauté est le mandataire légal de l'absent. S'il a opté pour la dissolution, cette qualité appartient aux envoyés en possession provisoire ou définitive (art 134).

Le curateur n'est pas un représentant de la personne de l'émancipé, il ne fait que l'assister.

Les cas ou le mari a qualité d'agir pour sa femme varient avec les régimes : ce serait sortir de notre sujet que d'en faire ici l'énumération. Il y a toutefois un cas spécial de représentation qui ne varie pas avec le régime adopté : la femme mariée ne peut ester en justice sans l'autorisation de son mari (art. 215).

Les syndics d'une faillite représentent la masse des créanciers chirographaires et le débiteur failli, dans les procès qui ne sont pas dirigés personnellement contre celui-ci. Mais les syndics ne sont pas les représentants légaux des créanciers privilégiés ni même des créanciers hypothécaires, dont les droits, indépendants du sort de la masse chirographaire, restent étrangers aux conséquences de la faillite [1]. Que si les créanciers n'avaient hypothèque ou privilége que pour partie de leur dette, les syndics les représenteraient pour le surplus.

De même, les communes sont représentées par leur maire, et la commune représente chacun des habitants. La décision intervenue contre leur maire les oblige donc, à moins qu'ils n'invoquent des droits personnels et qu'ils posséderaient *ut singuli* [2]. Il en serait de même s'il s'agissait d'un

[1] Cass. 11 mars 1835.
[2] Cass. 2 août 1841, 31 mai 1837. D. P. I. 356.

hameau invoquant des titres particuliers différents de ceux de la commune [1].

Parmi les personnes morales, une des classes les plus importantes se compose de celles sur lesquelles s'étend la tutelle administrative, savoir les communautés territoriales, les établissements publics, les établissements d'utilité publique. Il ne suffit pas à ces personnes morales de la présence de leur représentant quand il s'agit d'acceptation de libéralités : il faut qu'à ce dernier s'adjoigne l'État, qui intervient pour l'assister et l'autoriser. L'intervention de l'État a paru nécessaire pour deux motifs, qui sont indiqués par Daguesseau dans le préambule de l'édit d'août 1749. Le premier, c'est que les établissements de main-morte n'absorbent pas une grande partie du territoire, au détriment de la richesse publique ; le second est l'intérêt des familles, « à la subsistance et entretien desquelles, dit le chancelier, les biens sont naturellement destinés [2]. »

Dans le cas de substitution, il faut distinguer si la substitution a ou non été transcrite avant le jugement. Dans la dernière hypothèse, le grevé étant, en vertu de l'article 1070, propriétaire in-

---

[1] Cass. 19 novembre 1833. Dall. V° *Commune*, n° 1471. — 30 juillet 1873, D. P. 1874, I, 22.

[2] V. un remarquable travail de M. Lamache, professeur à la Faculté de Droit de Grenoble, sur les dons et legs faits aux établissements ecclésiastiques ou religieux ; — dans le *Contemporain*, livraison du 1er août 1874.

commutable à l'égard des tiers, les jugements obtenus pour ou contre lui seront opposables aux appelés. Dans le cas contraire, il en sera de même si le tuteur a été mis en cause. C'est lui, en effet, qui est le véritable représentant des appelés. On a dit qu'il était chargé seulement, par l'article 1055, de l'exécution des dispositions du testateur, et que c'était aux appelés eux-mêmes à défendre leurs droits : mais c'est rendre inutile, ou à peu près, le rôle du tuteur à la substitution ; et d'abord, que décider au cas où les appelés ne seraient pas nés ?

Lorsque, dans une instance, l'une des parties, protégée par un contrat accessoire de garantie, a demandé à être mise hors de cause, elle est censée par là s'en être rapportée à ce que ferait son garant, qui agit en vertu d'un mandat tacite. Aussi l'article 185 du Code de procédure n'exige-t-il qu'une simple signification pour que le jugement soit exécutoire, quant au principal, contre le garanti.

Il y avait en droit Romain sur cette matière un principe qui n'existe plus dans notre législation. Ce principe, que nous avons appliqué à trois cas particuliers, est que la connaissance du litige par le garanti équivaut à une sorte de mandat tacite. Cette présomption a été rejetée par notre droit, qui a pensé que de la simple connaissance d'un fait on ne pouvait induire la volonté non exprimée d'une partie en cause.

§ 3. — *Des co-intéressés et des personnes représentées en vertu d'un quasi-contrat de gestion
d'affaire.*

Nous avons, en traitant en droit Romain la
matière de ce paragraphe, et à propos du fidéjusseur, posé en principe que certaines personnes ne sont censées représenter la partie dont
elles ont pris en main les intérêts, que dans les
cas où les jugements rendus profitent à cette
dernière, mais que la présomption de mandat
tacite cesse dès qu'ils lui nuisent. En voyant dans
ce fait un mandat tacite, nous avons renvoyé au
présent chapitre pour exposer les raisons de notre
opinion et combattre la doctrine opposée.

Ce mandat tacite que nous admettons se fonde
sans doute, comme l'établit Dalloz [1], sur cette considération que toutes ces personnes, lorsqu'elles
ont fait triompher en justice des prétentions relatives à la dette ou à la chose qui établit un lien
entre elles et leurs co-obligés, indivisaires ou
co-intéressés, sont présumées avoir agi pour
ceux-ci, par cette considération qu'ils ne pourraient jouir du droit par eux acquis sans qu'il
leur fût communiqué.

Les effets que nous attribuons à un mandat
tacite proviennent, dans l'opinion adverse, du principe de la gestion d'affaire. Ce n'est pas une idée

---

[1] *Chose jugée*, n° 265.

juridique, disent les partisans de cette opinion, que de supposer qu'on donne à un tiers le pouvoir de gagner le procès et pas de le perdre.

Ce n'est pas ainsi qu'il faut raisonner à notre avis :

Certes, si l'autre partie au procès ignorait comment et à quel nom agit celui contre lequel elle plaide, il ne serait pas admissible que ce dernier vînt lui dire, le procès terminé, « j'avais mandat d'agir si je gagnais mon procès, mais non si je succombais. » Mais il faut remarquer que la position et la co-existence d'intérêts semblables étaient connues au moment de l'entrée en litige, et qu'il ne tenait qu'à la partie qui se trouvait en face d'adversaires dont elle connaissait la position respective, de les mettre simultanément en cause. L'adversaire n'est pas tenu d'accepter la lutte, il peut mettre en cause le vrai *dominus litis* : s'il ne le fait pas, c'est qu'il accepte cette représentation, toute imparfaite qu'elle est. Nous admettons donc, en principe, le mandat tacite *in meliorem causam*, en faisant remarquer, du reste, que ce n'est là qu'une discussion purement théorique, et que, si l'on n'est pas d'accord sur le principe, on s'accorde quant aux effets.

Sans exagérer l'importance de cet argument d'analogie, nous corroborerons notre opinion par la comparaison de la matière qui nous occupe avec le serment décisoire (art. 365). Dans le cas de solidarité entre créanciers, par exemple, le serment déféré par l'un d'entre eux au débiteur et prêté par lui, ne libère celui-ci que pour la part de ce créancier, parce que la délation du serment est une véritable remise conditionnelle, et que l'article 1198 dispose que la remise qui n'est faite que par l'un des créanciers solidaires ne libère le débiteur que pour la part de ce dernier. Au contraire, si le serment déféré est refusé par le débiteur, ce refus profitera à tous. Pourquoi? « C'est que chaque créancier solidaire, s'il n'a pas mandat pour compromettre par son fait les droits personnels de ses consorts, est censé avoir au moins mandat pour faire leur condition meilleure [1]. »

Quel que soit, du reste, le principe sur lequel repose cette vérité, il est incontestable que les jugements qu'a obtenus le gérant d'affaires lient l'adversaire, et qu'ils ne lient celui dont l'affaire a été gérée que moyennant ratification de sa part. Parcourons les principales espèces :

On range généralement dans cette catégorie le nu-propriétaire quant aux jugements rendus avec l'usufruitier, et réciproquement. Il pourra même se présenter cette hypothèse curieuse, que l'usufruitier exercera son droit sur les biens rentrés entre les mains du nu-propriétaire, en vertu d'un deuxième jugement, malgré un premier jugement qui l'avait démis de sa demande.

[1] Larombière, t. V, art. 1351, n° 8. — Dalloz, *obligations* n° 5,272. — Aubry et Rau, t. VI, p. 355.

Le propriétaire, dont le droit était soumis à une condition résolutoire, ou qui l'avait aliéné sous condition suspensive, est tenu, *pendente conditione*, de veiller à la conservation de la chose, et il a mandat pour la défendre dans l'intérêt de celui à qui elle doit être éventuellement restituée, mais non pour compromettre ses droits. Il en est ainsi encore du simple possesseur ou propriétaire apparent vis-à-vis du propriétaire réel qui vient l'évincer, du tuteur de fait, par exemple de la mère remariée qui, en vertu de l'article 396, aura conservé de fait la tutelle des enfants du premier lit.

Le vendeur, même pur et simple, peut soutenir après la vente un procès dont le gain profitera à l'acheteur, sans quoi, tenu par l'action en garantie, il se trouverait n'avoir obtenu qu'un bénéfice illusoire. Cette solution doit, du reste, être généralisée à tous les cas où un garant a soutenu seul un procès qui n'eût pu être régulièrement intenté que contre le garanti. Nous en dirons donc autant du cédant dans ses rapports avec le cessionnaire, et même du donateur. Ce dernier a en effet grand intérêt à ce que le donataire ne soit pas évincé, et à cause des droits éventuels que la loi lui laisse de rentrer dans les biens donnés, et surtout parce qu'il y perdrait de ne pas voir se réaliser le but qu'il s'était proposé dans la donation. Nous admettrons de même et pour les mêmes raisons que les jugements rendus au profit des héritiers relativement aux biens légués sous une condition, et pendant que la condition est en suspens, peuvent, au cas où elle viendrait à s'accomplir, être invoqués par le légataire.

Le jugement rendu sur l'existence de la dette en faveur du débiteur profite évidemment à la caution, sans quoi elle aurait, par l'action *mandati contraria*, son recours contre le débiteur qui n'aurait obtenu qu'un bénéfice illusoire (v. art. 2036 et 2012). Nous admettons, bien entendu, que les moyens de défense ont été communs : la question ne peut naître si le jugement a été rendu sur des moyens personnels à l'un des deux intéressés.

Dans le cas inverse, si le débiteur a été condamné, le créancier doit-il pouvoir agir en vertu de ce jugement contre la caution ? Il s'est élevé sur ce point une vive controverse ; nous adoptons sans hésiter la négative. La caution n'est pas l'ayant-cause du débiteur ; l'obligation de la caution est liée, il est vrai, à celle du débiteur comme au principal est lié l'accessoire, mais ce n'en sont pas moins deux obligations distinctes : la caution expose les causes de nullité ou d'extinction de l'obligation principale qui sont en même temps les causes de nullité ou d'extinction du cautionnement, non pas seulement du chef du débiteur, mais en son nom personnel.

Examinons les jugements rendus contre ou au profit de la caution.

Les jugements rendus contre la caution ne peuvent nuire au débiteur, qui n'est nullement garant vis-à-vis du créancier de la conduite de la caution.

Quant au jugement rendu au profit de la caution, il faut distinguer : si le motif allégué est qu'elle a payé ou qu'elle a prêté serment que la dette n'existait pas, le jugement profite au débiteur (art. 1365), car tout paiement fait par la caution libère le débiteur. — Si, au contraire le, juge allègue à l'appui du jugement favorable que la dette n'existe pas ou n'existe plus par suite d'une cause étrangère à la caution, le débiteur n'ayant pas été présent à l'instance ne saurait bénéficier de cette décision [1].

La chose jugée pour ou contre l'un des créanciers et l'un des débiteurs d'une obligation solidaire est-elle opposable par ou contre ses co-créanciers et ses co-débiteurs?

Les créanciers solidaires ont, d'après l'article 1197, mandat de poursuivre et de recevoir le montant de la dette. Il est donc certain que les jugements favorables peuvent être opposés par chaque créancier. Mais la controverse commence quant aux jugements défavorables. Nous pensons, conformément à la théorie que nous avons

---

[1] Marcadé, art. 1351, n° XIII ; Aubry et Rau, p. 487, note 39. — *contra* Merlin (Quest. V^{is} *chose jugée*, § 18, note 4) , Toullier, x, n° 220, Bonnier, n° 700, et Troplong, *du Cautionnement*, n°s 511 et 512.

exposée, que l'on peut attribuer à chaque créancier le pouvoir d'améliorer les choses dans l'intérêt des autres créanciers, mais non le droit de
les compromettre. Donc le paiement qu'il fait est
valable, mais la remise qu'il consent au débiteur
ne profite à ce dernier que pour sa part, comme
le serment prêté par le débiteur ne le libère que
pour la part du créancier qui le lui a déféré.

Quant aux jugements rendus à l'égard de l'un
des co-débiteurs solidaires, il n'y a pas de question
si le jugement a été rendu sur une exception personnelle au co-débiteur poursuivi. Mais si celui-
ci, poursuivi, se défend à l'aide de moyens communs à tous, est-il censé représenter ses co-débiteurs? Nous répondrons affirmativement. Et
en effet, aux termes de l'article 1200, le créancier peut actionner pour le tout celui des co-débiteurs qu'il lui plaira de choisir ; donc chaque
débiteur est, *sive in meliorem, sive in pejorem
causam*, le représentant des autres [1] ; et le jugement qui constate le paiement par ce débiteur
peut être considéré comme la cause d'extinction
de l'obligation des autres.

Il nous reste, pour finir, à examiner les
mêmes questions au point de vue des co-créanciers et des co-débiteurs d'une chose indivisible.
Et d'abord, étudions la question au point de vue
des créanciers.

[1] Demolombe, t. XXVI, n° 366.

Si l'un d'entre eux succombe dans l'action qu'il intente contre le débiteur, le jugement sera-t-il opposable aux co-intéressés ?

Toullier admet l'affirmative et prétend que les co-propriétaires seront représentés ici, aussi bien dans les jugements contraires que dans les autres. Mais cette opinion doit être rejetée. Il y a une grande différence entre une indivisibilité matérielle, qui n'empêche pas la division d'un droit, et l'indivisibilité de ce droit. L'indivisibilité de l'objet n'empêche pas que je ne doive être admis à défendre mon droit pour sa part indivise, et que je ne puisse en être dépouillé sans m'être défendu. L'obligation des co-débiteurs d'une dette indivisible ne porte que sur des parts distinctes de la dette, et c'est par suite de la nature de la prestation qu'ils peuvent être poursuivis pour la totalité, tout en n'étant tenus que *pro parte*.

Examinons la question maintenant au point de vue des co-débiteurs.

Considérant à tort que toute obligation indivisible est par là-même solidaire, Toullier est amené par cette idée fausse à conclure au mandat mutuel des co-débiteurs, et à adopter l'affirmative. Mais tout le monde reconnaît maintenant que cette solidarité n'existe pas, et Marcadé rapporte, en l'approuvant, ce mot de Dumoulin : « *Longe aliud est plures teneri in solidum, et aliud obligationem esse individuam.* » Nous admettons donc que si les co-débiteurs d'une chose indivisible ne sont nullement mandataires les uns des autres, la chose jugée contre l'un ne peut être considérée comme opposable aux autres.

L'opinion contraire s'appuie à tort sur l'autorité de Pothier. Pothier décide, en effet, que ceux des co-propriétaires qui n'ont pas figuré dans le jugement sont admis à y former tierce-opposition sans avoir besoin d'alléguer la collusion. Le jugement sera sans doute exécutoire contre tous, tant que ceux qui y ont été étrangers ne l'auront pas fait rétracter par cette voie, mais ce serait une erreur de conclure de là que le jugement emporte, en ce qui les concerne, l'autorité de la chose jugée.

CHAPITRE VII.

DE L'IDENTITÉ DE PERSONNES (SUITE).—DES EX-
TENSIONS POSITIVES DE CETTE IDENTITÉ, ET EN
PARTICULIER DE L'APPLICATION EN DROIT FRAN-
ÇAIS DE L'AUTORITÉ DE LA CHOSE JUGÉE AUX
QUESTIONS D'ÉTAT.

Les jugements qui statuent sur les questions
d'état ont une portée plus considérable que ceux
qui ne prononcent que sur des qualités purement
accidentelles et qui n'influent en rien sur la condition civile des personnes. Ces derniers jugements n'empêchent pas que les qualités accessoires sur lesquelles la décision a porté d'une
manière secondaire ne soient soulevées dans un
nouveau débat, même intervenant entre les
mêmes parties L'état civil a, au contraire, une
importance telle que non-seulement il peut être
contesté par voie d'action principale, mais que,
n'eût-il été mis en cause qu'accessoirement, il
n'en constitue pas moins un point de droit principal et séparé, qui ne sera pas résolu uniquement
pour la contestation actuelle, mais pour toutes
celles qui pourront par la suite naître entre les
mêmes parties [1]. L'état civil constitue, en un
mot, un droit absolu, comparable au droit de pro-

---

[1] Il ne faut pas faire rentrer dans cette catégorie les questions
se rapportant à la propriété ou à l'usurpation d'un *no n de fabri-
que, industriel ;* Crim. rej. 26 avril 1872, D. P. 1874, I, 47.

priété, en ce sens que, de même qu'un jugement qui reconnaît à une personne la propriété d'une chose lui attribue ce droit avec toutes ses conséquences, à propos desquelles le droit ne pourra plus être de nouveau discuté, de même le jugement qui attribue tel état à une partie lui reconnaît cette condition civile avec tous les avantages qui l'accompagnent, sans que ni le droit ni les avantages qui en résultent puissent être divisément remis en question. C'est ce que Toullier indique dans un langage expressif : « les jugements en matière d'état... de même que les dispositions de la loi, ne règlent pas seulement ce qui est arrivé, mais encore ce qui arrivera ; ils décident d'avance des questions futures, dont l'existence est incertaine et contingente, et voilà pourquoi , selon l'expression énergique des Romains, on ne les appelait pas *jugements*, mais *préjugements*, et les actions sur lesquelles ils étaient rendus, *préjudicielles*[1]. »

Si les questions d'état présentent une grande importance, les jugements rendus à leur occasion ont été également l'objet de vives difficultés. Nous allons démontrer toutefois que, après un examen attentif, on doit les faire rentrer dans la règle générale de l'article 1351, et qu'elles ne forment qu'une extension normale et rationnelle de la théorie contenue dans cet article.

[1] Toullier, 118.

Nous désignons par extensions positives de l'identité de personnes les cas où, la loi indiquant restrictivement les personnes qui ont qualité pour intenter une action, aucune autre n'est admise à l'exercer ou à y défendre, et cependant cette sentence règle définitivement les droits de tous, parties ou non dans l'instance. Quoique rendue *inter partes*, la décision fait *jus inter omnes*.

Nous n'avons cru devoir examiner cette théorie en droit Romain que d'une manière générale ; nous avons conclu toutefois qu'elle ne s'appliquait que dans trois espèces déterminées. En droit Français, nous indiquerons, avant d'exposer la théorie des questions d'état, que cette théorie s'applique aux actions en désaveu, en séparation de corps et en nullité de mariage.

Dans toutes ces actions, les tiers seront forcés d'admettre la solution, quelle qu'elle soit, intervenue sur la poursuite ou la défense de leur représentant légitime ; et nous sommes disposés à ne pas voir dans le rôle de celui-ci le résultat d'un mandat tacite ou d'une simple gestion d'affaires, car, le résultat obtenu fût-il le produit d'un concert frauduleux, les tiers ne seraient pas même dans ce cas admis à le contester. C'est donc plus haut, et dans une considération d'utilité générale, qu'il faut rencontrer le principe de cette théorie. Nous déduirons les motifs de notre opinion sur ce point dans le courant de ce chapitre.

L'action en séparation de corps et celle en nullité de mariage pour un vice relatif ne présentent pas de difficultés ; il est naturel que les époux, dans le premier cas, et, dans le deuxième, certaines personnes déterminées soient seuls admis à les exercer. Il n'y a pas de discussion de fait non plus à propos de l'action en désaveu ; qu'arrivera-t-il toutefois dans l'hypothèse suivante : un père est mort sans avoir intenté l'action, mais étant encore dans les délais pour le faire ; une partie de ses héritiers intente l'action et succombe : les autres, les délais n'étant pas encore expirés, l'intentent à leur tour, ce qu'ils peuvent faire sans craindre l'exception de chose jugée, puisqu'il n'y a pas identité de personnes et que les premiers n'avaient pas mission de les réprésenter, et ils réussissent : l'enfant sera-t-il, au point de vue des tiers, légitime ou bâtard ? Il devra être réputé légitime, car si, en droit strict, il n'y a pas plus de raison pour suivre la solution de l'un des jugements que celle de l'autre , il ne serait pas équitable de priver à l'égard de tous l'enfant de sa qualité de légitime, alors que le désaveu n'est pas admis d'une manière absolue.

Toutes ces questions rentrent dans la catégorie des questions d'état, du *status*, de la condition des personnes. Ces questions importantes touchent aux droits les plus élevés, les plus précieux de l'homme, car elles se rapportent à la condition des personnes considérées surtout au point de vue du droit de la famille, questions désignées à Rome, nous venons de le dire, par le nom générique de *prœjudicia,* questions préjudicielles.

Doit-on, en cette matière, admettre des règles exceptionnelles et anomales, s'appliquant sans exception à toutes les questions d'Etat ? Voici la question dans sa généralité.

De nombreux auteurs, principalement parmi nos anciens jurisconsultes, ont répondu affirmativement, et ils ont appuyé ce caractère exceptionnel de l'autorité de la chose jugée sur un triple fondement : principe de l'indivisibilité de l'état des personnes, présence des contradicteurs légitimes, nécessités d'ordre public. Cette présence du contradicteur légitime constitue l'élément important de cette théorie : par une extension remarquable et toute spéciale du principe de la relativité des jugements posé par l'article 1351, le jugement rendu contre ce légitime représentant fixerait irrévocablement et à l'égard de tous le rapport de droit litigieux.

Comme nous l'avons dit, au lieu de faire seulement *jus inter partes,* la décision rendue dans certaines espèces relatives à des questions d'état a, de par la loi, une puissance suffisante pour constituer *jus inter omnes.*

C'est une généralisation imprudente de cet effet exceptionnel qui a donné naissance à la théorie du légitime contradicteur, théorie qui donne à celui qui a le « primitif et plus proche

intérêt » le pouvoir de représenter valablement
les autres membres de la famille dans une instance relative à une question d'état, pourvu d'ailleurs que le jugement réunisse certaines conditions que nous avons énumérées en droit Romain [1]. Examinons ce système en discutant
chacun des arguments dont ses partisans ont
cherché à l'appuyer. Mais, d'abord, en supposant
pour un moment que la théorie fût universellement admise dans l'ancien droit, n'a-t-elle pas
été explicitement repoussée par nos Codes ?

Le texte auxquel beaucoup d'auteurs ont attribué cet effet est l'article 100 du Code civil,
au chapitre « de la rectification des actes de
l'état civil », article ainsi conçu : « Le jugement
de rectification ne pourra, dans aucun cas, être
opposé aux parties intéressées qui ne l'auraient
pas requis ou qui n'y auraient pas été appelées. »
Cet article, il faut le reconnaître, n'a pas l'importance et l'effet qu'on lui suppose. On a remarqué, en effet, que, lors même que les parties
intéressées seraient intervenues, rien n'eût dit
qu'elles fussent celles qui méritassent à raison de
leur intérêt, le nom de contradicteurs légitimes,
et que si elles n'étaient pas intervenues, la décision du tribunal n'aurait pas acquis force de
chose jugée, comme constituant simplement acte
de juridiction gracieuse. — Mais l'absence de

---

[1] V. p. 140.

texte spécial dans la loi n'est pas de nature à corroborer le système de la légitime contradiction,
puisque, à défaut de texte précis, nous devons
retomber dans la règle générale de la relativité
posée par l'article 1351.

Ce système s'appuie en premier lieu sur l'indivisibilité de l'état des personnes. Cette indivisibilité est un fait incontestable, mais l'application
qu'on en fait est des plus erronées. La filiation
est certainement un fait absolu : on est fils d'une
personne ou on ne l'est pas, mais nous ne sommes
pas ici en présence de la vérité philosophique abs-
traite, indivisible, nous considérons la vérité judiciaire, résultat d'une présomption, et essentiellement relative. D'un autre côté, si le droit,
l'état est par lui-même indivisible *in abstracto*,
les obligations, les droits qui en dérivent sont
parfaitement divisibles. Les effets de la filiation,
objet de notre matière, sont facilement divisibles,
puisqu'ils consistent en intérêts pécuniaires : si,
par exemple, la vocation d'un individu à une succession n'est établie que par rapport à une partie
de ses cohéritiers, il ne prétendra à sa part qu'en
concurrence avec ceux-ci [1]. D'autres cas présentent, il est vrai, plus de difficulté ; il est certain
que l'on ne peut prendre le nom d'une famille
qu'avec l'agrément de tous les membres qui la
composent. Dans cette hypothèse, l'opposition

---

[1] V. Cass. 9 mars 1847.

d'un seul suffira pour empêcher de porter ce
nom, mais ce sera par application d'un autre
principe, le principe *In pari causa melior est
causa possidentis*. Il faut donc distinguer avec
soin l'indivisibilité du droit de la divisibilité
en fait, si l'on ne veut arriver par la force
même des choses à des conséquences véritablement inadmissibles. Si l'état est indivisible en
fait, il faudra reconnaître que la filiation d'une
personne, portée en justice par une autre qu'elle-
même ou son père, pourra être déclarée et cons-
tatée même à leur égard, sans qu'ils soient admis
à contester cette décision. Ne serait-ce pas une
conséquence logique du principe ? Le contraire a
cependant été jugé, entre nombre d'autres arrêts,
par la Cour de cassation le 9 mai 1821. « Considérant que les enfants acquièrent en naissant
d'un mariage légitime des droits propres et personnels,.... que respectivement à ces droits leurs
auteurs ne peuvent ni les obliger par leur fait, ni
les représenter dans les instances où ces enfants
n'ont pas été personnellement appelés..... »[1]
L'indivisibilité de l'état nous paraît, du reste, repoussée par un texte, l'article 54 du Code civil:
« Dans tous les cas où un tribunal de première
instance connaîtra des actes relatifs à l'état civil,
les parties intéressées pourront se pourvoir contre
le jugement. »

---

[1] Dalloz, n° 273, note 1re.

Ce n'est pas, du reste, sur cette doctrine de l'invisibilité que se fonde principalement la théorie que nous combattons, mais surtout, comme nous l'avons dit, sur l'idée d'un mandat légal, conféré virtuellement par les co-intéressés à celui qui avait le *primitif et plus proche intérêt*. Nous avons exposé, à propos du droit Romain, que l'existence de ce mandat supposait trois conditions : 1° la présence du *justus contradictor* ; 2° un débat contradictoire ; 3° l'absence de collusion entre les parties.

Mais quels sont ces contradicteurs légitimes, quelle en est l'énumération ? Sur cette question, pourtant si simple, et qui se présente la première à l'esprit lorsque l'on étudie le système, il y a autant d'opinions que d'auteurs. Ces expressions, « celui qui a le primitif et plus proche intérêt » que nous avons empruntées à d'Argentré [1], sont elles-mêmes peu nettes, et présentent un caractère trop vague pour devenir les prémisses d'une théorie inébranlable. Et cependant d'Argentré cherche à en faire l'application, ce que Vinnius, auquel il paraît avoir emprunté cette expression, n'avait pas fait [2]; il pense que le jugement rendu entre deux frères n'emporte pas autorité de la chose jugée par rapport aux autres frères, que

---

[1] *Avis sur le partage des nobles, Quest.* 27, n° 7.

[2] Vinnius se contente de dire : *in causâ status sufficit pronuntiatum esse, legitimo contradictore præsente, de re principali, ut valeat sententia inter omnes in iis quæ status secum affert et inde pendent.*

l'autorité de la chose jugée ne pouvait résulter à leur égard que d'un jugement rendu avec l'auteur commun. Quant à la mère, quant aux autres collatéraux, d'Argentré n'en dit rien. Suivant Toullier, au contraire, les père et mère et les enfants représentent la famille en matière d'état civil, et les jugements rendus contre eux ont force de chose jugée à l'égard de tous autres parents et même des enfants à naître. Duranton partage l'avis de Toullier, du moins en ce qui concerne les père et mère. Ces auteurs admettent aussi que si les enfants ne figuraient pas au jugement, la décision rendue contre leurs père et mère leur profiterait si elle était favorable, mais ne leur nuirait pas dans le cas opposé, à cause de l'intérêt principal et direct qu'ils ont à l'instance. Mais quels seraient les contradicteurs légitimes en cas de décès des père et mère ? Les auteurs n'en disent rien, car ils ne peuvent prévoir tous les cas, et c'est là ce qui montre le vice du système.

L'absence d'entente entre les partisans de cette doctrine n'est pas encore ce qui nous prévient le plus contre elle, mais la logique indique suffisamment que pour que la famille entière fût représentée par un seul de ses membres, il faudrait que les autres parents n'eussent aucun droit, qu'ils fussent, jusqu'à un certain point, ses ayants-cause, et, suivant les fortes expressions de Dalloz [1], « il

1 No 271.

faudrait qu'il fût au pouvoir de l'homme de s'attribuer par un contrat et d'imposer à sa famille des rapports de parenté et de succession autres que ceux qui dérivent de la nature et que la loi a consacrés ; il faudrait, en un mot, que tout individu pût composer, à son gré, sa famille. — C'est là une idée qui ne peut être sérieusement proposée. »

Où trouvons-nous les caractères d'une représentation légale dans cette matière ? Sans doute ; nous l'admettons quand il s'agit d'une succession en ligne directe, aux termes de la loi, parce que l'enfant ne peut prétendre à cette hérédité, dans certains cas, que comme représentant son père ou sa mère, mais nous devons la rejeter quand il s'agit de toute autre succession et, *a fortiori*, des droits de famille de l'enfant, droits qu'il tient de la loi elle-même, et non à la représentation de tel ou tel. Il n'est pas besoin d'ajouter que nous ne nous attaquons pas ici non plus à la représentation légale des enfants mineurs, etc., par leur père ou tuteur. Cette identification du père avec son enfant mineur ne fait pas partie du système de la légitime contradiction et n'est pas le produit de l'imagination de quelques auteurs, puisque la loi le consacre et l'établit ; ce sont les enfants qui sont mis en cause dans la personne de leurs parents, ce qui prouve qu'ils ont qualité pour figurer eux-mêmes dans le procès, et qu'une incapacité physique seule les en empêche. Mais nous ne saurions admettre que les parents les plus éloignés soient représentés par les plus proches, alors qu'aucun texte n'établit cette théorie, et que ce n'est pas de ces derniers évidemment qu'ils tiennent leurs droits de famille. De même, et pour les mêmes raisons, les parents qui n'étaient pas nés à l'époque du litige ne peuvent avoir été valablement représentés par les parents qui existaient alors.

On invoque des considérations d'ordre public : l'ordre public réclame que l'état des personnes, une fois mis en question, ne puisse faire l'objet d'une nouvelle instance. Mais ce ne sont pas ces considérations générales qui peuvent donner à une théorie l'autorité qui lui manque, car il est peu de questions à l'appui desquelles l'ordre et l'autorité publics ne soient pas produits comme raisons. En outre, cette présomption d'ordre public se rencontre dans notre espèce avec une autre présomption qui s'appuie sur le même principe, c'est celle de l'article 1351 : nous croyons que cette dernière doit l'emporter.

C'est donc à cet article, qui a été jusque-là le guide et le fondement de tous nos raisonnements depuis le commencement de ce travail, que nous devons nous rattacher. Il faut, dit-il, pour qu'il y ait lieu à l'exception de chose jugée, que la demande nouvelle soit formée entre les mêmes parties, et formée par elles et contre elles en la même qualité.

Quant aux espèces que nous avons énumérées en commençant : désaveu, séparation de corps, action en nullité de mariage, nous avons dit que ce n'était pas par suite d'une question de légitime contradiction, mais par un principe d'ordre moral et d'utilité publique que la loi avait réservé l'exercice de ces actions à certaines personnes. Nous allons le prouver en prenant pour exemple l'action en désaveu.

Le mari et ses héritiers ou successeurs à titre universel ont à l'exclusion de tous autres le droit de désaveu. Personne ne peut, du vivant du mari, exercer en son nom l'action qui lui appartient. Au contraire, l'action en désaveu qui appartient aux héritiers du mari peut être formée en leur nom par leurs créanciers.

Le jugement qui rejette ou admet la demande en désaveu du mari contre l'enfant a à l'égard de tous les intéressés l'autorité de la chose jugée ; mais celui qui serait rendu entre l'enfant et quelques-uns des héritiers du mari ne serait pas opposable aux autres. Il en serait de même, et pour les mêmes raisons, du jugement rendu soit en faveur, soit au préjudice de quelques-uns des héritiers de l'enfant.

Que conclure de ceci ? Que le législateur, par des considérations d'une haute sagesse, et pour consolider dans ses fondements l'ordre social, a créé une présomption protectrice de la famille légitime, « l'enfant conçu pendant le mariage a pour père le mari » (art. 312). Tant que cette présomption subsiste, elle constitue l'état de l'enfant, même à l'égard des tiers. Si elle peut dans certains cas être combattue, ce ne doit être qu'entre le mari et ses héritiers d'une part, et de l'autre côté l'enfant ou ses héritiers, « seuls députés de la loi, dit Proudhon, pour débattre la question de désaveu. » Il n'y a là qu'une application des règles spéciales au désaveu, et c'est à tort qu'on y a cherché une prétendue extension des règles de l'autorité de la chose jugée.

En résumé, nous rejetons en entier le système de la légitime contradiction en matière de questions d'état, comme contraire aux véritables règles qui régissent les jugements, à la justice, qui exige que des personnes qui n'ont pu être parties à un procès, n'y soient pas, contre la loi et contre leur gré, virtuellement représentées par d'autres auxquelles elles n'en ont donné aucun mandat ; à la loi, qui, ayant institué une représentation légale, ne peut souffrir qu'on en fonde une nouvelle à côté de la première, de fait, et sans texte à l'appui de cette création.

CHAPITRE VIII.

DES EFFETS ET DE L'AUTORITÉ EN FRANCE DES JUGEMENTS RENDUS EN PAYS ÉTRANGER.

Cette matière, qui forme une des parties les plus importantes de notre sujet, a donné lieu à de vives controverses, dans lesquelles les opinions diverses ont été soutenues par les plus éminents jurisconsultes. Elle mérite un examen approfondi, tant par les difficultés théoriques qu'elle soulève, que par l'intérêt pratique et international qui s'y rattache. Notre rôle est du reste simple : présenter le résumé des raisons qui dans cette célèbre discussion ont été exposées à l'appui de chaque système, rechercher ensuite quelle paraît être, en cette matière, la disposition de nos lois.

Nous avons plusieurs fois remarqué que les jugements produisaient deux effets principaux : la déclaration sur les droits litigieux et la sanction de cette déclaration. La sanction est un ordre, une formule exécutoire, donnée par le chef de l'Etat dans les limites de son *imperium* : c'est assez dire que la force de cette sanction, résultant d'un jugement rendu par un tribunal Français, expire aux frontières de la France, comme la sanction des décisions émanant de la justice étrangère ne peut avoir chez nous aucune autorité. Si même, par suite de conventions internationales, le gouvernement Français s'est obligé à faire exécuter les jugements rendus par les tribunaux d'une nation étrangère, l'ordonnance d'exécution devra émaner des juges Français, et non de la nation dans le sein de laquelle les jugements ont été rendus.

Le même raisonnement ne s'applique pas à la déclaration de droits, autre effet du jugement, indépendant du premier. Cette déclaration produit ses effets, par exemple, dans tous les jugements qui n'aboutissent qu'à une absolution, ou simplement à l'affirmation ou à la négation d'un droit, qu'il existe ou non un ordre exécutoire.

Donc ces deux effets du jugement sont entièrement distincts en théorie. Devons-nous les séparer dans la pratique, et admettre qu'un jugement pourra fort bien conserver en France l'autorité de la chose jugée, la force exécutoire lui faisant d'ailleurs défaut? — C'est une vérité juridique que l'autorité de la chose jugée, tout essentielle qu'elle soit dans une société bien organisée, n'est pas une institution du droit des gens, mais de droit purement civil : d'où il suit que l'autorité publique des tribunaux, renfermée dans les mêmes limites que l'autorité supérieure de laquelle ils tiennent l'investiture, ne dépasse pas les bornes de l'Etat, puisque le droit civil ne communique pas ses effets d'une nation à une autre. A ces principes indiscutables on a admis des exceptions, fondées sur les relations amicales entre états, et les considérations d'utilité publique et de convenance réciproque[1].

Ces dernières conséquences ne doivent pas être acceptées : pour les jugements, comme pour les actes, les lois suivent les personnes partout où elles résident, « *status ambulat cum eis.* » Les tribunaux ne doivent prononcer qu'en tenant compte de la nationalité des parties, et non pas seulement du lieu où se présente la cause. L'on a fait remarquer avec raison que c'était par application de ce principe que les tribunaux Français refusaient d'ordinaire de connaître des contestations entre étrangers.

Mais cette loi étrangère, qui confère au jugement l'autorité de la chose jugée, et que le juge français doit observer et appliquer toutes les fois qu'il y a un étranger parmi les parties en cause, est-elle applicable même hors du pays où il a été plaidé ; autrement dit, les jugements rendus par les tribunaux étrangers jouissent-il en France de l'autorité de la chose jugée ? Peuvent-ils au contraire être l'objet d'un nouvel examen, de la part des tribunaux Français ?

Trois systèmes ont été présentés sur cette question et ont résolu en sens divers l'étendue des devoirs des tribunaux Français chargés de donner l'*exequatur* aux jugements étrangers.

Le premier se fonde sur l'article 1er de l'or-

---

[1] Fœlix, *Droit international privé*, t. II, p. 39. — *Sic*, Crim. rejet, 11 septembre 1873. — D. P. 1874, I, 133.

donnance de 1629 : « Les jugements rendus, contrats et obligations reçus es royaumes et souverainetés étrangères, pour quelque cause que ce soit, n'auront aucune hypothèque ou exécution dans notre dit royaume ; ains tiendront les contrats lieu de simples promesses, et nonobstant les jugements nos sujets contre lesquels ils auront été rendus pourront de nouveau débattre leurs droits comme entiers par devant nos officiers. »

Dégageant cette disposition législative de ce qui se rapporte aux contrats, elle renferme plusieurs points spéciaux aux jugements.

1° *Les jugements rendus par les tribunaux étrangers n'étaient exécutoires en France qu'en vertu d'une ordonnance d'exécution* émanant d'un tribunal Français. Nous avons déjà donné le motif de cette prescription générale.

2° *Les jugements rendus en pays étranger contre des Français n'auraient en France aucune autorité*, même si celui qui avait gain de cause était Français. Ce n'est plus de la force exécutoire qu'il s'agit ici, mais de l'autorité de la chose jugée. Le législateur, auquel rien ne garantit la rectitude du jugement émanant des tribunaux étrangers, et qui a, d'autre part, les intérêts de ses nationaux à sauvegarder, n'a pas cru pouvoir accorder sa confiance à des juges qu'il n'a pas institués et qui ne relèvent pas de son autorité.

3° *Les jugements des tribunaux étrangers avaient force de chose jugée s'ils étaient rendus entre étrangers ou au profit d'un Français contre un étranger.* Le gouvernement n'avait pas en effet à veiller aux intérêts des étrangers, sa sollicitude ne devait pas dépasser les frontières.

C'est de l'égoïsme international.

Cet article a-t-il été maintenu par notre législation, et ses conséquences, plus ou moins équitables, mais qui ont le mérite de ne présenter ni doute ni obscurité, doivent-elles être encore adoptées ?

Nous n'avons pas besoin de dire que la controverse ne porte que sur les deux derniers points.

Plusieurs auteurs et quelques arrêts [1] l'ont soutenu. Rien n'annonce, disent-ils, que le Code ait eu l'intention de s'écarter de cette règle, il n'a même pas traité cette matière ; enfin, à mesure que la civilisation agit davantage sur le droit des gens, la juridiction exclusive de chaque gouvernement dans les limites de son territoire est de plus en plus affirmée.

Cette opinion qui, à l'origine, avait été adoptée sans hésitation ne nous paraît pas admissible. Non seulement les considération de droit public et international sur lesquelles on l'appuie ne seraient aucunement probantes, mais elles ne sont même pas à leur place, car les dispositions discutées

---

[1] V. dans M. Demolombe, t. I, p. 435, l'indication de ces auteurs et de ces arrêts.

s'appliquent au moins autant au droit privé qu'au droit public.

Elle est du reste proscrite, suivant nous, par deux textes positifs :

Article 2123, Code civ : « L'hypothèque ne peut pareillement résulter des jugements rendus en pays étranger qu'autant qu'ils ont été déclarés exécutoires par un tribunal Français. »

Article 546, Code de procédure : « Les jugements rendus par les tribunaux étrangers et les actes reçus par les officiers étrangers ne seront susceptibles d'exécution en France que de la manière et dans les cas prévus par les articles 2123 et 2128 du Code civil [1]. »

Ces deux textes, il est facile de le voir, reproduisent, quant à l'exécution proprement dite des jugements étrangers et à l'hypothèque judiciaire, l'article 121 de l'ordonnance ; ils passent sous silence les deux autres dispositions de cet article. Nous allons montrer, en commentant ces deux dispositions législatives, que ce n'est pas par oubli, mais volontairement que la distinction entre Français et étrangers n'a pas été reproduite par nos codes.

Ce n'est qu'à raison de l'extranéité de la juri-

---

[1] La rédaction du second de ces articles est beaucoup plus nette et plus restrictive que celle du premier. C'est en considération de ses termes qu'il faut admettre que le consul Français à l'étranger rend des jugements dispensés de l'ordonnance d'exécution, et qu'il en est autrement pour le consul étranger jugeant en France (Demolombe, n° 262, p. 433).

diction de laquelle ils émanent que les jugements étrangers doivent être rendus exécutoires en France ; il importe donc peu de savoir si le jugement est intervenu entre deux étrangers ou un Français et un étranger, ou de savoir si c'est le Français ou l'étranger qui a été condamné. Dès lors que la juridiction qui a statué est étrangère, le jugement est dépourvu de l'autorité de la chose jugée, et les parties doivent se pourvoir devant la juridiction Française pour faire déclarer le jugement exécutoire. Ajoutons d'ailleurs que, même dans l'ancien droit, l'ordonnance de 1629 n'avait pas cette autorité générale qu'on voudrait lui donner aujourd'hui. Un certain nombre de parlements, celui de Paris en particulier, ne l'avaient enregistrée qu'après y avoir été contraints par la force, et se refusaient à l'exécuter.

Au reste, les deux articles que nous venons de citer n'ont pas besoin qu'on supplée à l'ensemble de leurs dispositions pour donner naissance à une opinion juste et raisonnable. La majorité des auteurs l'a compris ainsi, et deux systèmes, fondés uniquement sur l'interprétation de nos articles, sont en présence. Le tribunal a incontestablement le droit de vérifier la forme extérieure du jugement, afin de voir s'il est en présence d'une véritable décision judiciaire, et si celle-ci émane réellement du tribunal auquel on l'attribue : mais pourra-t-il examiner de nouveau les prétentions des parties, et émettre un nouveau jugement ? Le premier système soutient qu'il n'y a jamais lieu à révision, même lorsque le jugement a été rendu contre un Français ; l'autre que la révision doit toujours avoir lieu, même lorsque le jugement a été rendu contre un étranger. L'un et l'autre se fondent sur une interprétation différente du texte.

Le premier pose un raisonnement qu'il faut reconnaître extrêmement juste. Les articles 2123 du Code civil et 546 du Code de procédure soumettent à la formalité d'exécution les *jugements* rendus par les tribunaux étrangers. Si l'on admet la faculté de révision, une cause nouvelle sera instruite, de nouveaux débats seront terminés par un nouveau jugement. Ce sera donc ce second jugement qui emportera exécution et hypothèque judiciaire, et non le premier ; et ce résultat, plus frappant peut-être si le jugement du tribunal Français est en sens contraire de celui du tribunal étranger, est évident même pour le cas où le second jugement viendrait prendre la place du premier en décidant dans le même sens. La preuve que ce second jugement loin de donner au premier la force exécutoire qui lui manque, l'anéantirait complétement, c'est que, en supposant qu'il lui conférât force exécutoire, comme par lui même il posséderait cette force, il y aurait deux décisions exécutoires et tendant au même but, rendues entre les mêmes parties agissant en la même qualité : l'article 1351 s'oppose à l'admission de cette théorie.

Le tribunal n'est donc admis qu'à rendre une simple ordonnance d'exécution, et non un jugement. La déclaration de droits, la chose jugée est indépendante de l'acte exécutoire, et sans chercher un argument d'analogie dans l'exemple de quelques législations étrangères, chez lesquelles le jugement ne contient même jamais un ordre exécutoire, il faut recourir à une autre autorité pour procéder à l'exécution (article 7 du Code d'instruction criminelle). En effet, si les jugements rendus dans un pays ne sont pas par eux-mêmes exécutoires chez une autre nation, il n'en est pas moins vrai que ces jugements existent, qu'ils obligent les parties, qu'en un mot les parties sont liées par leurs actes, par la décision d'une juridiction qu'elles ont acceptée, et qu'elles ne pourraient saisir les tribunaux Français pour faire juger ce qui a été jugé déjà par les tribunaux étrangers. Les auteurs les plus accrédités en matière de droit des gens, Vattel, Martens, Kluber s'accordent sur ce point. Fœlix [1] dit à ce sujet que si le juge était compétent, si la procédure a été régulière, si, conformément aux lois du pays, la décision est définitive, « un second procès sur la même cause doit dans tous les pays être repoussé par l'exception de chose jugée, que la partie qui

[1] *Op. cit.* nº 292.

a succombé soit sujet du pays où la sentence a été rendue ou qu'elle y ait seulement établi sa résidence. »

On tire un argument de texte de l'article 7 du Code d'instruction criminelle, que nous citions tout à l'heure, et qui est ainsi conçu : « Tout Français qui se sera rendu coupable, hors du territoire de l'empire, d'un crime contre un Français, pourra, à son retour en France, y être poursuivi et jugé, s'il n'a pas été poursuivi et jugé en pays étranger, et si le Français offensé rend plainte contre lui. » Cet argument d'analogie n'est pas sans valeur ; il ne faut pas cependant en exagérer la force, car les règles du criminel ne peuvent être transportées à l'action civile, même par analogie, en l'absence de la volonté exprimée du législateur.

Enfin, si l'on admettait que le tribunal dût réviser le jugement, on irait directement contre les intérêts que l'on veut protéger, en mettant une entrave à la liberté qui doit exister pour faciliter les rapports commerciaux, fondés sur la confiance mutuelle. Quelle confiance réciproque le vendeur et l'acheteur pourraient-ils avoir l'un dans l'autre, si les jugements obtenus dans le pays de l'un ne peuvent devenir exécutoires qu'après révision du fond dans le pays de l'autre ?

Le législateur a pensé toutefois devoir faire rendre l'ordonnance d'exécution par le tribunal entier, parce qu'il pouvait incidemment y avoir à

décider des questions fort graves, et que les ordonnances rendues par les présidents seuls
n'auraient pas présenté, suivant qu'il y avait à
vérifier si le jugement n'était pas contraire au
droit public, aux bonnes mœurs, etc., une autorité suffisante [1].

Le second système pense, contrairement au
précédent, que le texte ordonne la révision dans
tous les cas. C'est le système adopté et consacré
par la Cour de cassation, principalement depuis
1843, aux termes d'un grand nombre d'arrêts,
que leur multiplicité même nous empêche de rapporter ici [2].

C'est, dit ce système, au *tribunal* entier que
sont déférés les jugements rendus en pays étranger, ce n'est plus seulement au président qu'est
soumise la sentence, comme cela a lieu pour le
visa qui doit être donné aux sentences arbitrales.
Dès le moment qu'on assemble un tribunal, c'est
pour qu'il rende un jugement : comment admettre
que le tribunal se réunisse, non pas pour prononcer un jugement, pour décider en connaissance
de cause et, par conséquent, après débat sur le ju-

---

[1] Boitard et Colmet-Daâge, *Procédure civile*, t. III, p. 300.

[2] V. Dalloz V^{is} *Droits civils*, n°s 417 et suiv. — De l'an XII à
1819, au contraire, la Cour de cassation avait considéré les ar-
ticles 2123 § *ult.* C. civ. et 546 C. proc. civ. comme des applications de l'ancien principe de l'art. 121 de l'ordonnance, et jugé
que les tribunaux devaient encore donner leur *pareatis* sans
examen du fond aux jugements rendus contre un étranger, et
permettre au contraire aux Français de débattre leurs prétentions
devant cette juridiction nouvelle.

gement du tribunal étranger qui lui est soumis, mais pour juger ce qu'il ne connaît pas, ce qu'il n'a pas mission de connaître, ce qu'il n'a même pas le droit d'apprécier ?

Non-seulement cette doctrine serait contraire au principe général : *Ne inauditus condemnetur*, mais si elle est en opposition avec les principes qui régissent l'intérêt privé, elle contredit surtout à un haut degré les règles de la justice publique. Les deux textes que nous avons cités ne distinguent pas, en effet, entre les jugements rendus au profit d'un Français ou contre lui, donc il faudrait obliger le tribunal Français à déclarer toujours et nécessairement exécutoire un jugement quel qu'il fût, rendu contre un Français par un tribunal étranger, un jugement rendu dans un pays où l'organisation de la justice n'offrirait pas toutes les garanties désirables, dans un pays hostile peut-être à la France, un jugement évidemment inique qui, par exemple, n'aurait eu aucun égard à une quittance certaine, ou bien à une décision rendue en France et passée en force de chose jugée [1].

Ces considérations répondent suffisamment à celles que le système contraire prétend tirer des intérêts du commerce compromis, dit-il, par la faculté de révision. Mais si les tribunaux Français ne peuvent réviser les jugements iniques, en

---

[1] Demolombe, t. 1er, p. 438.

corriger l'iniquité, ce résultat sera-t-il à l'avantage du commerce? Ce serait plutôt pour le commerce une grave cause de ruine.

M. Demolombe, après avoir exposé ces deux théories, déclare ne pas se prononcer. La première lui paraît, et ceci semble en effet certain, plus conforme aux textes que la dernière; la seconde est défendue par des arguments de raisonnement, mais qui sont bien puissants, et fondés à la fois sur l'intérêt public et sur l'intérêt privé; de plus, c'est le système de la jurisprudence.

Nous admetterons plus volontiers, quant à nous, ce dernier système. M. Demangeat[1] fait remarquer que c'est mal choisir le moment que de rapporter à l'époque de la rédaction du Code l'idée d'une modification de cette partie de la législation dans un sens libéral. L'Assemblée nationale venait en effet d'échouer dans les tentatives généreuses qu'elle avait faites pour introduire entre la France et les autres peuples une réciprocité de bons offices et de cordiales relations, et les illusions qui avaient inspiré les avances faites aux nations voisines dans la loi de 1790 étaient dissipées lors de la rédaction du Code. Nous approuvons pleinement ces remarques de M. Demangeat, mais nous ne saurions le suivre dans la

---

[1] *Histoire de la condition civile des étrangers en France,* chap. 5 § 3.

conclusion qu'il en tire, à savoir que l'article 121 de l'ordonnance est encore en vigueur.

Nous croyons au contraire pouvoir en tirer cette autre conclusion, toute aussi naturelle, que le Code admet la révision dans tous les cas, conformément au dernier système que nous avons exposé.

C'est également aux tribunaux civils Français qu'appartient, d'après l'opinion la plus générale, la révision des jugements rendus à l'étranger par les tribunaux de commerce. Les tribunaux de commerce Français devraient logiquement être chargés de cette révision, mais il est de principe que leur compétence tout exceptionnelle ne doit pas être étendue [1].

MM. Aubry et Rau [2] et Pardessus [3] ont émis sur la question que nous avons examinée dans ce chapitre une théorie qui tient le milieu entre les deux autres : ils ne pensent pas que la révision soit obligatoire par les tribunaux Français, mais ils leur accordent la faculté d'y procéder sans violer la loi. Ce système intermédiaire est difficile à admettre, car si les deux opinions que nous venons d'exposer ont l'une et l'autre pour elles des arguments très-concluants et très-affirmatifs, il n'y a point de place pour un moyen terme.

[1] M. Demolombe, cit., — M. Valette, *Revue du Droit Français et étr.* 1849.

[2] § 32-2°.

[3] *Droit commercial*, n° 1488.

CHAPITRE IX.

DES EFFETS ET DE L'AUTORITÉ DE LA CHOSE JUGÉE.

La matière de ce chapitre se présente à nous d'autant plus vaste que nous avons volontairement négligé en droit Romain toutes les questions de principes auxquelles peut donner ouverture l'influence sur les décisions civiles de la chose jugée au criminel. Pour exposer avec ordre ces importantes questions, nous diviserons ce chapitre en deux paragraphes, dont le premier traitera des effets de la chose jugée au civil, le deuxième des effets sur les actions civiles de la chose jugée au criminel. Nous n'avons pas à nous occuper des effets sur l'action criminelle de la chose jugée au civil. Cette matière, selon la remarque de MM. Aubry et Rau [1], appartient au droit criminel.

§ I. — *Des effets de la chose jugée au civil.*

Nous avons, en droit Romain, développé les effets suivants de la chose jugée :

1° Elle modifie par une novation [2] la nature de

---

[1] Note 91.

[2] En droit Romain, le jugement qui affirmait une obligation éteignait immédiatement, comme nous l'avons vu, cette obligation pour lui substituer un droit nouveau. En droit Français, l'obli-

l'obligation personnelle ou du droit réel sur lesquels il a été prononcé ;

2° Elle crée une présomption contre laquelle la preuve contraire ne peut être faite, à l'appui de laquelle la preuve est inutile ;

3° Cette exception est perpétuelle ;

4° Dans tous les cas où l'obligation naturelle n'est pas nécessairement niée par le jugement qui a prononcé sur l'existence de l'obligation civile, la chose jugée laisse subsister l'obligation naturelle.

Nous ne reviendrons pas sur ces effets. Nous insisterons seulement sur ceux plus particulièrement intéressants à étudier en droit Français.

Le jugement affirme le droit, mais il ne le crée pas ; il le nie, mais il ne le détruit pas. D'où il suit que s'il vient à périr par quelque cause postérieure, il ne sera pas protégé par la chose jugée, et que, au contraire, s'il existait réellement, il continuera à produire ses effets tant qu'il pourra être prouvé, sans que cette preuve porte atteinte à l'autorité de la chose jugée, comme il le serait, par exemple, par la reconnaissance volontaire d'une dette par le débiteur, reconnaissance intervenue postérieurement.

Une des conséquences de la persistance de l'obligation naturelle, c'est que le moyen tiré de

gation subsiste tout entière et ne fait qu'emprunter au jugement une forme nouvelle.

la chose jugée ne peut être suppléé d'office [1], à moins que les parties ne déclarent expressément s'en rapporter à la prudence du juge [2]. Nous pouvons, sous ce rapport, rapprocher l'exception que nous étudions d'une autre exception péremptoire qui présente avec celle-ci de grandes conditions d'analogie, la prescription : aux termes de l'article 2223, « les juges ne peuvent pas suppléer d'office le moyen résultant de la prescription. » Dans tout autre cas, l'exception de chose jugée doit être opposée par les parties elles-mêmes. Le juge ne serait même pas autorisé à la suppléer comme moyen de décision dans une instance. La partie qui doit en bénéficier peut du reste l'opposer en tout état de cause, même en appel : cette exception ne constitue pas en effet une demande nouvelle, mais un moyen nouveau ; c'est pour la même raison que « la prescription peut être opposée en tout état de cause, même devant la Cour d'appel » (art. 2224). Si le juge admettait d'office l'exception non opposée par les parties, cette décision donnerait ouverture à requête civile comme « ayant prononcé sur choses non demandées » (art. 480-3° C. proc.). —

---

[1] Et, par suite, la chose jugée ne peut'être, pour la première fois, proposée devant la Cour de cassation soit par le demandeur soit par le défendeur. Cette solution est universellement admise en jurisprudence, malgré l'argument de texte que l'on pourrait tirer de l'art. 504 du Code de proc. civ. combiné avec l'article 480-6° du même Code.

[2] Req., 7 juillet 1829. — Dalloz, *Chose jugée*, n° 334.

Mais la jurisprudence décide qu'il n'y aurait pas lieu à cassation, aucune loi n'ayant été formellement violée.

Celui qui pourrait profiter de l'exception de chose jugée peut aussi y renoncer, mais seulement avec certaines restrictions. Un débiteur ne peut pas, par exemple, renoncer à l'exception de chose jugée au préjudice de ses créanciers (art. 2225, C. civ., argument d'analogie). De même qu'en matière de prescription il n'est pas nécessaire aux créanciers, pour faire annuler la renonciation de leur débiteur, de prouver qu'il y a eu fraude de sa part, de même cette preuve ne sera pas nécessaire en matière de chose jugée. Il n'est pas permis d'être libéral aux dépens d'autrui, — *nemo liberalis nisi liberatus;* — or, telle serait la position du débiteur qui, en renonçant à l'exception, priverait les créanciers d'un moyen de défense qui lui appartenait.

L'exception est opposable même pour repousser un moyen tiré de l'ordre public : c'est ainsi que le débiteur condamné à payer le montant d'une obligation ne peut, du moins d'après certains auteurs, alléguer l'usure, par exemple, pour attaquer après le jugement cette obligation[1].

L'autorité de la chose jugée n'appartient pas

---

[1] Dalloz, *Chose jugée,* n°s 285, 315 et suiv. — Il y a sur ce point une controverse que nous avons exposée en détail, p. 270 t suiv.

aux erreurs matérielles qui ont pu se glisser dans la rédaction du jugement, et en particulier, comme nous l'avons dit en droit Romain, aux erreurs de calcul. Le Code de procédure a consacré cette théorie en statuant que, dans le jugement intervenant sur une instance en compte, « il ne sera procédé à la révision d'aucun compte, sauf aux parties, s'il y a erreurs, omissions, faux ou doubles emplois, à en former leurs demandes devant les mêmes juges » (art. 541). On peut encore tirer un argument d'analogie de l'article 2058 du Code civil : « L'erreur de calcul dans une transaction doit être réparée. » — Nous acceptons cette théorie dans toutes ses conséquences, et nous en concluons, contrairement à une jurisprudence assez nombreuse, que si les choses ne sont plus entières, si le jugement qui contient l'erreur matérielle a été exécuté dans ses termes, le créancier frustré par cette erreur sera recevable à intenter, en s'appuyant d'ailleurs sur le premier jugement, une action en rectification de compte devant les mêmes juges. Ces mots de l'article 551 : « devant les mêmes juges » sont importants, parce qu'ils indiquent, ainsi du reste que l'a confirmé la Cour de cassation [1], que la demande doit être formée par action principale, et non par appel du jugement qui contient l'erreur.

Mais il est bien entendu que c'est seulement

---

[1] 21 janvier 1857, Dall. P. 1857, I, 360.

dans le cas où l'erreur de calcul serait dans le jugement sans être l'objet du jugement que nous admettons qu'elle pourrait être réparée. L'autorité de la chose jugée est une présomption de vérité, qui couvre par sa force même l'objet du jugement, contînt-il de la part du juge l'erreur la plus grossière. Cette distinction était déjà admise en droit Romain.

Quand on forme une instance nouvelle pour demander le surplus de ce qui a fait l'objet de la première, est-on recevable? — Oui, en règle générale, à moins qu'il ne s'agisse de prestations dues *ex officio judicis*, des frais et dépens, par exemple. Dans ce dernier cas, en effet, le juge doit régler ces divers points par sa décision; s'il manque de le faire, le jugement pourra être pour ce fait attaqué par les voies légales; mais une fois passé en force de chose jugée, il deviendrait inattaquable, même si l'une des parties avait avancé des dépens dont elle n'était aucunement tenue, par exemple si le gagnant avait fait cette avance (art. 130, Code de proc.).

Par application de ces principes, nous devrions donner la même décision par rapport aux intérêts moratoires. Telle était la doctrine du droit Romain, et il y avait, en effet, mêmes raisons de décider. Le droit Français a cependant consacré la doctrine contraire par l'article 1153-3° du Code civil : « Les dommages-intérêts résultant du retard dans l'exécution ne sont dûs que du jour de la demande, excepté dans le cas où la loi les fait courir de plein droit. » Impossible donc de les réclamer si le jugement reste muet à cet égard. MM. Aubry et Rau ne s'en tiennent pas moins à la disposition du droit Romain. L'article 1153, disent-ils, « n'empêche pas que les intérêts moratoires ne soient adjugés *ex officio judicis*, et comme accessoires de la condamnation principale, la demande en pareil cas n'ayant d'autre objet que de fixer l'époque à partir de laquelle les intérêts dont il s'agit commencent à courir [1]. » Pour nous, cette opinion n'est pas admissible, à cause de l'impossibilité où nous sommes de concilier le texte si formel de l'article 1153 avec le texte non moins formel du Code que nous avons cité en droit Romain, et auquel nous pouvons ajouter la loi 13 du Code, *de fruct. et lit. expens.*

La chose jugée s'oppose à ce que la partie qui a perdu son procès intente une action en dommages-intérêts contre la partie au profit de laquelle le jugement a été rendu, soit à raison du dol que cette dernière aurait commis [2], soit à cause de la fausseté du titre sur lequel le juge avait fondé sa décision. On pourrait le plus souvent, dans ce dernier cas, s'inscrire en faux principal, en prouvant que le juge n'a pas pu avoir les éléments nécessaires pour apprécier la faus-

---

[1] Note 113, p. 512.
[2] Dall. *Ch. jugée*, n° 313

seté de la pièce produite au procès [1], mais si la pièce peut être déclarée fausse, le jugement ne sera pas annulé pour cela, à moins qu'on n'agisse par voie de requête civile, aux termes du § 9 de l'article 480 du Code de procédure. — On ne pourrait pas agir par faux incident, car ce serait renouveler l'action principale.

Nous avons indiqué plus haut qu'il existe une opposition remarquable entre les termes des articles 504 et 480-6° du Code de procédure. L'article 504 s'exprime ainsi : « La contrariété des jugements rendus en dernier ressort entre les mêmes parties et sur les mêmes moyens *en différents tribunaux* donne ouverture à cassation. » L'article 480 – 6° permet la requête civile « s'il y a contrariété de jugements en dernier ressort entre les mêmes parties et sur les mêmes moyens, *dans les mêmes cours ou tribunaux.* » Il est certain que si nous nous attachons au texte de ces deux articles, nous devons conclure : 1° que l'opposition dans les termes de deux jugements rendus en dernier ressort ne donne ouverture à cassation que si la question se pose entre tribunaux différents ; 2° que, dans ce cas, la contrariété de jugements donne ouverture à cassation ; 3° que la requête civile a lieu dans le cas de jugements contradictoires rendus par les mêmes cours ou tribunaux, et qu'on ne pourrait, dans

---

[1] Dall., *Chose jugée*, nos 60 et suiv., 133.

cette espèce, porter la question en cassation ; qu'enfin, on pourrait faire usage de la requête civile même si l'exception n'a pas été d'abord proposée devant les juges du fond.

Mais nous savons que l'arrêt qui aurait à tort repoussé l'exception de chose jugée proposée par la partie, donnerait aussi ouverture à cassation pour violation ou fausse application de l'article 1351, bien que rendu par la même cour qui avait prononcé la première sentence : donc, déjà, cette distinction est incomplète. De plus, elle est inexacte et injustifiable, car c'est un principe universellement admis et reconnu, que l'exception de chose jugée ne peut être opposée pour la première fois en cassation.

Cette distinction ne peut s'expliquer qu'historiquement ; elle est tirée de l'article 34, titre XXXV de l'ordonnance de 1667, qui décide qu'il y a lieu de se pourvoir, pour violation de la chose jugée, savoir : par requête civile, si les arrêts ont été rendus par les mêmes tribunaux, et par recours au grand conseil (pourvoi en cassation), s'ils proviennent de tribunaux différents.

Cette question, si nous la traitions à fond, en renfermerait plusieurs autres. Les différentes chambres d'une cour ou d'un tribunal forment-elles, au point de vue qui nous occupe, des tribunaux différents [1] ? *Quid* si l'un des tribunaux était

[1] Le nouveau Denizart, v° *contrariété.*

supprimé et remplacé par un autre ? etc. Nous ne pouvons entrer dans l'examen de ces divers points, qui sont du domaine exclusif de la procédure civile.

Quant au cas où la contrariété de jugements existe entre une décision de tribunal ou de cour et un arrêt de cassation, ce résultat est tout naturel, car si la cour casse la décision qui lui est déférée, elle doit nécessairement émettre une doctrine opposée à celle de cette dernière décision. Dans ce cas, le droit à un recours nouveau appartient au demandeur contre la décision du tribunal de renvoi [1], et la Cour de cassation prononce toutes chambres réunies [2]. Autrefois, on considérait une pareille contrariété comme un moyen de cassation proprement dit, ainsi que le prouve la disposition du règlement de 1738, première partie, titre 6, article Ier : « Lorsqu'une partie prétendra qu'il y aura contrariété d'arrêts entre un arrêt d'une des cours de parlement ou autres et un arrêt du grand conseil, elle ne pourra se pourvoir qu'au conseil, ce qui aura lieu pareillement lorsque l'arrêt ou le jugement en dernier ressort, auquel on prétendra qu'un autre arrêt ou jugement rendu également en dernier ressort est contraire, sera émané du conseil ou rendu par des commissaires. »

---

[1] Loi du 27 novembre 1790, rectifiée, art. 21; Code d'inst. crim.

[2] Dalloz, v° *cassation*, n°s 127, 1522, et chap. XII, § 4.

§ 2ᵉ *De l'influence des jugements rendus au criminel, quant aux intérêts civils.*

Traitée avec beaucoup d'étendue par tous les auteurs qui se sont occupés de la chose jugée, cette question sort en réalité du cadre que nous nous sommes tracé. Elle ne tombe plus, en effet, comme nous le montrerons, sous l'application de l'article 1351, qui n'a aucun trait aux jugements criminels. Cependant, ce serait une véritable lacune dans l'objet de cette étude que de ne pas résumer le plus brièvement possible une question qui en est comme le complément et l'appendice nécessaire, car il faut admettre qu'un point de fait ou de droit se présentera fréquemment à résoudre devant un tribunal civil après avoir été jugé au criminel ; et c'est ce qu'implique l'article 1382 : « Tout fait quelconque qui cause à autrui un dommage oblige celui par la faute duquel il est arrivé à le réparer. »

Lorsque, il y a trente-cinq ans, cette question commença à être l'objet d'études sérieuses de la part de la doctrine, deux systèmes opposés se produisirent presque simultanément. Le premier était originairement soutenu par Merlin, le deuxième par Toullier. Depuis, des théories intermédiaires ou divergentes ont été présentées. Nous allons entrer sommairement dans ce débat, qui est loin actuellement d'être encore apaisé.

Prenons le cas le plus simple. Un individu est poursuivi au criminel, par le ministère public, pour coups et blessures : la victime pourra-t-elle se prévaloir de ce que ces faits sont reconnus et du jugement qui les a déclarés constants pour obtenir les dommages-intérêts auxquels elle a droit?

Pour répondre à cette question, Merlin, dans un premier système, part de cette idée que l'influence sur les décisions civiles des jugements rendus au criminel devait être résolue par l'article 1351. Or, dit-il, il y a identité de chose jugée entre la sentence rendue au criminel et le jugement civil. En effet, les trois conditions nécessaires à l'identité de chose jugée concourent :

Identité d'objet, car l'objet de l'action civile et celui de l'action publique sont en réalité l'un et l'autre la réparation du tort causé, et si, dans un cas, c'est le tort causé à l'individu qu'on cherche à réparer, dans l'autre, le tort causé à la société, si le mode qu'on emploie pour y parvenir n'est point identique, ces détails secondaires n'empêchent point l'identité du but général auquel il est visé par les deux actions, à savoir une réparation.

Identité de cause, car le fait sur lequel s'appuient les deux actions est le même.

Identité de parties ; et en effet, le ministère public agit au nom de la société, par conséquent il est le mandataire légal, pour sa part, dans l'intérêt général de la société, de la victime du dommage.

Ce système est facile à réfuter dans le triple argument par lequel son auteur a cherché à le défendre.

Il n'y a pas identité d'objet, puisque cet objet ne peut être, dans l'action publique, que l'application d'une peine, et, dans l'instance civile, que l'obtention de dommages-intérêts. Et la simple inspection de ce que l'on se propose dans chacune des deux demandes ne suffit-elle pas pour montrer la différence du but qui les sépare ? Si en effet une peine corporelle d'une part, et d'autre part, une somme d'argent sont l'une et l'autre une réparation, cette qualification éloignée n'empêche pas qu'elles ne diffèrent absolument ; et, en supposant que cette vérité incontestable eût besoin d'être prouvée, il suffirait, pour la démontrer, d'observer que si l'on intervertissait les objets des deux demandes, il ne serait répondu, par la décision intervenant sur chacune d'elles, à aucune des deux. « Encore une fois, dit Marcadé, la mort, les travaux forcés, ou telle autre peine que demande le ministère public, et les billets de mille francs que je demande ne sont pas la même chose. »

Il n'y a pas même identité de cause, du moins selon nous [1] ; puisque, alors que le ministère pu-

---

[1] *Contra* Toullier, 247.

blic invoque dans le fait allégué la violation de certains articles du Code pénal, le fait volontaire criminel, intentionnel, la partie civile peut ne considérer dans le même acte que la faute, le quasi-délit, un fait matériel dommageable, laissant passage à l'action civile.

Quant à l'identité de personnes, il est plus évident encore qu'elle est absente. Le ministère public représente, dit-on, toute la société, dont il est le mandataire légal ; par conséquent, il représente chaque individu pour sa quote-part d'intérêt : mais ce raisonnement suffit pour démontrer l'erreur du système, car le mandataire légal, l'administrateur d'une société, d'une communauté quelconque ne représente tous les membres de ce corps commun qu'en ce qui concerne les droits qu'ils tiennent de leur qualité de membres de la communauté. Or, ce ne sont pas des droits de cette nature, mais les droits personnels que le demandeur fait valoir par l'action civile, c'est-à-dire des droits que le ministère public ne peut compromettre en justice sans sa participation. — « Etrange représentant, dit Toullier, que celui qui n'a pas et ne peut pas même recevoir le mandat du représenté, ni prendre de conclusions pour lui ! »

Toullier, après avoir énergiquement combattu le système de Merlin, propose le suivant :

Le jugement rendu au criminel n'a aucune influence sur l'action civile. Et en effet, il faudrait, pour arriver à ce résultat, qu'il y eût, aux termes de l'article 1351, identité d'objet, de cause et de parties : or ces diverses identités n'existent pas.

Ce système, même au seul point de vue de la justice morale, n'est pas admissible. On ne peut prétendre obtenir une condamnation civile pour un fait que le tribunal criminel, après les enquêtes et les débats nécessaires, a solennellement proclamé ne pas exister. A l'inverse, il paraît évident que le jugement de condamnation prononcé par un tribunal de répression à l'autorité de la chose jugée au civil, de manière que l'individu condamné au criminel ne puisse plus mettre sa culpabilité en question devant les tribunaux civils. « Et si le législateur ne l'a pas dit *in terminis*, c'est sans doute qu'il n'a pas supposé que cela pût être mis en doute. L'idée qu'un homme frappé d'une peine au nom de la société, après des débats solennels où toutes les garanties ont été prises en faveur de la défense, puisse encore devant les tribunaux civils, et quand il ne s'agit plus que des dommages-intérêts auxquels son crime ou son délit a donné lieu, contester sa culpabilité, et soutenir le mal-jugé de sa condamnation, cette idée est si opposée à tout système de justice régulière et au respect qui doit s'attacher aux décisions de la justice, qu'elle ne se présente pas facilement à l'esprit [1]. »

[1] Le président Lagrange, *Revue critique de législation*, t. VIII, p. 33.

Ce système, qui arrive à de si injustes conséquences, serait pourtant logique, s'il ne péchait
absolument par la base. Il est facile de prouver
que c'est partir d'un principe faux et placer la
question sur un faux terrain, que d'en subordon-
ner la solution à l'application de l'article 1351 ;
mais cette démonstration n'est même pas nécessaire, car il suffit de lire le texte de notre article,
de voir dans lequel de nos codes le législateur l'a
placé, et dans quelle partie de ce recueil de lois,
pour acquérir la conviction que cette disposition
ne s'applique qu'aux questions de pur droit civil,
et non à celles qui résultent du rapprochement du
droit civil et du droit criminel.

Aussi n'applique-t-on généralement plus l'article 1351 à la question qui nous occupe. Voici
sur cette question la théorie qu'il convient d'adopter, selon nous ; nous allons la poser d'abord, nous
présenterons ensuite les arguments à l'appui.

L'action civile et l'action pénale, longtemps
confondues dans l'ancienne législation, n'ont été
complètement séparées que sous le droit moderne.
De nos jours, les tribunaux criminels et les tribunaux civils ayant chacun leurs attributions
spéciales, il en résulte :

1° Que les premiers ont, à l'exclusion de tous
autres, mission de décider sur la pénalité des
faits reprochés, sur les caractères de ces faits,
au point de vue de la loi répressive.

2° Qu'il appartient au contraire aux tribunaux

civils seuls, et non aux tribunaux criminels, à moins que la victime de l'acte incriminé ne se porte partie civile devant cette dernière juridiction, de prononcer sur l'existence de faits qui ne relèvent, au point de vue des conséquences, que du droit civil.

Donc le jugement criminel, par la nature même des choses, a même, au civil, l'autorité de la chose jugée, mais pour les points seulement que le tribunal de répression avait pour mission de décider, c'est-à-dire l'existence du délit et la culpabilité de l'auteur. Par conséquent, s'il intervient dans la suite une demande en dommages-intérêts devant la juridiction civile, le demandeur sera dispensé de la preuve de l'existence du délit.

La règle consiste donc à dire que la prétention soulevée devant la juridiction civile pourra être débattue dans tous les cas et seulement dans les cas où elle ne se trouve pas inconciliable avec la décision émanée de la juridiction criminelle [1].

C'est ce que la Cour de cassation a posé en termes fort clairs dans les considérants de l'arrêt Mazure, du 2 août 1872 [2] : « Si le verdict est irréfragable et si la Cour d'assises ne peut, sans violer l'autorité de la chose jugée, remettre en question ce qui a été souverainement décidé par

[1] Marcadé, p. 208.
[2] D. P. 1872, I, 427.

le jury [1], il est néanmoins de principe qu'elle peut, en vertu du droit que lui confèrent expressément les articles 358 et suivants du Code d'instruction criminelle, condamner..... en toute matière l'accusé acquitté à des dommages-interêts, à la condition que cette condamnation puisse se concilier avec la déclaration de non-culpabilité, et que l'arrêt précise les faits caractérisant la faute distincte du délit, définitivement écarté, et servant de base à l'action en réparation du dommage, conformément à l'article 1382 du Code civil. »

Mais il s'agit de savoir ce qui est vraiment inconciliable avec la chose jugée souverainement au criminel.

« Et qu'on ne s'y trompe pas, ce n'est plus seulement ici une question de fait, mais une véritable question de principes : c'est la question de savoir si, même en admettant que le fait déféré à la juridiction criminelle soit innocenté par elle, il ne reste pas encore sur un autre terrain, sur le terrain de la faute, place à une réparation civile qui serait due par l'auteur du fait matériel à la victime de ce fait, laquelle, après que la société est désarmée, peut encore venir se placer en face de celui qui lui a causé préjudice [2] ».

[1] V. Cass., 29 avril 1874, D. P. 1874, I, 333.
[2] M. Lanfran de Panthou, avocat général à la Cour de Caen, — article publié par la *Revue pratique de droit Français,* et reproduit par le *Recueil des arrêts de Rouen et de Caen,* 1874, p. 21 et suiv.

Cette question, souvent jugée dans le sens de l'affirmative, que nous adoptons [1], a passionné à un moment l'opinion publique ; c'est lorsque, en la même année 1864, elle a été agitée incidemment, à propos des débats de l'affaire Lesurques, à la tribune du Corps législatif, et résolue par la cour d'Aix dans le fameux arrêt Armand contre Maurice Roux, du 7 mai. Nous n'avons pas l'intention de nous arrêter longtemps sur cet arrêt, qui, au fond, n'a pas eu devant la Cour de cassation, au point de vue juridique, la portée ni le caractère qu'on s'attendait à lui voir. Nous nous en référons aux savants commentaires dus à la plume de MM. Ortolan [2] et Beudant [3], et dont cet arrêt est le sujet.

Les deux éminents professeurs à la Faculté de droit de Paris admettent, chacun de son côté, qu'en dehors de l'imprudence qui engage la responsabilité pénale de celui qui, par son fait, a causé des blessures, il y a l'imprudence ou l'erreur constitutive d'une faute moins grave, qui engage la responsabilité civile. Mais la Cour de cassation, en cassant l'arrêt de la Cour d'assises

[1] Citons, outre un certain nombre d'arrêts de Cours d'appel, Cassation, 19 mars 1817, 8 mai 1831, 10 février, 27 mai et 2 juin 1840, 3 juillet 1844, 12 janvier 1852, 27 mars et 4 avril 1855, 2 décembre 1861, 7 mai 1864 (Armand contre Maurice Roux), 26 juillet 1865 (affaires Mirès), 9 juillet et 10 décembre 1866, 17 juin 1867, 22 juillet et 6 août 1868, 27 janvier 1869, 1er et 2 août 1872, et Haute-Cour de Justice, 27 mars 1870.

[2] *Revue pratique*, t. XVII, p. 385.

[3] *Revue critique*, t. XXIV, p. 492.

d'Aix, n'avait pas à se prononcer sur ce point, puisque le seul motif sur lequel elle admet le pourvoi est que la Cour d'Aix n'avait pas assez clairement indiqué comment sa décision pouvait se concilier avec le verdict du jury.

Nous ne pouvons qu'adopter entièrement cette théorie. En effet, par analogie des termes de l'article 7 de la loi du 20 avril 1810, l'arrêt attaqué devait dire expressément en quoi la faute se distinguait du crime sur lequel le jury avait rendu une décision négative, et ne pas se renfermer dans des affirmations vagues et sans précision [1].

N'ayant pas précisé ce point, l'arrêt devait être cassé, puisque la Cour de cassation, en rejetant le pourvoi, eût risqué de confirmer une violation de la chose jugée.

Dans son rapport sur l'affaire Armand, M. le conseiller Faustin-Hélie arrive à cette conclusion par un remarquable enchaînement de raisonnements. Nous allons indiquer d'un mot les divisions de ce monument de jurisprudence.

Deux actions naissent d'un crime, l'action civile et l'action publique. L'article 3 du Code d'instruction criminelle permet de les réunir devant le juge de l'action publique, mais cette attribution exceptionnelle devait cesser lorsque le prévenu était renvoyé des fins de la poursuite.

---

[1] V. Cass., 20 janv. 1874, D. P., 1874, I, 223.

Toutefois, cette restriction n'a pas lieu devant la Cour d'assises, parce que le juge criminel peut dans cas accomplir la tâche du juge civil avec plus de facilité que ne pourrait faire ce dernier. Du reste, la Cour d'assises, statuant sans le jury, n'est plus qu'un tribunal civil [1].

Cette compétence civile de la Cour d'assises après acquittement peut amener un conflit. La Cour d'assises est, en effet, une juridiction complexe : elle renferme deux éléments, et, en quelque sorte, deux juridictions, la cour et le jury [2]. Aussi cette compétence est-elle soumise à plusieurs règles :

1° La Cour d'assises ne peut chercher la base des dommages-intérêts qu'elle prononce que dans les faits qui ont été l'objet de l'accusation [3].

2° Elle ne peut remettre en question, ni direc-

---

[1] Si la déclaration de non-culpabilité emportait négation du fait incriminé, les articles 358 et 366 seraient toujours inapplicables. V. M. Griolet, *De l'autorité de la chose jugée*, p. 361.

[2] L'obscurité dans les réponses du jury était bien moins à craindre sous le Code des délits et des peines du 3 Brumaire an IV, que sous notre Code d'instruction criminelle. Il ne pouvait être posé au jury aucune question complexe, et il fallait décomposer les idées de cette manière : *Tel fait a-t-il été commis ? L'accusé en est-il l'auteur ? L'accusé est-il coupable de ce fait ?* Aujourd'hui, ces trois questions sont remplacées par une seule question. — V. Marcadé, p. 208.

[3] Ces règles sont d'une délicate application dans les procès de délit de presse. V. M. le conseiller Morin, *Journal de droit criminel*, 1872, p. 65 et suiv., et un rapport de M. Riché au Corps-Législatif, dans le *Journal officiel* du 4 juin 1870.

tement ni indirectement aucun des faits infirmés ou niés par la déclaration du jury.

3° Elle est, par suite, obligée de constater la faute ou le quasi-délit qui a causé le dommage et qui est la source de la réparation.

L'arrêt précité de la cour d'Aix ne s'étant que vaguement conformé à ces règles, a, par l'indécision de ses termes, violé l'autorité de la chose jugée, d'une manière plutôt implicite que littérale, et donné par suite ouverture à cassation.

Appliquons encore, avant de finir, à un exemple la théorie que nous venons d'exposer. Nous voulons parler d'un arrêt de la cour de Caen du 29 mai 1873. Le sieur Daniel reconnaissait devant la Cour d'assises avoir volontairement tué sa victime, mais il prétendait qu'au moment où il l'avait frappée, il était lui-même *autorisé à se croire* en état de légitime défense. Dans ce cas, le sieur Daniel, ayant été acquitté par le jury, ne pouvait-il pas être condamné à des dommages-intérêts pour avoir commis la faute de s'être cru en état de légitime défense? Oui, évidemment. « Cette solution laissait debout, avec son autorité souveraine, la décision du jury, qui, sans admettre positivement l'exception de légitime défense, laquelle au, reste, ne lui était pas déférée, avait pu évidemment croire à la bonne foi de celui qui l'alléguait et le renvoyer absous ; elle conservait au fait incriminé son caractère de fait *volontaire*, dès lors les deux conditions exigées par l'arrêt de la Cour étaient remplies ; mais elle appréciait souverainement l'ensemble des faits, et à côté de la décision criminelle restant entière, respectée de tous, elle accordait à la morale, au droit et à l'équité une satisfaction légitime. »

Tel était l'avis de l'honorable organe du ministère public dans cette affaire, M. Lanfran de Panthou, avis qu'il a consigné en ces termes dans la revue pratique de Droit Français [1]. La Cour a consacré l'opinion contraire et admis, malgré une jurisprudence d'analogie qui nous semble nombreuse et fort logique [2] qu'il y avait, dans le cas qui se présentait, entre le fait matériel et la volonté de l'agent une indivisibilité qui ne permettait pas de déclarer l'existence du fait sans remettre en question cette volonté et dès lors la décision du jury.

Il nous reste maintenant, après avoir justifié en théorie le principe de l'influence du criminel sur le civil, à mentionner les textes qui consacrent implicitement ce principe.

Nous laisserons de côté, malgré l'opinion de la Cour de cassation, l'argument tiré de l'article 3 du Code d'instruction criminelle, ainsi conçu : « L'action civile peut être poursuivie en

---

[1] *Loc. cit.*
[2] *Ibid.*

même temps et devant les mêmes juges que l'action publique. Elle peut aussi l'être séparément : dans ce cas, l'exercice en est suspendu tant qu'il n'a pas été prononcé définitivement sur l'action publique intentée avant ou pendant la poursuite de l'action civile. » Nous croyons, avec le président Lagrange, « que la Cour de cassation donne une interprétation erronée à la disposition de cet article qui suspend l'exercice de l'action civile jusqu'à ce qu'il ait été définitivement statué sur l'action publique, quand elle voit dans cette disposition non pas un simple sursis, mais une preuve de la subordination de l'action civile au sort de l'action publique. Si telle eût été la pensée de la loi, ce n'est pas une suspension temporaire de l'action civile, mais sa jonction forcée à l'action publique, qu'il eût fallu édicter [1] ».

Mais le principe en question nous paraît présupposé par les articles 198 du Code civil et 463 du Code d'instruction criminelle, dont les dispositions n'en sont que l'application :

Art. 198 C. civ. : « Lorsque la preuve d'une célébration du mariage se trouve acquise par le résultat d'une procédure criminelle, l'inscription du jugement sur les registres de l'état civil assure au mariage tous les effets civils à compter du jour de sa célébration , tant à l'égard des époux qu'à

[1] *Op. Cit.*, p. 39.—Aubry et Rau, note 92.

l'égard des enfants issus de ce mariage. »

Art. 463, C. Instr. crim. : « Lorsque des actes authentiques auront été déclarés faux en tout ou en partie, la cour ou le tribunal qui aura connu du faux ordonnera qu'ils soient rétablis, rayés ou reformés, et du tout il sera dressé procès-verbal. »

POSITIONS.

DROIT ROMAIN.

I.

Les causes diverses qui peuvent servir de fondement à une même action réelle peuvent être invoquées par le demandeur dans des procès successifs, en restreignant chaque action par l'indication d'une *causa expressa* ou *adjecta*.

II.

La loi 7 au Digeste, *de exceptione rei judicatæ* peut s'expliquer sans aucune correction de texte en admettant la modification des paragraphes proposée par M. de Savigny.

III.

L'autorité de la chose jugée protège les décisions rendus par le magistrat prononçant *extra ordinem*.

IV.

L'identité d'objet n'est pas toujours indispensable pour constituer l'identité de question.

V.

Le pacte adjoint *in continenti* à une stipulation produit une action.

VI.

Le pacte nu produit une obligation naturelle.

VII.

La décision que donne le droit Romain au point de vue des intérêts moratoires est plus équitable que la décision opposée, qui doit être admise en droit Français aux termes de l'article 1153 du Code civil.

VIII.

Lorsque le créancier hypothécaire laisse le débiteur soutenir le procès sur la propriété du gage, la chose jugée contre le débiteur pourra lui être opposée lorsqu'il agira par l'action servienne.

DROIT FRANCAIS.

CODE CIVIL.

I.

L'autorité de la chose jugée existe dans le cas d'un jugement contradictoire ou par défaut susceptible d'appel ou d'opposition.

II.

La chose jugée avec le débiteur est *res inter alios acta* à l'égard des créanciers hypothécaires.

III.

Les jugements rendus contre l'héritier apparent ont l'autorité de la chose jugée à l'égard de l'héritier réel qui prend plus tard possession de l'hérédité.

IV.

La décision relative au tout étend son autorité à chacune des parties de ce tout.

V.

Les jugements rendus sur une demande en

réclamation ou en contestation d'état n'ont conformément à la règle générale posée par l'article 1351, l'autorité de la chose jugée qu'à l'égard de ceux qui ont été parties ou dûment représentés dans l'instance.

VI.

Le jugement qui condamne un successible en qualité d'héritier pur et simple n'enlève pas à ce dernier le droit de renoncer ou d'accepter sous bénéfice d'inventaire vis-à-vis de tous les intéressés qui n'ont pas été parties au procès.

VII.

La femme exerce ses reprises non pas comme *propriétaire*, ni comme *copartageante*, mais comme *créancière*.

VII.

L'aliénation de l'immeuble dotal peut être cautionnée par un tiers et par la femme dotale elle-même sur ses biens paraphernaux.

IX.

La séparation de patrimoines est un privilége.

PROCÉDURE CIVILE.

Il n'y a de véritables cas d'application de la tierce-opposition que dans l'espèce de l'article

873 du code de procédure civile, et dans les hypothèses auxquelles cet article peut-être étendu par
voie de généralisation.

DROIT CRIMINEL.

I.

Le juge civil doit tenir pour constants les faits
reconnus tels par le juge criminel.

II.

En cas d'acquittement la chose jugée au criminel ne fait pas obstacle au civil à l'obtention
de dommages-intérêts.

DROIT ADMINISTRATIF.

Les cours d'eau non navigables ni flottables
sont la propriété des riverains.

CODE DE COMMERCE ET DROIT DES GENS

I.

Le tribunal chargé d'imprimer aux jugements
rendus par les tribunaux étrangers la force exécutoire en France a le droit d'entrer dans un
nouvel examen de l'affaire sur laquelle est intervenue la décision du tribunal étranger.

II.

La révision des jugements rendus à l'étranger par les tribunaux de commerce appartient en France aux tribunaux civils.

III.

L'étranger, légalement divorcé dans son pays, peut se remarier en France.

Vu par le Président de la thèse,
> BAYEUX.

Vu par le Doyen,
> C. DEMOLOMBE.

Vu :

Pour le Recteur en tournée,

L'Inspecteur délégué,

HÉBERT-DUPERRON.

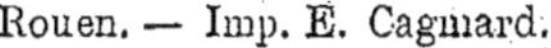

Rouen. — Imp. E. Cagniard.

ERRATUM.

———

Page 192, dernières lignes, supprimer les mots :
« les motifs et le dispositif des jugements. »

9 782014 036473